collection la ville en train de se faire

LA VILLE DES CRÉATEURS

THE CITY OF CREATORS

**BERLIN
BIRMINGHAM
LAUSANNE
LYON
MONTPELLIER
MONTRÉAL
NANTES**

Sous la direction de
Jean-Jacques Terrin
avec la collaboration de Jean-Baptiste Marie

Parenthèses

Cet ouvrage présente la réflexion menée à l'occasion de deux séminaires organisés les 17 et 18 novembre 2011 à Lausanne et les 26 et 27 janvier 2012 à Lyon sur le thème de la ville des créateurs dans le cadre du programme Popsu Europe (Plate-forme d'observation des projets et stratégies urbaines).

Le programme Popsu est coordonné par Danièle Valabrègue et Pierre Bernard pour le Puca (Plan Urbanisme Construction Architecture) au sein du Gip AIGP (Groupement d'intérêt public — Atelier international du Grand Paris).

Responsable scientifique Popsu Europe : Jean-Jacques Terrin.

Chargé d'étude Popsu Europe : Jean-Baptiste Marie.

Ministère de l'Égalité des territoires et du Logement
Ministère de l'Écologie, du Développement durable et de l'Énergie
Plus de renseignements sur le site www.popsu.archi.fr

Publié avec le concours du Grand Lyon et de la Samoa.

Traductions en anglais : Sasha Barral et Nova Language Solutions.
Traduction en français : Anne Müller.

Copyright © 2012, Éditions Parenthèses / Gip aigp

ISBN 978-2-86364-229-0 / ISSN 2101-0994

PRÉAMBULE

La plate-forme Popsu

Le principe de la Plate-forme d'observation des projets et des stratégies urbaines (Popsu) repose sur le constat que les connaissances rassemblées par les milieux de la recherche sur les problématiques contemporaines sont peu accessibles aux acteurs chargés de l'élaboration de l'aménagement urbain. Depuis 2004, la plate-forme observe les pratiques de projets urbains en cours d'élaboration dans les villes françaises, facilite les échanges entre leurs acteurs et des chercheurs de différentes disciplines, suscite les comparaisons entre les pratiques et les modes de gouvernance, favorisant l'approfondissement de thèmes d'analyse transversaux et la diffusion des connaissances ainsi constituées à l'occasion de nombreuses rencontres et publications.

Popsu Europe

Depuis son origine, Popsu a vocation à s'ouvrir à l'échelle européenne. Partant des analyses transversales étudiées sur les villes françaises, la plate-forme européenne se propose de prendre en compte les grandes évolutions qui modifient en profondeur l'action publique et ses acteurs dans la fabrique de la ville au niveau européen et imposent un mode de management par projet autour d'actions ciblées et limitées dans le temps facilitant la négociation et le partage de valeurs communes.

Dans ce contexte, la plate-forme Popsu Europe approfondit de nouveaux paramètres tels que :

— le développement du principe d'autonomie accordant une responsabilité accrue aux villes dans les décisions locales ;

— la concurrence entre les villes européennes face à un marché mondialisé, avec ses conséquences en termes économiques, d'image, de recherche d'attractivité des populations et des entreprises ;

— les conditions d'intégration des opérateurs privés et globaux dans le jeu des acteurs locaux et l'impact de leurs savoir-faire et de leurs modes de financement.

FOREWORD

The Popsu platform

The principle behind the Popsu (observatory for urban projects and strategies) is that the people responsible for developing cities have insufficient access to the research community's knowledge of contemporary planning issues. Since 2004, Popsu has been monitoring the development of urban projects in a number of French cities, facilitating exchange between stakeholders and researchers from various fields, enabling comparisons between planning practice and modes of governance and encouraging further research into cross-disciplinary themes and knowledge-sharing through frequent meetings and a range of publications.

Popsu Europe

From the outset, Popsu was designed to operate on a European scale. Following on from its cross-disciplinary research into French cities, the European platform attempts to address the dramatic changes that are profoundly affecting public programmes and city developers all over Europe. These changes dictate a project management approach that is based on targeted action within a limited timeframe to facilitate negotiation and value sharing.

In this context, Popsu Europe is exploring new areas such as the following:
— The development of autonomy, whereby individual cities are given increased responsibility for local decisions.
— The competition between European cities in a global market, and all that this entails in terms of economic impact, image, and appeal to both the public and business.
— The conditions which determine the degree to which private and global operators integrate with local players and the repercussions of their respective expertise and funding mechanisms.

In addition to these general observations, the European platform will also be focusing on the identification of innovative project management approaches within the context of public works. Following on from 2009's seminars on "HST Stations and the Dynamics of Urban Renewal" and 2010's seminar on "Pedestrians and the City", the seminars organised by Popsu Europe in 2011 explored the subject of the creator's role in urban development. Two seminars were held; the first in Lausanne on the 17th and 18th of November 2011, and the second in Lyon on the 26th and 27th of January 2012, providing the occasion for a detailed examination of the cities of Berlin, Birmingham, Lausanne, Lyon, Montpellier, Montreal and Nantes. This publication presents a synopsis of these discussions.

Danièle Valabregue and Pierre Bernard (Puca programme directors), Jean-Jacques Terrin (architect, Professor at the National School of Architecture of Versailles and Popsu's scientific director), and Jean-Baptiste Marie (architect, PhD candidate at Laboratoire LéaV at the National School of Architecture of Versailles, and senior researcher with Popsu Europe) were responsible for organising the seminars and supervising the work that was produced from them. Four experts also took part: Charles Ambrosino (senior lecturer at the Grenoble Institute of Urbanism), Paul Ardenne (art critic), Pascal Le Brun-Cordier (Professor at the Panthéon-Sorbonne University in Paris 1), and Elsa Vivant (senior lecturer at the French Institute of Urbanism).

www.popsu.archi.fr (site available in French only).

Au-delà de ces observations générales, la plate-forme européenne souhaite aussi mettre l'accent sur l'identification de méthodes innovantes de management par projet au sein de l'action publique. Dans le prolongement des séminaires organisés en 2009 sur le thème « Gares TGV et dynamiques de renouvellement urbain » et en 2010 sur « Le piéton dans la ville », la plate-forme Popsu Europe a interrogé en 2011 la place des créateurs dans la fabrique de la ville. Deux séminaires se sont déroulés les 17 & 18 novembre 2011 à Lausanne, et les 26 & 27 janvier 2012 à Lyon, au cours desquels les spécificités des villes de Berlin, Birmingham, Lausanne, Lyon, Montréal, Nantes et Montpellier ont été analysées. La présente publication est destinée à restituer ces travaux.

Ces séminaires et leur valorisation ont été organisés par Danièle Valabrègue et Pierre Bernard, responsables du programme Popsu Europe au Puca, Jean-Jacques Terrin, architecte, professeur à l'École nationale supérieure d'architecture de Versailles, responsable scientifique du programme Popsu Europe, et Jean-Baptiste Marie, architecte, doctorant au LéaV, laboratoire de l'École nationale supérieure d'architecture de Versailles, chargé d'étude Popsu Europe. Quatre experts ont préparé ces rencontres et y ont participé : Charles Ambrosino, maître de conférence à l'Institut d'urbanisme de Grenoble, Paul Ardenne, critique d'art, Pascal Le brun-Cordier, professeur associé à l'université Paris 1 Panthéon-Sorbonne et Elsa Vivant, maître de conférence à l'Institut français d'urbanisme.

Des informations plus précises sur le déroulement des séminaires peuvent être consultées sur le site www.popsu.archi.fr

Les séminaires « la ville des créateurs »

Ces séminaires avaient pour objectif d'étudier la manière dont les artistes, et d'une façon plus générale les créateurs, par le rôle qu'ils y jouent et par leurs productions, modifient le regard porté sur la ville autant que sur la fabrique de l'urbain. Par leur écoute et leurs critiques de ce qui se passe dans le monde, on peut en effet penser que les créateurs contribuent à l'évolution des modes de vie en proposant de nouveaux usages de l'espace qui affectent la sociabilité, les services, les modes de travailler, d'habiter, de se déplacer et se divertir. Un certain nombre de questions se pose néanmoins sur ce rôle alternatif et l'influence de ces habitants bien particuliers. Un autre regard s'impose sur la place des créateurs dans la ville contemporaine. Comment y vivent-ils ? Dans quelles conditions ?

The "City of creators" seminars

The aim of these seminars was to study how artists and creators influence urban development and the ways in which we view the city and its urban landscape through the work that they produce and the particular urban role that they play. By observing and critiquing what is happening in the world, creators can be seen as contributors to an evolution in the way we live by suggesting new ways of using space; ways which influence public services, the way we socialise, as well the way we work, live, move about and entertain ourselves. Nevertheless, there are a number of questions that should be addressed in relation to the influence of these unique inhabitants of the city and the alternative role that they play. We need to take a different look at the role of creators in the contemporary city. How do they live? What conditions do they live in? What new usages and ways of living do they introduce? And where? What part do they play in city life? How do they influence the development of the city and the surrounding area? How do they contribute to the shaping of a creative industry?

To facilitate exchange between researchers and European developers on these questions, the 2011 series of Popsu Europe seminars were structured around three specific sets of questions.

The first set of questions explores the conditions which determine whether creators are welcomed into the life of a city or marginalised on the fringes, and the exact ways in which creative communities take ownership of the spaces they inhabit. Examples of improvised settlement in marginal or neglected areas (squats, abandoned plots, etc.), and in poor, often peripheral, neighbourhoods, have shown that the presence of creative communities in such areas can create strong potential for growth and improvement. Their presence in these areas can often lead to a surge of development in cultural, social and economic terms, resulting in a transformation of the area and its identity. In addition, cultural events such as festivals, shows and exhibitions which have been created and disseminated by local creators give rise to the type of urban dynamic that enriches the life of a neighbourhood, making it more attractive to visitors and residents, as well as to players in the cultural, political, and economic fields. The dynamism created by the mostly impromptu influx of the creative classes is often accompanied by a process of gentrification — a process which, by driving up local real estate prices, can force existing and more financially vulnerable communities to leave the area in search of new living spaces.

The second set of questions relates to the creator's role as inventor of a new way of living, and the influence that this has on urban development and the ways in which living spaces are designed, including the new ways of inhabiting this space which evolve from the process of creators taking ownership of their own environment. By virtue of the emotionally engaged, forward-looking, and often critical way in which creators view their surroundings, they succeed in revealing the identity and true potential of an area. By the same token, their ability to inhabit a public or private space and bring it to life with scant or limited resources at their disposal, enables them to invent new ways of living and to experiment with new methods of appropriating urban space. Beyond the walls of their own workplaces, creators treat their environment as a testing ground, where new ways of living are put into practice. This entails a process whereby existing spaces are re-appropriated and adapted for new, and often very specific, uses. By settling in a given area and questioning the existing and potential uses of space, creators help to uncover new ways of inhabiting the environment. The temporal disconnect between artistic creation, which is often

Quelles formes d'habiter, quels nouveaux usages introduisent-ils ? Dans quels lieux ? Quels rôles jouent-ils dans la vie de la cité ? Comment influencent-ils la fabrique de la ville, du territoire ? Comment contribuent-ils à façonner une industrie créative ?

Pour favoriser les échanges entre acteurs de villes européennes et chercheurs sur ces questions, les séminaires en 2011 du programme Popsu Europe se sont organisés autour de trois séries de questions.

Une première série interroge les conditions dans lesquelles les villes accueillent les créateurs dans la vie de la cité ou au contraire les marginalisent, et comment les communautés créatives s'approprient les lieux qu'elles investissent. Les expériences d'investissement spontané de lieux marginaux ou délaissés (squats, friches, etc.) et de quartiers paupérisés, souvent périphériques, montrent qu'un fort potentiel de revalorisation de ces espaces est dû à la présence de communautés créatives. Leur présence au sein de ces territoires s'affirme souvent comme un levier de développement d'un point de vue culturel, social et économique, contribuant à transformer le territoire et son identité. Par ailleurs, la production et la diffusion de manifestations culturelles, tels que festivals, spectacles ou expositions à l'initiative de créateurs génèrent des dynamiques urbaines qui enrichissent la vie des quartiers tout en les rendant plus attractifs pour les habitants et les visiteurs, mais également pour les acteurs de la vie culturelle, politique et économique. De cette présence rarement anticipée découle parfois un dynamisme qui se double souvent d'un processus de gentrification — processus qui conduit ces communautés souvent précaires et vulnérables à la pression du marché immobilier à rechercher de nouveaux lieux d'habiter.

La deuxième série de questions interpelle les créateurs en tant qu'inventeurs de nouveaux modes d'habiter ayant une influence sur la fabrique de la ville, la conception des espaces de vie et les formes d'habiter qui émergent des modes d'appropriation des espaces par les créateurs. Par leur regard sensible, décalé et souvent critique, les créateurs révèlent l'identité et le potentiel des lieux. Par leur capacité à occuper et à animer des espaces, aussi bien publics que privés, dans un contexte de pénurie ou de ressources limitées, ils conçoivent de nouvelles formes d'habiter et expérimentent de nouveaux modes d'appropriation des espaces urbains. Au-delà de l'aménagement de leurs ateliers, les créateurs imaginent leurs logements comme des laboratoires expérimentaux où de nouveaux modes de vie sont mis en œuvre, impliquant le détournement ou le

conceived as fleeting, and urban development, which is slow and sustained, informs the ways in which the city can manage transience.

The third set of questions examines the creator in their role as an integral link in the social chain, an initiator of projects and activities, and an active contributor to the creation of a city that is dynamic, creative and unified. Their presence at the heart of the city and its public spaces comes in many forms; sustained or fleeting, formal or informal, striking or subtle. Improvised creative initiatives emerge in parallel with initiatives of a more institutionalised type. With time, artistic and creative action can shape the urban landscape, reveal the invisible, feed a collective consciousness, bring a neighbourhood to life and strengthen links right across the social chain. By virtue of their experimental nature, artistic initiatives allow a blurring of the lines between public and people, between space and temporality, between spectator and creator. Such initiatives foster the creation of social ties and lay the foundations for a shared urban culture. Often, however, they encounter obstacles such as a lack of resources, or a lack of flexibility in the public space when faced with anything which is unplanned or unknown.

All of these issues were addressed during the discussions and debates that took place over the course of the two seminars. The contributions gathered here serve both as a testament to the theoretical relevance of these issues, and as a description of a reality which in itself poses a whole new set of issues.

contournement de l'affectation initiale de ces espaces ou s'inscrivant le temps d'une mutation. Les créateurs, en s'installant dans un lieu, en interrogent les usages existants et en devenir, permettant ainsi la découverte de nouvelles formes d'habiter. Enfin, la disjonction des temporalités entre l'œuvre artistique qui s'envisage souvent de façon éphémère et la fabrique de la ville qui est pérenne et lente interroge comment la ville peut gérer l'éphémère.

Une troisième série de questions se penche sur le rôle des créateurs, vecteurs de lien social et initiateurs de projets et d'activités, partie prenante d'une ville dynamique, créative, solidaire. Leur présence au cœur de la ville et dans ses espaces publics peut se décliner de multiples façons : durable ou éphémère, formelle ou informelle, spectaculaire ou plus discrète. À côté de la création institutionnalisée, des initiatives plus spontanées émergent. L'action artistique et créative peut tour à tour créer la forme urbaine, révéler l'invisible, nourrir une mémoire collective, animer le quartier ou participer au renouement du lien social. Les initiatives artistiques, par leur caractère expérimental, permettent de transgresser les frontières entre les publics, entre les espaces et les temporalités, entre les spectateurs et les créateurs. Ces initiatives sont créatrices de lien social et favorables à la mise en œuvre d'une culture urbaine commune. Pourtant, elles se heurtent souvent au manque de ressources, mais aussi aux capacités d'accueil d'espaces publics qui doivent se rendre plus flexibles pour accepter l'imprévu et l'incertain.

Cet ensemble de questionnements a été repris lors des exposés qui ont nourri les deux séminaires et en ont structuré les débats. Les contributions rassemblées dans cet ouvrage témoignent de leur pertinence tout en décrivant une réalité qui révèle de nouvelles interrogations.

JEAN-JACQUES TERRIN

LA VILLE
ET SES CRÉATEURS

Décalage et ambiguïtés

Les représentants de villes et les experts que la plate-forme Popsu Europe a réuni à l'occasion des séminaires « La ville des créateurs » ont pu observer et comparer différentes expériences exemplaires menées par des créateurs, ou avec eux, dans un certain nombre de villes. Trois axes de réflexion leur avaient été proposés : les créateurs, habitants de la ville ; les créateurs, inventeurs de nouveaux modes d'habiter ; les créateurs, acteurs de la ville. Seul celui qui proposait d'observer les artistes comme « vecteurs du lien social et initiateurs de projets et d'activités », a été réellement approfondi. Ni le regard des artistes sur la ville et leur éventuelle « contribution à l'évolution des modes de vie », ni leur influence sur « la conception des espaces de vie » n'ont fait l'objet d'une réflexion vraiment poussée. Ce parti pris peut s'expliquer. Les interactions entre villes et créateurs sont certes sujettes à d'innombrables questionnements, mais les expériences présentées au cours des deux séminaires ont provoqué de nombreux débats sur l'importance accrue qu'ont pris désormais la culture et les activités créatives dans les villes contemporaines. Non que ces interactions soient si innovantes, ni que l'ambiguïté qu'elles suscitent soit nouvelle. Les relations entre artistes et politiques ont toujours été empreintes de cette ambiguïté parfois sulfureuse. Fernand Braudel a largement évoqué les raisons pour lesquelles, à toutes les époques, les cités ont su attirer les artistes, telles des « transformateurs électriques [1] », pour qu'ils les aident, parfois inconsciemment, à imposer un leadership et une domination dont les racines étaient à la fois politiques, économiques et culturelles. Combien d'artistes sont ainsi restés indélébilement attachés à leur ville ! Rome, Florence et Amsterdam, puis plus récemment, Londres, Paris et New York, et aujourd'hui Berlin, Glasgow et Shanghai ont représenté ou représentent toujours pour les créateurs un havre prestigieux qui peut, le cas échéant, devenir hasardeux, comme en témoignent les péripéties de Benvenuto Cellini sous la Rome du XVIe siècle et, plus récemment, celles du photographe chinois Ai Weiwei à Pékin. En retour, il arrive que ces mêmes créateurs assurent à la ville qui les héberge une aura internationale et une attractivité qui se prolonge souvent au-delà de leurs trajectoires personnelles. Pourtant, si ces relations entre villes et créateurs ne sont pas récentes, elles ont évolué ces dernières décennies. On est loin de la Renaissance au cours de laquelle « quelques grands hommes, un nombre infini de scélérats [2] » jouaient les mécènes pour enrichir leurs villes de chefs-d'œuvre impérissables. Entre temps, les politiques culturelles, ou prétendues telles, sont passées par là, du Kulturkampf bismarckien au décret français instituant en 1959 un ministère des Affaires culturelles, dont la mission était de « rendre accessibles les œuvres capitales de l'humanité [...] au plus grand nombre ; [...] assurer la plus vaste audience à notre patrimoine culturel, et [...] favoriser la création des œuvres de l'art et de l'esprit qui l'enrichissent ». Une exception française, « l'État culturel » que Marc Fumaroli décrit comme une « religion moderne [3] », une vision politique et administrative de la culture qui s'est depuis allégrement exportée.

Des activités créatives diversifiées

Concrètement qui sont ces créateurs tant courtisés et quelles sont ces activités créatives ? Peut-on les classifier, tant les activités sont diverses, presque hétéroclites ? La typologie proposée par Charles Ambrosino et Vincent Guillon est intéressante. Les deux chercheurs déclinent trois approches différentes pour le développement d'une ville créative [4]. La première repose sur une planification publique de la culture qui irrigue de façon transversale l'ensemble des interventions publiques : la santé, l'éducation, le tourisme, et bien entendu, l'urbanisme. La seconde tient à une forme de marketing urbain qui considère la création comme un moteur de la consommation, et met en avant le pouvoir d'attractivité d'une offre culturelle urbaine. La troisième consiste à acquérir et à pérenniser une production et un savoir-faire local, que ceux-ci soient artistiques, artisanaux ou

[1] Braudel, F., *Civilisation matérielle, économie et capitalisme, XVe-XVIIIe siècles, Les structures du quotidien, le possible et l'impossible*, vol. 1, Paris, Armand Colin, 1979, p. 421.
[2] Stendhal, *Histoire de la peinture en Italie*, Michel Lévy Frères, Paris, 1868, p. 15.
[3] Fumaroli, M., *L'État culturel, une religion moderne*, Paris, Éditions de Fallois, 1991.
[4] Ambrosino, C., Guillon, V., « Les trois approches de la ville créative : gouverner, consommer et produire », *L'Observatoire*, n° 36, 2009-10, pp. 25-28.

JEAN-JACQUES TERRIN

THE CITY AND ITS CREATORS

Shifts and ambiguities

The "City of Creators" seminars, held under the auspices of the Popsu Europe programme, brought together a variety of city representatives and experts to examine and compare examples drawn from a number of cities in which urban development projects had been led by or carried out in conjunction with creators. Participants were invited to approach the role of the creator from three different perspectives: the creator as urban resident; the creator as inventor of new ways of living; and the creator as urban player. The only real discussions of any depth centred on the role of the artist as an "integral link in the social chain, an initiator of projects and activities". Neither the artists'approach to the city and potential "contribution to an evolution in the ways we live", nor their influence on "the design of living spaces" were the subject of truly in-depth discussion. However, there is a logic at work here. It is clear that the interaction between cities and their creators raises innumerable questions. However, the particular cases examined during the course of these two seminars sparked numerous debates in relation to the increasing importance of culture and creative activity in the contemporary city. Not that this interaction is innovative, nor that the ambiguities raised by it are new. The relationship between artists and public policy has always been characterised by this often fraught ambiguity. Fernand Braudel has spoken widely of the reasons why, for centuries, cities have acted as "electrical transformers"[1], attracting artists to assist, often unconsciously, in imposing a form of leadership and power structure rooted in public policy, economics, and culture. Just look at the number of artists who have remained inextricably linked to their cities! Traditional centres like Rome, Florence and Amsterdam, more recent ones like London, Paris and New York, and contemporary hubs such as Berlin, Glasgow and Shanghai, have always been havens of prestige for creators; havens which, in certain circumstances, can become less inviting, as evidenced by the adventures of Benvenuto Cellini in 16th-century Rome and, more recently, those of the Chinese photographer Ai Weiwei in Beijing. In return, these same creators lend the city which shelters them an international reputation, and an appeal that often outlasts their own personal journeys. Although these city-creator relationships are not new of themselves, they have evolved significantly over the last number of decades. We have come a long way since the Renaissance, a period during which "a few great men and an infinite number of scoundrels"[2] became patrons of the arts and enriched their cities with enduring works of beauty. Since then, cultural policies (or those policies claiming to be such) have moved from "Bismarckian Kulturkampf" to the French decree of 1959 which instated the first Ministry for Cultural Affairs. The ministry's mission statement was to "give access to humanity's greatest works [...] in the greatest number possible [...]; ensure that our cultural heritage earns as vast an audience as possible, and [...] encourage the creation of new works of art and a spirit which enriches these." A French exception, the "Cultural state" has been described by Marc Fumaroli[3] as a "modern form of religion", a political and administrative vision of culture, and one which has been blithely exported ever since.

Diversified creative activity

In real terms, who are these creators who are so courted, and what creative activities do they perform? Can they even be classified, given that their activities are so diverse and disparate? The typology put forward by Charles Ambrosino and Vincent Guillon offers an interesting slant the debate. Ambrosino and Guillon identify three different strategies for the development of the creative city[4]. The first strategy relies on a form of public cultural planning which filters down into all aspects of

Vue extérieure de la Magda Danysz gallery, Shanghai.
Exterior view of the Magda Danysz gallery, Shanghai.
Courtesy Magda Danysz.

industriels, en favorisant les échanges et les collaborations avec un tissu socio-économique lui-même local ou même global.

D'une façon générale, que ce soit en Amérique du Nord, dans Meatpacking District à New York ou dans le Quartier des spectacles à Montréal, la création est considérée comme résultant d'activités initiées par des acteurs économiques privés, tandis qu'en Europe, cette capacité reste souvent associée aux acteurs publics, que ce soit par la mise en place de politiques publiques transversales comme à Nantes, ou par l'institutionnalisation de l'action collective comme à Lyon. Cette différence entre l'Europe et l'Amérique du Nord a d'ailleurs tendance à s'estomper depuis que les villes européennes s'engagent dans une concurrence internationale qui influe sur l'élaboration de leurs politiques publiques [5].

Pour autant, il est difficile de mettre dans la même catégorie les artistes et autres saltimbanques qui égaillent les fêtes de rues comme à Nantes ou à Montpellier, les artistes qui considèrent que l'art urbain doit investir les espaces de la ville et faire corps avec elle, les créateurs qui participent à la transformation du paysage urbain et au renouvellement du territoire urbain comme à Marseille ou dans la Ruhr, les entreprises créatives qui contribuent au renouveau économique de villes comme Berlin ou Birmingham, et celles qui concourent activement un peu partout au grand bond en avant de la société de la connaissance : éducation, médias, communication, etc. Il faudrait compléter cette énumération en rappelant que certains artistes revendiquent avec conviction une filiation plus ou moins directe avec les artistes maudits du

[5] Keil, R., Boudreau, J.-A., « Le concept de la ville créative, la création réelle ou imaginaire d'une forme d'action politique dominante », *Métropoles*, juillet 2010.

every public initiative, cross-cutting health, education, tourism and, of course, urban development. The second strategy is to implement an urban marketing approach which uses creation as a driving force for consumption, and focuses on the compelling appeal of the urban cultural offering. The third strategy is to acquire and cement sustainable local know-how and production capabilities, whether artistic, artisanal or industrial, by encouraging exchange and collaboration within a local, or even global, socio-economic fabric.

In North America, whether in New York's Meatpacking District or the Quartier des Spectacles in Montreal, creative activity is generally seen as the result of actions initiated by private economic players. Whereas in Europe, this power is most often associated with public players, by means of transversal public policies such as in Nantes, or via the institutionalisation of collective action such as in Lyon. However, the differences between Europe and North America are becoming less pronounced now that European cities are attempting to compete on the international stage; a process which has a direct influence on the way in which their public policies are developed[5].

Yet, it is difficult to group within the same category artists and other types of street entertainer who frequent festivals such as those in Nantes or Montpellier, artists who believe that urban art should appropriate urban spaces to form one coherent whole, creators who actively participate in the transformation of the urban landscape and the renewal of the urban area as in Marseille or the Ruhr region, creative businesses who contribute to the economic revival of cities such as Berlin or Birmingham, and artists who actively converge pretty much everywhere, taking great leaps forward into a knowledge-based society that encompasses education, media, communications, etc. This list would not be complete without the inclusion of those artists who fervently claim a fairly direct line of descent from the ill-fated artists of the 19th and 20th centuries and would, no doubt, stop at no length in rejecting all of the evidence offered here.

What trends are emerging on the ground? In Lausanne, the self-proclaimed "city of culture", the approach largely consists of affirming the city's prestige by inviting internationally known performers and organising events centred around celebrated artists. In Lausanne also, the Learning Center built by the École Polytechnique develops a visible and efficient link between creativity and society of knowledge. In Birmingham, where the creative economy is expanding to include information and communications technology, the strategy consists of attracting new businesses into a sector viewed as being essential to the city's regeneration. In Birmingham's case, the creative economy also offers a way to escape the stagnation caused by the process of deindustrialisation that the city has been undergoing since the 1980s. The fragile nature of this new sector can be seen in its dependence on the relocation of the BBC's new national headquarters to the city, and more especially in the fact that recent doubts raised in relation to this move have the potential to undermine an entire sector of the local economy.

The city of Berlin, which has dubbed itself a "laboratory for entrepreneurs", has also taken its place in the network of creative cities under the banner of "City of design". Creators in Berlin are viewed as representatives of a strategic sector, with the creative economy imposing specific decisions with respect to the development of certain city quarters. In addition, the promotion of creative businesses supports and complements the urban transformation resulting from reunification, while still maintaining a certain social coherence.

A dynamic economic sector

The main aim of the insistent demands placed by the policy-maker on the cultural sector, on both its public and private players, is to solicit a contribution to the economic development of their region. The resulting initiatives are wide reaching in scope. They can take the form of revamping and restoring local buildings and public spaces, as in Birmingham, or the establishment of cultural institutions and prestigious architectural projects such as the Guggenheim museum in Bilbao, or the Louis Vuitton Foundation in Paris (both of which, interestingly, were designed by the same architect; Frank Gehry). These initiatives can also be seen in short-lived events, exhibitions, festivals, the European Capital of Culture award, etc. In this way, culture engages with the tourism and leisure industries, and is aligning itself with an economic strategy in which attractiveness is the main goal, and in which the role of driving force previously occupied by the now declining manufacturing industry is being handed over to the creative sector. As pioneers in this area,

---

[1] BRAUDEL, F., *Civilisation matérielle, économie et capitalisme, XVe-XVIIIe siècles, Les structures du quotidien, le possible et l'impossible*, vol. 1, Paris, Armand Colin, 1979, p. 421.

[2] STENDHAL, *Histoire de la peinture en Italie*, Michel Lévy Frères, Paris, 1868, p. 15.

[3] FUMAROLI, M., *L'État culturel, une religion moderne*, Paris, Éditions de Fallois, 1991.

[4] AMBROSINO, C., GUILLON, V., "Les trois approches de la ville créative : gouverner, consommer et produire", *L'Observatoire*, n°36, 2009-2010, pp. 25-28.

[5] KEIL, R., BOUDREAU, J.-A., "Le concept de la ville créative, la création réelle ou imaginaire d'une forme d'action politique dominante", *Métropoles*, juillet 2010.

[6] AMBROSINO, C., GUILLON, V., "Les tournants culturels des sociétés urbaines", in SAN MARCO, P., DJAMENT, G. (dir.), *La métropolisation de la culture et du patrimoine*, Paris, Éditions Le Manuscrit.

Le Learning Center de l'École polytechnique fédérale de Lausanne (EPFL), architectes Sanaa, 2010.
The Learning Center de l'École Polytechnique Fédérale de Lausanne, architects Sanaa, 2010.
Photographie : Fanny Christinaz.

XIXe et du XXe siècles et qu'ils rejetteraient sans doute avec la dernière énergie toutes les expériences proposées ici.

Que constate-t-on sur le terrain ? Pour Lausanne, qui se proclame « ville culture », il s'agit surtout d'affirmer son prestige en invitant des interprètes mondialement connus, en organisant des manifestations autour d'artistes célèbres. Pour Lausanne encore, le Learning Center de l'École polytechnique assure un lien efficace et visible entre créativité et société de la connaissance. À Birmingham où l'économie créative s'élargit à celle des technologies de l'information de la communication, il s'agit d'attirer de nouvelles entreprises dans un secteur considéré comme essentiel pour la régénération de la ville. D'autre part, cette économie créative constitue un moyen de faire sortir la ville du marasme issu de la désindustrialisation qu'elle subie depuis les années quatre-vingt. Cette situation s'avère d'ailleurs fragile quand on sait qu'une part importante de cette nouvelle économie tient pour partie à l'implantation du siège national de la BBC, et que sa remise en question récente risque de mettre à mal un pan de l'activité locale.

Berlin, autoproclamée « laboratoire des entrepreneurs », a accédé au réseau des villes créatives au titre de Ville de design. Les créateurs sont considérés comme les représentants d'un secteur stratégique et l'économie créative y impose des choix spécifiques pour l'aménagement de certains quartiers dans la ville. En outre, la promotion d'entreprises créatives permet d'accompagner la mutation urbaine issue de la réunification tout en maintenant une certaine cohésion sociale.

Un secteur économique dynamique

Si les politiques sollicitent avec autant d'insistance le monde de la culture, ainsi que ses opérateurs publics et privés, c'est pour leur demander de contribuer au développement économique de leurs territoires. Les interventions qui en résultent couvrent un large éventail d'activités. Elles peuvent concerner la valorisation et la restauration du patrimoine bâti et des espaces publics comme à Birmingham, la réalisation d'institutions culturelles et de projets architecturaux prestigieux comme le musée Guggenheim à Bilbao et la fondation Louis Vuitton à Paris, curieusement conçus tous deux par le même architecte, Frank Gehry, ou encore l'organisation de manifestations éphémères, expositions, festivals, capitale européenne de la culture, etc. La culture flirte ainsi avec le tourisme et les industries des loisirs, s'inscrivant dans une stratégie économique dont l'attractivité est le maître mot et qui offre aux activités créatrices le rôle moteur qu'ont perdu les industries manufacturières moribondes. Pionnières en la matière, Bilbao, Barcelone, Glasgow « font figure de modèles internationalement célébrés [6] ». Toutes les villes voudront désormais qui un musée, qui un festival, qui une manifestation temporaire. La culture, et par extension les milieux de la création, sont devenus en quelques années à la fois un secteur économique régénérateur, un instrument d'aménagement du territoire et un support de marketing urbain. L'expérience de l'IBA Emscher Park, réalisée par le Land de Rhénanie-du-Nord-Westphalie entre 1989 et 2010 dans l'ancien bassin minier sinistré de la Ruhr, en regroupant une centaine de projets et un investissement de 2,5 milliards d'euros, représente une référence que le monde de l'aménagement urbain et du paysage a observée avec la plus grande attention. Repensées sur 70 km, les anciennes installations industrielles ont été transformées en musées, en parcs, en centres d'art, générant une région qui s'ouvre soudain à une nouvelle forme de tourisme. Comme le dit Jean-Louis Bonnin, ancien conseiller culturel du maire de Nantes et du président de Nantes-Métropole : « Je crois qu'il y a une véritable conscience du rôle économique du secteur créatif et qu'une métropole doit s'engager dans une politique qui lui permette de se positionner parmi les "villes créatives" dans le cadre d'une société de la connaissance de plus en plus internationale [7] ».

En phase avec une société des loisirs qui émerge depuis les années soixante-dix, boostées par les technologies nouvelles, les *industries culturelles* puis les *industries culturelles et créatives*, ICC pour les initiés, du fait de leur

Nantes, *L'Absence*, œuvre d'art, mais aussi bar avec petite restauration.
Nantes, "L'Absence", piece of art but also a bar with snacks.
Samoa.

poids économique grandissant, sont devenues une activité économique que les responsables de l'aménagement territorial valorisent pour réussir leurs projets. Elles constituent une valeur essentielle pour ces villes qui tendent à accueillir une civilisation dont Jeremy Rifkin assure qu'elle sera celle de l'empathie[8]. Charles Ambrosino et Vincent Guillon notent : « Aussi publicité, architecture, arts et antiquités, design, mode et cinéma, multimédia et jeu vidéo, musique, spectacle vivant, édition, télévision et radio sont-elles désormais présentées comme autant d'activités pionnières susceptibles de fournir de nouveaux modèles d'organisation du travail et de production de valeurs pour l'ensemble de l'économie[9] ».

Et effectivement, les ICC disposent d'un important potentiel de croissance et d'emplois. Dès la fin des années quatre-vingt-dix, l'Union européenne en fait une de ses priorités[10]. Les études démontrent que les ICC « se composent d'entreprises hautement innovantes dotées d'un grand potentiel économique et constituent l'un des secteurs les plus dynamiques d'Europe[11] ». De fait, elles représentent 2,6 % du Pib de l'Union européenne à qui elles procurent des emplois de qualité à quelque cinq millions de personnes, un chiffre en croissance annuelle de 4,8 %. Par ailleurs, les contenus culturels jouent un rôle déterminant dans le développement de la société de l'information, alimentent les investissements dans les infrastructures et les services, dans les technologies numériques, ainsi que dans le développement d'appareils électroniques et de télécommunications.

Pour décrire cette évolution, Richard Florida est régulièrement convoqué et immanquablement critiqué[12].

[6] AMBROSINO, C., GUILLON, V., « Les tournants culturels des sociétés urbaines », in SAN MARCO, P., DJAMENT, G. (dir.), *La métropolisation de la culture et du patrimoine*, Paris, Éditions Le Manuscrit.
[7] Jean-Louis Bonnin, dans un entretien dans *L'Observatoire*, n° 36, 2009-2010.
[8] RIFKIN, J., *Une nouvelle conscience pour un monde en crise, vers une civilisation de l'empathie*, Paris, Les liens qui libèrent, 2011.
[9] AMBROSINO, C., GUILLON, V., *op. cit.*
[10] Voir notamment « Culture, industries culturelles et emploi », rapport de la commission européenne, 1998.
[11] « Study on the economy of culture in Europe », étude conduite en 2006 par KEA à la demande de la commission européenne.
[12] FLORIDA, R., *The Rise of the Creative Class, and how it's transforming work, leisure, community and everyday life*, New York, Basic Books, 2002.

Bilbao, Barcelona and Glasgow "are seen as international examples to be emulated"[6]. Every city now wants a museum, or a festival, or one-off cultural event. In the space of a few years, culture and, by extension, the creative community, have become a sector with the potential to regenerate the economy, a tool for regional development, and an instrument of urban marketing, all rolled into one. The benchmark example of the IBA Emscher Park, completed by North Rhine-Westphalia over the period 1989 to 2010 in the formerly bleak coalfields of the Ruhr, and bringing together around 100 projects and an investment of 2.5 million euro, has been observed closely by those involved in urban and regional development. Encompassing a 70km stretch, the area's former industrial facilities were transformed into museums, parks and art centres, creating a new face for a region now open to a whole new type of tourism. According to Jean-Louis Bonnin, former cultural advisor to the mayor of Nantes and president of Nantes Métropole, "there is a real awareness of the economic role played by the creative sector, and the fact that cities need to engage in strategies that allow them to position themselves alongside "creative cities", within the context of an increasingly globalised knowledge-based society"[7].

In line with the leisure society which has been emerging since the 1970s, and boosted by new technologies, the *cultural industries*, and subsequent *cultural and creative industries* (CCIs for those in the know), due to their growing economic weight, are being viewed by those charged with regional development as strategically important to the successful implementation of their projects. They have become an essential value-added component for cities moving towards the creation of a new civilisation which, according to Jeremy Rifkin, will be characterised by empathy[8]. Charles Ambrosino and Vincent Guillon have also noted that, "advertising, architecture, art and antiques, design, fashion, cinema, multimedia and videogames, music, live performance, print, television and radio are now all viewed as pioneering activities capable of providing new models for organising work and creating value for the economy as a whole"[9].

CCIs do in fact offer significant potential for the generation of growth and employment. Since the end of the 1990s, the European Union has made the creative industries one of its major focus points[10]. Studies show that the CCI sector "is composed of highly innovative enterprises of significant economic potential, and constitutes one of the most dynamic sectors in Europe"[11]. In real terms, CCIs represent 2.6% of the European Union's GDP, employing around five million people, a figure which increases annually by about 4.8%. Cultural content also plays a crucial role in the development of a knowledge-based society, funnelling investment into the provision of infrastructure and services, digital technology, and the development of electronic and telecommunications devices.

Richard Florida is regularly called on to discuss this trend, invariably meeting with criticism[12]. For Florida, innovation is the defining characteristic of a creative city, particularly innovation in the areas of information technology and communications. But Florida attaches particular importance to the development of a cultural sector and the promotion of the artistic community, as well as the symbolic existence of a group of atypical individuals (the so-called creative class), who maintain close ties with this culture and who, above all, consume it voraciously, a category of citizens whom Florida characterises as bohemian; the notorious "bourgeois bohemians" described by François Ascher as "manipulators of symbols". So, can the development of a city of creators be summarised as a new form of consumer society, positioned somewhere between a thriving cultural sector and a trendy middle class? This kind of urban marketing tends to drive out another creative culture from the city; that of the middle and working classes, long-standing residents of the city characterised by a sense of vitality, diversity and social cohesion. According to Elsa Vivant, this points to a "significant change in respect to the traditional foundations of capitalism"[13].

An unchanging scenario

The relationship between these dynamic creators and a "bohemian" urban community is beginning to bring its influence to bear on urban development in a pattern which is being reproduced in virtually every urban environment, in spite of the many measures put in place by city authorities to avoid such an influence. On the one hand, members of the creative sector bring with them undeniable potential. Despite the vulnerability associated with their dependence on a fluctuating economy, they generally look to settle

---

[7] Jean-Louis Bonnin, in an interview with *L'Observatoire* n°36, 2009-2010.
[8] RIFKIN, J., *Une nouvelle conscience pour un monde en crise, vers une civilisation de l'empathie*, Paris, Les liens qui libèrent, 2011.
[9] AMBROSINO, C., GUILLON, V., *op. cit.*
[10] See in particular, "Culture, industries culturelles et emploi", European Commission report, 1998.
[11] "Study on the economy of culture in Europe", study carried out in 2006 by KEA by request of the European Commission.
[12] FLORIDA, R., *The Rise of the Creative Class, and how it's transforming work, leisure, community and everyday life*, New York, Basic Books, 2002.
[13] VIVANT, E., "La classe créative existe-t-elle ? Discussion des thèses de Richard Florida", *Les Annales de la recherche urbaines*, 101, 2006, pp. 155-161.

BoXed Productions, *Frau in the A4 Room*, sur le site A.E. Harris, quartier Jewellery, Birmingham.
BoXed Productions, "Frau in the A4 Room", at the A.E. Harris, Jewellery Quarter, Birmingham.
@AE Harris, Steve Davies.

New Macho, *Lessons In Avoiding The World in Europe*, sur le site A. E. Harris, quartier Jewellery, Birmingham.
New Macho, "Lessons In Avoiding The World in Europe", at the A.E. Harris, Jewellery Quarter, Birmingham.
@AE Harris, Steve Davies.

Pour lui, le principal indicateur d'une ville créative est l'innovation, notamment dans les domaines des technologies de l'information et de la communication. Mais il attache surtout une grande importance au développement du secteur culturel et à la promotion du monde artistique, ainsi qu'à la présence significative d'une classe d'individus atypiques, dite classe créative, qui entretient des rapports étroits avec cette culture et qui surtout la consomme abondamment, une catégorie d'habitants que Florida qualifie de bohémiens, les fameux « bourgeois-bohèmes » que François Ascher appelait des « manipulateurs de symboles ». Le développement de la ville des créateurs se résumerait-il à une nouvelle forme de société de consommation entre un secteur culturel florissant et une classe moyenne branchée ? Ce type de marketing urbain tend à chasser des villes une autre culture créative, celle des classes moyennes et populaires, implantées de longue date et porteuses d'une identité vivante, de mixité et de cohésion sociale. Elsa Vivant évoque à ce sujet « un changement significatif par rapport aux fondements du capitalisme traditionnel [13] ».

[13] VIVANT, E., « La classe créative existe-t-elle ? Discussion des thèses de Richard Florida », *Les Annales de la recherche urbaines*, 101, 2006, pp. 155-161.

Un scénario immuable

Cette relation entre des créateurs considérés dynamiques et une population urbaine dite bohème s'insinue dans les processus d'aménagement urbain selon un scénario qui se reproduit presque immanquablement dans toutes les villes, malgré les précautions que prennent parfois les autorités municipales pour l'éviter. D'une part, les protagonistes du secteur de la création sont porteurs d'un indéniable potentiel. Bien que fragiles car dépendants d'une économie fluctuante, ils cherchent à s'implanter au plus près du cœur des villes où ils trouveront une stimulation intellectuelle et un dynamisme économique propice. Dans un premier temps, ces communautés créatives s'approprient des lieux délaissés, parfois marginaux, souvent périphériques mais parfois jouxtant le centre de la ville, qu'elles investissent de façon précaire. Ainsi, à Birmingham, en s'implantant dans deux quartiers, Jewellery et Digbeth, et en s'appropriant des friches industrielles en déshérence, elles contribuent à transformer le territoire et son identité. À Berlin, l'immeuble du Tacheles devient dans les années quatre-vingt-dix le siège d'une contre-culture contestataire. Bien que voué à la démolition il constitue pourtant une contribution essentielle à l'image jeune, dynamique, cultivée et cosmopolite de la nouvelle capitale [14]. À la même époque, à Marseille, la Friche la Belle-de-Mai montre, comme l'écrit l'architecte Patrick Bouchain, que « la ville produit des friches, des délaissés sans valeur, [...] des objets abandonnés dont personne ne veut [...] et que des gens qui n'étaient pas impliqués dans la fabrication de la ville, des artistes, des intellectuels, des habitants, s'engageaient et proposaient de nouveaux modes de fabrication de l'urbain, qui anticipent sans programmer, sans figer [15] ». Autour du Quartier des spectacles de Montréal, des communautés de créateurs génèrent des dynamiques urbaines qui enrichissent la vie du quartier.

Alors qu'ils se sont durablement installés et qu'ils se considèrent bien intégrés, ces collectifs font l'objet d'un rejet progressif. Des habitants dont le pouvoir d'achat est croissant sont tentés de s'aventurer dans une expérience immobilière, mais face à la pression immobilière, ils recherchent des solutions à la portée de leur compte en banque et de leur capacité d'endettement. Cette population, séduite par les modes de vie décalés des créateurs et par des espaces qui répondent autant à leur soif de culture qu'à leurs possibilités financières, vient s'installer dans cet environnement précaire, achète à relativement bas prix, réhabilite des espaces pour les transformer et modifie ainsi la structure sociale du

Magda Danysz gallery, Shanghai.
Magda Danysz gallery, Shanghai
Chen Binlei, courtesy Magda Danysz.

quartier, provoquant une gentrification plus ou moins radicale qui repousse les communautés créatives vers d'autres parties de la ville. Dans le quartier de Flon à Lausanne, les responsables de l'urbanisme municipal laissent entendre que la prostitution et la drogue sont rejetées d'une façon comparable vers d'autres quartiers plus marginaux de la ville. Dans certains cas, la promotion immobilière s'en mêle et, comprenant le parti qu'elle peut en tirer, réhabilite le quartier en maintenant sur place quelques activités plus ou moins créatives comme une forme de faire-valoir. Certains artistes restent sur place à condition de respecter un cahier des charges, les autres sont condamnés à rechercher de nouveaux lieux d'habiter.

Des stratégies urbaines adaptées

Ce phénomène de gentrification est caractéristique de nombreuses politiques récentes de renouvellement urbain. Il est pointé du doigt par les créateurs mais aussi par diverses organisations comme la Fondation Ford qui observe et agit sur les installations d'artistes dans les milieux urbains[16]. Ce processus n'est pourtant pas incontournable, et d'autres scénarios voient le jour. En effet, les créateurs sont parfois considérés par les responsables des politiques publiques comme des éclaireurs, des pionniers, des connecteurs. C'est aussi pour cette raison que la création sous toutes ses formes constitue un enjeu essentiel pour les villes contemporaines. « Il nous faut trouver

[14] ANDRES, L., GRÉSILLON, B., « Cultural Brownfields in European Cities : À New Mainstream Object for Cultural and Urban Policies », *International Journal of Cultural Policy*, octobre 2011.
[15] Patrick Bouchain, « Friche La Belle-de-Mai », présentation en images, mars 2009.
[16] « Investing in Creativity : À Study of the Support Structure for U.S. Artists », the Culture, Creativity, and Communities (CCC) Program at the Urban Institute, The Ford Foundation, 2000.

as close to the city centre as possible, in areas which offer intellectual stimulation and a suitable economic environment. These creative communities start by appropriating neglected areas, areas which are occasionally marginalised, frequently peripheral, and often adjacent to the city centre, before taking ownership of these areas, albeit in a precarious way. In Birmingham, creators have put this approach into practice, settling in two main quarters; the Jewellery Quarter and Digbeth. By reappropriating abandoned industrial premises in these areas, they have contributed to the transformation of the area and its identity. In Berlin in the 1990s, the Tacheles building became the seat of an anti-establishment counter-culture movement. Though slated for demolition, the building constitutes an integral part of the new capital's image as a young, dynamic, cultured and cosmopolitan urban centre[14]. Over the same period, the experience of the Friche La Belle-de-Mai art centre in Marseille resonated with the words of architect Patrick Bouchain when he said that "the city produces abandoned areas, neglected plots of little value, [...] discarded objects not wanted by anyone [...] and people who were not involved in the initial creation of the city; artists, intellectuals and residents, got involved and suggested new ways of creating the urban environment, in a way that anticipated change but was not bound by the constraints of rigid planning and fixed goals"[15]. Right across Montreal's Quartier des Spectacles, creative communities are generating new urban dynamics which enrich the life of the area.

Although they have a long-standing presence in the area and believe themselves to be well integrated into society, these communities are in fact being progressively driven out. Aspiring property owners with growing buying power are drawn to the thought of getting on the property ladder. However, faced with the pressures of rising property prices, they look for options that are within the reach of their bank balance and borrowing ability. Seduced by the creator's alternative way of life, and by spaces which sate their appetite for culture while remaining within their financial means, they settle into these fragile environments, buying up property at relatively low prices, renovating and transforming the space. But in doing so, they are changing the social structure of the quarter, prompting a process of gentrification (a process more radical in some areas than others) which ultimately pushes creative communities out of the space, and into other parts of the city. In the Flon area of Lausanne, city planners have spoken about how prostitution and drug culture have been driven out in a similar way, towards other, more marginal areas of the city. In certain situations, property speculators get involved and, realising the potential gains involved, they redevelop the quarter, retaining a select number of creative facilities to enhance the value of the area. Some artists are allowed to remain on as long as they follow certain guidelines, while others are forced out, condemned to search for new places to live.

Tailored urban strategies

This phenomenon of gentrification is characteristic of a number of recent urban regeneration policies. It has been singled out for criticism by creators, as well as by organisations such as the Ford Foundation, who work with artist communities in urban environments[16]. However, gentrification is not inevitable, and a number of other scenarios may yet play out. Creators are often seen by public policy makers as thought leaders, pioneers, facilitators. It is for these reasons also that creation in all its forms represents a key challenge for the contemporary city. As Jean-Louis Bonnin sees it, "we need to decide on a new economic dynamic which does not call into question the foundations and values of our cultural legacy, but instead integrates new economic relationships and exchanges, preserves cultural diversity and continues to involve the residents of the city". Within this dynamic, creators can become powerful players in a city which aspires to be dynamic, creative and unified.

With the establishment of creative clusters, public policy is already starting to move in this direction. As a rule, creators do not view creative clusters as an end in themselves. However, the development of suitable infrastructure, the renovation of large spaces for their workshops, the availability of shared resources and digital networks, are benefits which they are only too happy to avail of. They also value the presence of agents in their environment who open up channels for the sale of their creations, and work to promote a better understanding of the professional role of creators and the quality of their work.

The long-term settlement of creators in areas of urban wasteland can also be of benefit to the city itself of course. Whether on a short or long-term basis, creators tend to settle in areas which have previously been

[14] ANDRES, L., GRÉSILLON, B., "Cultural Brownfields in European Cities : À New Mainstream Object for Cultural and Urban Policies", *International Journal of Cultural Policy*, octobre 2011.
[15] Patrick Bouchain, "Friche La Belle-de-Mai", visual presentation, March 2009.
16 "Investing in Creativity : À Study of the Support Structure for U.S. Artists", the Culture, Creativity, and Communities (CCC) Program at the Urban Institute, The Ford Foundation, 2000.

« Red Town » à Shanghai, un quartier d'artistes dans l'ancienne usine sidérurgique n° 10 de Hongqiao..
"Red Town", an artist district in old no 10 Steel factory in Hongqiao, Shanghai.
Photographie : Jean-Jacques Terrin.

une dynamique économique qui ne remette pas en cause les fondements et les valeurs liés à notre histoire culturelle, mais intègre de nouveaux rapports économiques et d'échanges, préserve la diversité culturelle et l'implication des citoyens. » déclare Jean-Louis Bonnin. Les créateurs peuvent alors devenir les acteurs d'une ville qui se veut dynamique, créative, solidaire.

Des stratégies se développent dans ce sens, des *clusters* de la création sont créés. D'une façon générale, les créateurs ne considèrent pourtant pas leur regroupement comme une fin en soi. Par contre, le développement d'infrastructures adaptées, la réhabilitation de grands espaces où ils peuvent installer leurs ateliers, la mutualisation de ressources ou de réseaux numériques qui leur sont propres, représentent des avantages qu'ils ne négligent pas. Ils apprécient aussi l'implantation d'intermédiaires dans leur voisinage pour faciliter des débouchés à leur production, et susciter une meilleure reconnaissance de leur caractère professionnel et de la qualité de leur production.

Dans un sens, l'occupation permanente des friches urbaines par des créateurs peut être aussi bénéfique pour les villes : ceux-ci occupent de façon plus ou moins éphémère des lieux qui ont tendance à se dégrader. Ils contribuent donc à préserver un patrimoine historiquement intéressant, l'animent, lui redonnent une vie, jouent même parfois un rôle social non négligeable auprès des habitants en leur offrant un autre regard sur leur environnement. Ils peuvent avoir un impact économique, relevant la valeur de l'immobilier, créant indirectement

neglected. In this way, they contribute to the preservation of areas which are historically rich in heritage, injecting new life, while also playing a significant role for co-residents, by offering them another way of looking at their environment. They can also have an economic impact, prompting a rise in property values, creating indirect employment through the provision of services and the establishment of businesses, and attracting a new group of often young and dynamic residents.

In conclusion, the "city of creators" raises a number of questions, questions which will be addressed in various ways by the different expert contributions gathered here. Should we support creators? Should we establish a framework for managing creation? In other words, how can we provide what is clearly valuable assistance in a way which does not undermine the independence of those individuals or businesses who receive this assistance, without falling into a situation of ill-matched supports with little public acceptance. Given the pressures created by the property market, is it preferable to allow a certain freedom of movement within the area, since it is precisely this mobility which fosters the dynamism, spontaneity and independence which are so integral to this particular sector? Or should we rather favour the establishment of "creative quarters", which in itself runs the risk of creating urban enclaves which are essentially artificial? Is it not true that the act of creation seeks out and indeed requires a certain element of the transitory, the informal, the alternative, in order to retain its experimental, innovative nature? In short, isn't a certain instability actually conducive to the renewal of creative vitality? And to echo the Situationist's mantra, is there a need to "act, trigger, withdraw"? Has creation now become an integral part of a social and economic framework which allows for — or enforces — a certain stability and the adoption of a more permanent role in contemporary urban society? And if this is in fact the case, does the creative city have any real relevance anymore? Or just a figment of our imagination, as claimed by Paul Ardenne?

des emplois par la création de services ou de commerces, attirant une nouvelle population, généralement jeune et dynamique.

En conclusion, plusieurs questions restent posées par « la ville des créateurs » auxquelles les interventions qui suivent et les experts convoqués répondent diversement. Faut-il aider les créateurs, faut-il encadrer la création ? Dit autrement, comment apporter une aide sans doute utile sans mettre à mal la soif d'indépendance des personnes ou des entreprises à qui elle s'adresse, sans tomber dans un assistanat inadapté mal accepté ? Face à la pression foncière, est-il préférable de laisser s'exercer une certaine mobilité sur le territoire, considérant que d'elle provient le dynamisme, la spontanéité et l'indépendance de ce secteur d'activité si particulier ? Ou au contraire, faut-il privilégier la réalisation de « quartiers de la création » dont on peut craindre qu'ils puissent constituer des enclaves urbaines plus ou moins artificielles ? La création se satisfait-elle, n'a-t-elle pas même besoin, d'une certaine forme d'éphémère, d'informel, d'alternatif pour rester expérimentale et innovante ? Bref, l'instabilité est-elle un état propice au renouvellement créatif ? Et si celle-ci s'inscrivait dans la démarche situationniste dont le mot d'ordre était : « Agir, déclencher, se retirer » ? La création est-elle aujourd'hui entrée dans un cadre à la fois social et économique qui lui permet - ou lui impose - une certaine stabilité et une implantation plus pérenne dans la société urbaine contemporaine ? Et dans ce cas, est-il vraiment pertinent de parler de ville créative ou celle-ci n'est-elle qu'un fantasme, comme le prétend Paul Ardenne ?

PROJETS DE VILLES
CITY PROJECTS

ARES KALANDIDES

BERLIN : LES INDUSTRIES CRÉATIVES ET L'AMÉNAGEMENT URBAIN

Berlin depuis 1990 : passage du dogme de la croissance à la réaffirmation du local

Au cours des années qui suivirent l'effondrement du Mur de Berlin et malgré le futur devenu incertain, la population berlinoise traversa une période d'enthousiasme et de ferveur : tout semblait possible. Nombre d'habitants étaient convaincus que la ville était maintenant libre de développer son potentiel, un potentiel infini. L'expansion devint un véritable slogan et c'est sur cette toile de fond qu'il faut interpréter une grande partie de l'aménagement de Berlin dans les années quatre-vingt-dix. Il s'agissait de croissance dans tous les sens du terme : démographique, économique et naturellement, politique. La capitale de l'Allemagne réunifiée cherchait sa place au sein d'une constellation politique mondiale nouvelle. Il n'est donc pas surprenant que de nombreux projets de l'époque reflètent cette idéologie de la croissance et détiennent un caractère symbolique fort.

Presque tous les grands projets de construction de Berlin, sans oublier les bâtiments du gouvernement, doivent être reliés à ce contexte. L'Alexanderplatz, centre important de l'ancienne Berlin-Est, en est un bon exemple, avec 13 tours prévues dès le début des années quatre-vingt-dix. Le projet devait créer un centre ville visible et conséquent, qui refléterait l'importance de Berlin en tant que cité d'affaires du monde. On estimait également qu'il devrait répondre aux besoins croissants en espace destiné aux nouvelles entreprises. Dans le même esprit, la nouvelle gare centrale, l'un des édifices majeurs planifiés à l'époque, devait symboliser l'intersection de deux grands corridors ferroviaires européens : « de Paris à Moscou et de Scandinavie en Italie », comme le répétaient sans cesse les autorités.

L'exemple le plus remarquable est la Potsdamer Platz. À l'époque, elle était connue comme l'un des sites de construction les plus importants de toute l'Europe. Vers la fin de l'année 2011, une grande part du projet fut revendue, à un prix légèrement plus bas que l'investissement d'origine. On peut interpréter cela tout simplement comme un échec économique. Il est toutefois possible de considérer que l'investissement était en grande partie symbolique et représentait la puissance de l'entreprise au sein d'une nation réunifiée. Les années quatre-vingt-dix sont une décennie durant laquelle la croissance et la taille étaient une obsession.

Lors du passage vers le troisième millénaire, une série de chocs brisa toute cette certitude en mille morceaux. Alors que le chômage frisait les 20 %, il était déjà devenu évident que la cité n'assistait ni à une croissance démographique ni à un quelconque influx d'activité économique inondant le marché de Berlin depuis l'étranger. Le premier de ces chocs fut l'éclatement de la bulle Internet vers la fin des années quatre-vingt-dix. Même si Berlin en fut moins affectée que d'autres capitales, il devenait clair que la croissance était loin d'être une certitude et qu'elle traverserait sans aucun doute des zones de turbulences. Le second bouleversement, celui-là bien plus important, fut le scandale bancaire qui éclata en 2001 et causa la chute du gouvernement de coalition du Land de Berlin, mené alors par les conservateurs, ainsi que celle du Bourgmestre-gouverneur. Les répercussions du scandale s'étendirent sur plusieurs années et menèrent à une nouvelle distribution des cartes politiques : une coalition de centre-gauche allait gouverner Berlin de 2001 à 2011.

Il était inévitable que cette modification du paysage politique représente également un tournant en termes de politique urbaine. On révisa les dossiers des grands projets et presque tous furent abandonnés. Le nouveau discours politique concernait maintenant le *local*. Cette modification de l'approche révélait également une autre tendance : on avait assisté durant la décennie à une polarisation spatiosociale inédite à Berlin. L'outil cartographique *Social Atlas, Berlin*, développé par le département de l'urbanisme pour enregistrer l'évolution sociale, avait mis en lumière ce type de tendance sur toute la ville. Des quartiers pauvres tels que certaines sections de Kreuzberg et Neukölln ou Moabit et Wedding devenaient encore plus pauvres, alors que d'autres « s'amélioraient » peu à peu. Si l'on considère cette polarisation sociale d'un côté et les projets de construction de la Potsdamer Platz de l'autre, on peut s'interroger

CREATIVE INDUSTRIES AND URBAN DEVELOPMENT IN BERLIN

Berlin since 1990: From a dogma of growth to reassertion of the local

In the years that followed the collapse of the Berlin Wall, amid uncertainty about the future, people in Berlin experienced a period of fervent enthusiasm in which everything seemed possible. During this phase, many shared the belief that the city was now free to develop its growth potential and that this potential was infinite. Growth became the motto of the day and much of the development in Berlin in the 1990s can be interpreted against that backdrop. It was growth in every possible sense; population growth, economic growth and, of course, political growth. The capital of the reunified Germany was looking for a role in a new global political constellation. It is not surprising, therefore, that many of the projects of the 1990s reflect that *growth ideology* and have a strongly symbolic character.

Almost all major construction projects in Berlin, including government buildings, must be viewed in this context. A good example is Alexanderplatz, a central hub in former East Berlin, where 13 high-rise buildings were planned in the early 1990s. The scheme was intended to create a visible, substantial city centre that would reflect Berlin's importance as a global business city, but which would also respond to the (assumed) growing need for space for new businesses. Similarly, the new central station, one of the superstructures planned at the time, was meant to symbolize the intersection of two important European rail corridors: "from Paris to Moscow and from Scandinavia to Italy", as the official rhetoric repeated constantly.

Perhaps the most prominent example, though, is Potsdamer Platz, an area that, in the 1990s, became famous as one of the largest building sites in Europe. Towards the end of 2011, a large portion of the project was resold, achieving a price slightly lower than the original investment. One way of interpreting this is simply as economic failure, but an alternative option would be to view it as a mostly symbolic investment; one that would symbolize corporate power in the midst of a reunified country. The 1990s was a decade obsessed with growth and size.

A series of shocks around the turn of the millennium shattered this certainty. By then it had already become obvious that the city was neither growing (in terms of population) nor was there an influx of foreign businesses flooding the Berlin market, while unemployment was getting close to 20 per cent. The first of these shocks was the bursting of the Internet bubble in the late 1990s, which, though it affected Berlin less than other places, gave out a clear sign that growth was not a foregone conclusion, and that there were bound to be peaks and troughs along the way. The second shock, much stronger than the first one, was the banking scandal that exploded in 2001, bringing down the conservative-led coalition government (in the state of Berlin) and the then Governing Mayor. The repercussions of this scandal were felt for several years and led to a reshuffling of the political cards, resulting in a centre-left coalition which was to rule Berlin for about ten years, from 2001 to 2011.

It was inevitable that this political change would also prove a turning point for urban development policy. Major new projects were re-examined and almost all were abandoned. The new political rhetoric was now about the *local*. This shift in viewpoint revealed another trend; namely that the 1990s had seen a spatio-social polarisation previously unknown to Berlin. *Social Atlas, Berlin*, a mapping tool developed as a system for monitoring social development by the planning department, highlighted polarisation trends across the city. Poor districts such as (parts of) Kreuzberg and Neukölln or Moabit and Wedding were becoming poorer, while others were

Potsdamer Platz, Berlin, 1998.
Potsdamer Platz, Berlin, 1998.
Dario Lorenzetti.

sur la hiérarchisation des priorités de l'époque en matière d'urbanisme. Afin de contrecarrer cette évolution, le programme *Integrated Social City* (ville sociale intégrée) avait déjà été adopté au niveau national à la fin des années quatre-vingt-dix. Ce programme intéresse à la fois les urbanistes et les sociologues de la ville. Il est basé sur le postulat selon lequel l'aménagement physique ne peut résoudre seul les problèmes d'ordre social. Différentes forces doivent être combinées pour répondre directement aux besoins de la communauté en temps réel, notamment au sein du quartier lui-même. En conséquence, un outil très important fut élaboré au sein du programme *Integrated Social City* : le programme Neighbourhood Management (gestion du quartier).

Dans son principe, ce dernier a évolué à partir du concept de l'*Urban Renewal Area* (zone de renouvellement urbain), l'outil d'urbanisme qui avait gouverné la rénovation urbaine allemande pendant des dizaines d'années - mais il s'agissait maintenant de restructurer le tissu social plutôt que physique de la ville. Cet outil fonctionne de la manière suivante : dans certaines zones définies comme « à risque », on nomme un responsable de quartier. Il s'agit fréquemment d'un bureau d'urbanisme. Celui-ci sert de médiateur entre l'état et la population locale. Ces responsables ont la tâche intéressante de consolider et de représenter les préoccupations des résidents. Il peut s'agir également d'améliorer l'espace public, de proposer des formations ou d'autres projets liés à l'infrastructure sociale et physique. Une nouvelle conception de l'urbanisme est ainsi apparue. L'aménagement ne se bornait plus seulement au physique mais également au social. Les prises de décisions verticales fonctionnaient dans les deux sens, et l'échelle se modifia pour partir de celle de la cité et arriver au niveau des quartiers [1].

[1] On peut reprocher à cette évolution que les problèmes surgissant à une échelle géographique différente, par exemple le chômage, soient difficiles à résoudre au niveau du quartier — en d'autres termes, qu'une unité géographique réduite soit chargée de régler un problème affectant la ville et même le pays.

progressively "improving". Given this social polarisation on the one hand and the Potsdamer Platz construction projects on the other, questions must be asked as to the ways in which resources were prioritised in urban development. In order to counteract polarising tendencies, the *Integrated Social City* programme had already been adopted at a federal (national) level by the end of the 1990s. This programme, which is of interest to both city planners and sociologists, is based on the premise that physical planning alone cannot solve social problems; that forces must be combined to meet the community's needs directly where these needs arise, namely in the neighbourhood itself. Consequently, a very important tool in the Integrated Social City programme was created — the so-called Neighbourhood Management (NM) programme.

In principle, the Neighbourhood Management programme is an evolution of the idea of the *Urban Renewal Area*, the planning tool that had driven urban regeneration in Germany for decades; only now, it was less the physical restructuring that was at stake, and more the social fabric of the city. In areas that are defined as "at risk", a neighbourhood manager is appointed — often a planning office — who serves as the mediator between the state and the local population. These managers are entrusted with the interesting task of consolidating and representing the concerns of residents. Other activities can also include improving public space, offering educational courses, or other projects related to social and physical infrastructure. A new understanding of urban planning emerged. It included not only physical but also social planning, bottom-up as well as top-down decisions, while the scale shifted from the big city to the neighbourhood level[1].

Discovering the Creative Economy

A similar shift can be seen in the approach to economic development. During the 1990s, policies promoting inward investment targeted the big international corporations. It was expected that the likes of Daimler or Siemens would come and open shop in Berlin, a situation that failed to materialise. It was again with the change of administration in 2001 that this strategy was (partly) abandoned. Instead, economic development strategies started focusing inward, discovering local businesses that had grown in the shadow of the large developments of the 1990s. The new political business rhetoric was based on a notion of Berlin as "a laboratory for entrepreneurs". City managers began to view Berlin as a business incubator, and the focus shifted to small (sometimes micro) businesses in the cultural and so-called creative sectors. In an effort to measure these developments, the first Creative Industries Report was published in 2004, followed by a second in 2008. This was the first systematic attempt to look at culture (and culture-related businesses) in economic terms, not only as expenditure, but as a means of generating turnover, profit and jobs.

The approach was not totally new. The state of Nordrhein-Westphalia had undertaken a similar endeavour several years before, so experts were already acquainted with the methodology for such an analysis. At a European level, the Commission drafted the first document, entitled "Culture, Cultural Industries and Employment" in 1998. Berlin defines a creative industry in the same way as the German Parliament: (CI) "The term Cultural Industries, or rather, Creative Industries, is generally and broadly applied to [...] those cultural or creative enterprises [...] that predominantly operate commercially and are concerned with the creation, production, distribution and/or medial circulation of cultural/creative goods and services." There are nine submarkets defined under the heading of creative industry: 1) Print media & publishing, 2) Film, television & radio, 3) Art, 4) Software/games/telecoms, 5) Music, 6) Advertising, 7) Architecture, 8) Design, and 9) Performing arts. This is the definition of creative industries and their submarkets that is used in this article. Another important milestone in the same direction was the inclusion of Berlin in the Unesco network of Creative Cities as a *City of Design* in 2006; an event of high symbolic value that went rather unnoticed by the media. This recognition was not only awarded for the high quality of Berlin-based design, but also because of the public policy — and governance structures — surrounding it.

Table 1 summarises some of the basic statistical information about the creative industries in Berlin. The first thing that becomes apparent is how differently the submarkets function. Software, print media, film and advertising are the leaders both in revenue and total wage earners. A comparison between the architectural sector and the software/games industry shows that even though the number of companies is quite similar (slightly under 3,000 for both), the software industry generates approximately 13 times higher revenue. Also, the film, television & radio market, with a much lower number of companies (about 2100), involves over 36,000 people, whereas design, with a slightly higher number of companies, involves under 2,000. At second glance,

---

[1] A possible criticism of this development is that problems occurring on a different geographical scale (e.g. unemployment) are difficult to solve at the neighbourhood level. That is, a small geographic unit is tasked with solving a problem that arises at the level of the whole city/country.

Potsdamer Platz, Berlin, 2010.
Potsdamer Platz, Berlin, 2010.
Chiara Balzani.

Découverte de l'économie créative

On peut distinguer une évolution similaire dans l'approche du développement économique. Durant la décennie, des politiques d'investissements directs ciblèrent les grands groupes. On attendait des grands tels que Daimler ou Siemens qu'ils viennent s'installer à Berlin. Or il n'en fut rien. Encore une fois, c'est avec le changement de gouvernement de 2001 que la stratégie fut abandonnée, du moins en partie. Les stratégies de développement économique commencèrent à s'orienter vers l'intérieur, découvrant que les activités locales s'étaient développées à l'ombre des grands projets des années quatre-vingt-dix. Le nouveau discours en matière d'activité économique était fondé sur la notion de Berlin en tant que « laboratoire d'entrepreneurs ». Les autorités de la ville se mirent à considérer Berlin comme une pépinière d'entreprises, et l'on se concentra alors sur les petites entreprises — parfois même des micro-entreprises — dans les secteurs culturels et « créatifs ». Témoin d'un effort entrepris pour mesurer ces évolutions, le premier rapport sur les industries créatives fut publié en 2004, suivi d'un second en 2008. Il s'agissait de la première tentative systématique d'envisager la culture et les entreprises liées à la culture en termes économiques, non plus seulement en tant que dépense, mais comme moyen de générer du chiffre d'affaires, des bénéfices et des emplois.

L'approche n'était pas complètement novatrice. La Rhénanie-du-Nord-Westphalie avait entrepris une initiative similaire sept années auparavant. Les experts étaient donc familiers de la méthodologie employée pour une telle analyse. Au niveau européen, la Commission rédigea le premier document, intitulé « Culture, Industries culturelles et Emploi » en 1998. Berlin définit l'industrie créative de la même façon que le Bundestag : « Le terme Industries culturelles (IC), ou plutôt Industries créatives s'applique d'une façon générale aux [...] entreprises culturelles ou créatives [...] qui fonctionnent de manière majoritairement

Industries créatives / Creative Industries 2006	Sociétés / Companies	CA / Revenue (K€)	Total effectifs / Total wage earners	Salariés / Employees	Employés à temps plein / Social security contributors	Employés ponctuels / Marginally employed	Indépendants / Freelance
Média imprimés et édition / Print media & publishing	5 252	4 563 389	30 102	22 329	18 112	4 217	7 773
Cinéma, télévision et radio / Film, television & radio	2 104	2 372 951	36 300	13 920	12 467	1 453	22 380
Art / Art	1 844	421 920	6 624	4 653	3 810	843	1 971
Logiciels/jeux/télécommunications / Software/games/telecoms	2 894	6 746 687	28 578	22 727	21 743	984	5 851
Musique / Music	1 632	970 235	13 741	5 890	4 510	1 380	7 851
Publicité / Advertising	2 552	1 125 476	18 814	8 696	6 899	1 797	10 118
Architecture / Architecture	2 992	539 501	7 905	4 700	4 162	538	3 205
Design / Design	2 441	380 547	1 827	1 493	1 213	280	334
Arts du spectacle / Performing arts	1 222	423 445	16 624	5 439	4 148	1 290	11 185
Total	22 934	17 544 150	160 515	89 847	77 065	12 782	70 668
					48%	8%	44%

Tableau 1: Vue d'ensemble des industries créatives à Berlin.
Table 1: An overview of the Creative Industries in Berlin.
Source : Rapport sur les Industries Créatives de Berlin / Source: Creative Industries in Berlin Report, 2008.

commerciale et concernent la création, la production, la distribution et/ou la diffusion médiatique de biens et de services culturels/créatifs. » (Rapport sur les industries créatives à Berlin, 2008). Il existe neuf sous-marchés définis au sein de l'industrie créative : la presse écrite et l'édition ; le cinéma, la télévision et la radio ; l'art ; les logiciels, jeux et télécommunications ; la musique ; la publicité ; l'architecture ; le design ; les arts du spectacle. C'est cette définition des industries créatives et de leurs sous-marchés que nous suivons ici. Une autre étape marquante allant dans la même direction fut l'inclusion de Berlin au réseau des villes créatives de l'Unesco en tant que Ville du Design en 2006. Très peu médiatisé, l'événement comportait pourtant une valeur symbolique forte. Cette reconnaissance fut attribuée non seulement pour la grande qualité du design berlinois, mais également en raison de la politique du secteur public et des structures de gouvernance qui lui étaient associées.

Le tableau 1 résume certaines des informations statistiques de base concernant les industries créatives de Berlin. Ce que l'on remarque en premier, c'est à quel point les sous-marchés fonctionnent différemment. Ceux du logiciel, de la presse écrite, du cinéma et de la publicité sont les leaders en termes de chiffre d'affaires et du total des effectifs. Une comparaison entre les secteurs de l'architecture et des logiciels/jeux révèle que même si le nombre d'entreprises est semblable (un peu moins de 3 000 dans les deux cas), l'industrie logicielle génère environ 13 fois plus de revenus. D'autre part, le marché cinéma/télévision/radio, dont le nombre de sociétés est bien plus bas (environ 2 100), concerne plus de 36 000 employés alors que le design, avec un nombre d'entreprises légèrement supérieur, n'en concerne que 2 000. Les indépendants représentent presque deux tiers de cette force. Au total, ils comptent pour 44 % des effectifs employés dans les industries créatives, un point sur lequel nous nous étendrons plus bas. Ce rapport comporte plusieurs problèmes d'ordre statistique qui peuvent s'avérer pertinents au sein des sous-marchés individuellement mais n'altèrent pas la vision d'ensemble.

Au-delà de la vision rapide fournie par le tableau 1, un examen de l'industrie depuis 2000 révèle également des données intéressantes (Tableau 2).

Même si le nombre d'entreprises du secteur des industries créatives a augmenté d'environ 33 % entre 2000 et 2006, la même période a vu une diminution d'environ 8,4 % des effectifs impliqués dans ces industries. En d'autres termes, un nombre plus important d'entreprises emploie une force de travail plus réduite (salariés et indépendants), ce qui signifie que la taille moyenne de l'entreprise est bien plus réduite. Cette tendance observée au sein des industries créatives a des conséquences sérieuses, d'autant que 44 % des effectifs sont formés par des indépendants. D'après d'autres données statistiques, basées sur une définition légèrement différente de l'activité professionnelle créative et du véritable statut de l'indépendant, ce chiffre se monte en réalité à 53 % pour Berlin. Le tableau 3 ci-dessous compare Berlin et six agglomérations majeures en Allemagne. Il démontre que les indépendants sont surreprésentés dans chaque secteur des industries créatives, surtout si l'on compare le résultat à la proportion relativement faible qu'ils représentent au niveau national. Ainsi, alors que le taux d'indépendants, parmi tous les travailleurs d'Allemagne, se monte à 12 %, il atteint près de 53 % au sein des industries créatives de Berlin. En ce sens, les Industries créatives comportent au moins une caractéristique qui les distingue des autres (Tableau 3).

only roughly ⅓ of those involved in the film industry are employed (either as full-time employees or "marginally employed"). Almost ⅔ of that workforce is freelance. In total, freelancers represent 44% of the workforce in the creative industries, a point which will be discussed further below. There are several statistical problems with this report, which may be relevant in the individual submarkets but do not alter the overall picture.

A look at the development of the industry since 2000, beyond the snapshot in table 1, reveals some interesting data (Table 2).

Even though between the years 2000 and 2006 the number of companies in the CI increased by approximately 33%, in the same period there was a decrease of about 8.4% in the number of people involved in the industry — in other words, since more companies now involve a smaller workforce (employees and freelancers), the average company is significantly smaller in size. This is a trend that can be observed in the CI and which has serious implications, especially given that 44% of the workforce in the CI are freelancers. Different statistical data (based on a slightly different definition of what is a creative occupation and what constitutes freelance work as opposed to self-employment) actually raises this percentage to almost 53% for Berlin. Table 3 below is a comparison between Berlin and six major metropolitan areas in Germany. It shows how self-employment is over-represented in the CI in every single area, in particular when compared with the relatively small percentage for self-employment at a national level. Thus, while the rate of self-employment in the entire workforce in Germany is 12%, it is almost 53% in the CI in Berlin. In that sense, the creative industries have at least one structural characteristic that distinguishes them from the rest (Table 3).

The spatial dimension of the Creative Industries

Now, let's shift the focus to Berlin and see how the CIs are distributed in the city.

Map shows a clear concentration of CIs in the city centre (defined by the white line), with some areas (e.g. Mitte, Prenzlauer Berg, Kreuzberg) particularly strong. In total, 77.5% of the creative industries prefer the centre, with galleries at the very top (93.9%) and games at the very bottom (61.8%) of the range.

Much has been said about the way "creatives" use space — in particular old industrial buildings. Together with the question of centrality, this raises the issue of their choice of location. What are the criteria for these choices? In a survey conducted for a real estate company (ORCO) and the city marketing organisation (Berlin Partner), "rent or cost of real-estate" was mentioned as the major factor (80%), with "accessibility via public transport" in second position with 68%. "Scope for self-design of space" came in at 5 (54%), with "appealing architecture" at position 8 only (41%). It seems that freedom to create one's own space is more important than the architectural quality of that same space. The large flexible spaces of industrial buildings offer such possibility. Finally, in last (14th) position; "start-up & technology centres/cultural centres" (9%). Creatives care little for centrally organized clusters.

These choices made by the creative industries have clear consequences for the development of urban space. The second plan shows the area known as "Spandauer Vorstadt" in the central district of Berlin, Berlin-Mitte. Immediately after Reunification this became a designated Urban Renewal Area, meaning that large amounts of state money were invested in its refurbishment. At the same time, two important players appeared on the scene. On the one hand "Tacheles", a long-standing emblem of Berlin's underground culture, was the occupied ruin of a former department store that squatters had turned into a cultural centre with galleries, artists' ateliers, a cinema, etc. On the other hand, Kunst-Werke (KW), which was also established in the early 1990s, became an important centre of contemporary art and the initiator of the art event *Berlin Biennale* which brought life to the whole area. Little by little, art galleries opened up in the neighbourhood and streets such as Linien Str., August Str. and Tucholsky Str. became the epicentre of the art scene in Berlin. At the eastern end of the same neighbourhood, around Alte Schönhauser Str., the fashion industry was thriving, with individual stores and independent fashion labels. The attractiveness of the neighbourhood was not to remain a secret for long however, once the increasing number of tourists seeking the "authentic" Berlin began to discover this artsy area with its edgy charm. Businesses started catering for tourists, and the result was that, by the beginning of the 2000s, tourism had destroyed the very authenticity that had been sought. Not only this, but both the art market and the independent fashion labels were now either being pushed to the fringes of the neighbourhood, or to totally different districts.

Who — if anyone — is to blame? Was it the creative industries that "upgraded" their neighbourhood, thereby finally displacing themselves? Or was it the state which, through

	2000	2006	Différence (absolue) *Difference (absolute)*	Différence (%) *Difference (%)*
Nombre d'entreprises *Number of companies*	17 281	22 934	5 653	33%
Effectifs *Number of wage earners*	168 800	160 500	-8 300	-8,40%

Tableau 2 : Industries créatives, tendances entre 2000 et 2006.
Table 2: Trends in the CI between 2000 and 2006.
Source : Rapport sur les Industries Créatives de Berlin 2008 / Creative Industries in Berlin Report, 2008.

	Pourcentage d'indépendants parmi les professionnels créatifs *Creative professionals/ self-employed artists*	Pourcentage d'indépendants sur l'effectif global *% of entire work force*
Berlin *Berlin*	52,9	17,1
Ensemble des six agglomérations *Six regions*	38,6	13,5
Hambourg *Hamburg*	44,0	15,0
Düsseldorf *Düsseldorf*	32,4	12,1
Cologne *Cologne*	39,0	13,7
Rhin-Main *Rhine-Main*	40,5	14,0
Stuttgart *Stuttgart*	35,7	10,8
Munich *Munich*	38,5	15,9
Allemagne de l'ouest *Western Germany*	36,6	12,4
Allemagne de l'est *Eastern Germany*	43,0	12,1

Tableau 3 : Pourcentage des professionnels indépendants (par rapport au nombre de salariés) à Berlin, comparé aux autres régions.
Table 3: Percentage of self-employed (as opposed to employed) professionals in Berlin as compared with other regions.
Source : Rapport sur les Industries Créatives de Berlin 2008 / Creative Industries in Berlin Report, 2008.

« Rutsche », centre d'art contemporain Kunst-Werke, Berlin.
"Rutsche", Kunst-Werke Institute for Contemporary Art, Berlin.
Daniel Bagel.

Tacheles, Berlin, 1998.
Kunsthaus Tacheles, Berlin, 1998.
Dario Lorenzetti.

Tacheles, Berlin.
Kunsthaus Tacheles, Berlin.
Antonio Campoy Ederra.

Un atelier d'artiste dans l'immeuble Tacheles.
Artist's workshop in Kunsthaus Tacheles.
David Ross.

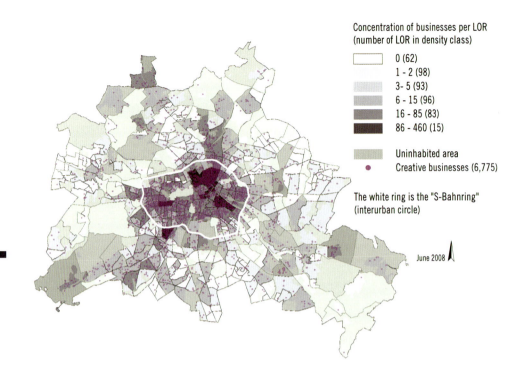

Répartition des entreprises dans le secteur des industries créatives à Berlin.
Distribution of businesses in the creative industry sector in Berlin.

Dimension spatiale des industries créatives

Étudions maintenant Berlin elle-même et observons la répartition des industries créatives dans la ville : la carte révèle une concentration évidente d'Industries créatives dans le centre ville, circonscrite par la ligne blanche. Certains quartiers tels que Mitte, Prenzlauer Berg ou Kreuzberg sont particulièrement bien lotis. Au total, 77,5 % des industries créatives ont une prédilection pour le centre, les galeries se situant tout en haut de la liste avec 93,9 % et les jeux tout en bas (61,8 %).

On a beaucoup dit sur la façon dont les « créatifs » exploitent l'espace, en particulier dans les vieux bâtiments industriels. En plus de la question de la centralité, on peut s'interroger sur leurs choix en matière d'emplacement : quels en sont les critères ? Une étude menée pour Orco, une société immobilière, ainsi que Berlin Partner, l'organisme de marketing de la ville, indique que le facteur principal serait le loyer ou le coût de l'immobilier (80 %), l'accessibilité par les transports en commun venant en second, avec 68 %. La possibilité de repenser l'espace vient en cinquième position (54 %), et l'attrait architectural au huitième rang seulement (41 %). Il semble que la liberté de créer son propre espace soit plus importante que la qualité architecturale de ce même espace. Ce sont les grands espaces flexibles des bâtiments industriels qui détiennent ce potentiel. En dernière position (quatorzième place) viennent les centres « culturels/start-up/technologie », avec 9 %. Les créatifs n'ont que peu d'attirance pour les clusters centralisés.

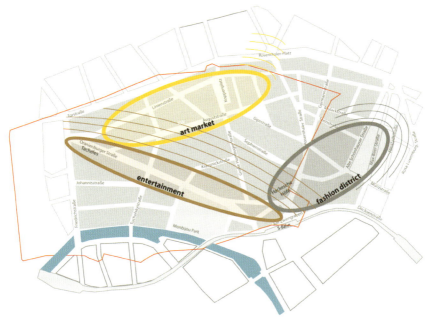

Les entreprises créatives du quartier de Spandauer Vorstadt.
Creative businesses in the Spandauer Vorstadt.

Ces choix des industries créatives ont des conséquences bien définies sur le développement de l'espace urbain. Le deuxième plan montre le quartier connu sous le nom de Spandauer Vorstadt, qui se trouve au centre de Berlin, à Berlin-Mitte. Dès la réunification, il fut désigné comme zone de rénovation urbaine et d'importants investissements publics furent consacrés à le réaménager. Au même moment, deux acteurs importants firent leur apparition sur la scène : Tacheles, icône de la culture underground de Berlin, grand magasin en ruine transformé par des squatteurs en centre culturel avec galeries, ateliers d'artistes, cinéma, etc. Kunst-Werke (KW), ancienne usine de margarine, est devenu un centre d'art contemporain de renom au début des années quatre-vingt-dix. Il est à l'initiative de l'événement artistique *Berlin Biennale*, qui apporta de l'animation à tout le quartier. Petit à petit, des galeries d'art ouvrirent leur porte dans tout le quartier et certaines rues telles que Linien Straße, August Straße et Tucholsky Straße devinrent l'épicentre de la scène artistique de Berlin. À l'est, autour de l'Alte Schönhauser Straße, l'industrie de la mode était en plein essor, avec des boutiques individuelles et des marques indépendantes. Les touristes en quête du Berlin « authentique » affluèrent en nombres croissants pour découvrir ce quartier artistique et tendance, et le pouvoir d'attraction du quartier sortit de l'ombre. Les touristes devinrent alors la cible commerciale des entreprises, ce qui, dès le début des années deux mille, entraîna justement la destruction du côté authentique qui avait attiré le tourisme. En outre, le marché de l'art et les marques indépendantes du secteur de la mode furent repoussés vers les frontières du quartier et même au-delà, dans des zones complètement différentes.

extensive refurbishment and intensive subsidies, changed it from an area of dilapidation to a highly attractive neighbourhood? What is the role of urban planning in all this? The case of Spandauer Vorstadt shows that it is impossible to single out one factor as being responsible for the overall outcome. Instead, it should be seen as a combination of all the above, together with much broader tendencies that include Berlin and Germany's new geopolitical positioning, trends in tourism, etc. Yet, undoubtedly the creative industries have played a crucial role in reconfiguring the area, both symbolically and materially.

But urban planning faces one more difficulty — and this is linked to the way creatives work.

The city as co-working space: Nemona

As we saw several times above, businesses in the CI in Berlin are tending to become smaller and smaller, while a disproportionately large portion of the workforce is self-employed. These two factors challenge both the workplace and the notion of work time (as opposed to leisure time). The concept of "9-to-5" is more the exception than the rule here. Work time spills over into leisure time, and workplace into living or entertainment space. The kitchen table, the café, and the club are all suitable venues for the work of creatives. Their work is often project-oriented. In ever-changing project teams, they come together, before separating again for the next project. What is the type of space needed for this hybrid, protean work? How should we, as planners, approach the ways in which we want to live and work in the city? Betahaus in the district of Kreuzberg in Berlin has tried to answer this in its own way and has created a business model based on this experience of how creative work functions (www.betahaus.de). Its principle is one of "co-working space", a malleable, flexible space than can be transformed as those who use it see fit. It is up to the user to decide whether he wants to rent a table and an Internet connection for a day, or a table for 6 to work with her team for a month, or any space, of any size, for any period of time. He can decide if he wants to rent an additional meeting room or book a course on accounting. He may spend his day in the Betahaus coffee shop or in the courtyard socialising with others. Betahaus (and other co-working spaces) represent the response to changes in our understanding of work. This former factory with its confined rooms and division of labour has been replaced by a transforming space of freelancers, who can create *ad hoc* working teams.

Cities are already functioning in this way. Formal or informal networks have always come together to produce variable amounts of work, somewhere between self-exploitation, the need for survival and social bonding. Trust, confidence and face-to-face communication are very important for these networks, where jobs have to be easily arranged or distributed among their members. Research in the Mediterranean has shown, for example, how seamstresses and tailors working from home organised themselves into a network in order to respond to a demand for cheap and flexible sewing.

We asked ourselves if something similar was possible in Berlin-Neukölln, where a large part of the population comes from an immigrant background. Starting from the assumption that the Turkish community may work with similar informal processes, a research team undertook a study of the district of Neukölln in 2010 to identify such networks[2]. It showed that they did indeed exist — mostly producing from inside the home for members of the family or a small circle of acquaintances. This becomes very visible when visiting the weekly market at Maybachufer, where large quantities of textiles are bought and sold.

The same study showed that there were many young fashion designers in the same district, sometimes next door to the immigrant seamstresses. What if we were to bring them together? Wouldn't that create a fashion network where one could profit from the other? This would be a kind of co-working space at a city level. This is how Nemona was born, a platform where different people in the fashion and tailoring businesses can come and work together (www.nemona.de).

In March 2010, Nemona started out in Berlin-Neukölln as a pilot project in the field of fashion and production aimed at fashion designers and seamstresses. Its goal is to promote partnership and networking between these two groups in order to create new jobs and develop innovative business models.

Nemona is further developing the already existing "Fashion Network Neukölln" in order to support and strengthen designers as future partners of seamstresses and tailors, creating links between these seamstresses and tailors and the existing fashion network. This will lead to the launching

[2] KALANDIDES, A., FLEIG, D., GHIOREANU, D., KALAÇ, G., KRONE, M., VERSCH, T. (2010): "Research report on the project, CIMON '(cluster initiative fashion and sewing): Networking opportunities between tailors and fashion designers in Berlin-Neukölln." Department for Business Development, District Government of Neukölln [in German].

Nemona, showroom pendant la semaine de la mode à Berlin.
Showroom at Nemona during Berlin fashion week.

À qui peut-on reprocher cette évolution — si tant est qu'on puisse attribuer une responsabilité quelconque ? Les industries créatives, ayant « revalorisé » leur quartier, se sont-elles condamnées elles-mêmes à se déplacer ? L'état, menant des projets de réaménagement conséquents, avec des subventions intensives, a-t-il modifié l'ensemble pour le sortir de la vétusté et en faire un quartier attractif ? Quel est le rôle de l'urbanisme dans tout ceci ? Le cas de Spandauer Vorstadt démontre bien qu'il est impossible de définir un facteur unique comme responsable du résultat global. Il convient plutôt de considérer tout l'ensemble de ces facteurs, ainsi que des tendances bien plus étendues, comme le nouveau positionnement géopolitique de Berlin et de l'Allemagne, ou encore les tendances du tourisme. Toutefois, les industries créatives ont indubitablement joué un rôle crucial, à la fois symbolique et matériel, dans la reconfiguration de la zone.

La planification urbaine doit néanmoins faire face à une difficulté supplémentaire, liée à la façon dont les créatifs travaillent.

La ville en tant qu'espace de travail partagé : Nemona

Ainsi que nous l'avons constaté plus haut à plusieurs reprises, les entreprises du secteur des industries créatives de Berlin ont tendance à devenir de plus en plus petites, et une part disproportionnée des effectifs professionnels travaille à son compte. Ces deux facteurs remettent en question la notion du lieu de travail et celle du temps de travail (en opposition avec le temps de loisir). Le concept des heures de bureau (9h-17h) fait figure ici d'exception. Le temps de travail déborde sur le temps de loisirs, et le lieu de travail sur l'espace de vie ou de loisirs. La table de la cuisine, le café et le club représentent tous des emplacements possibles pour le travail des créatifs. Celui-ci est fréquemment orienté sur les projets. Les équipes changent constamment, se faisant et se défaisant au gré des travaux entrepris. Quel est le type d'espace qui peut s'accorder à ce travail hybride et sans cesse en mouvance ? En tant qu'urbanistes, comment devons-nous aborder les façons dont nous souhaitons vivre et travailler dans la ville ? Dans le quartier de Kreuzberg, Betahaus a tenté de répondre à sa manière, créant un modèle professionnel basé sur cette expérience du fonctionnement des créatifs. Le principe est celui de l'espace de travail partagé, un espace malléable et flexible qui peut se transformer selon les souhaits de ses utilisateurs. C'est à l'utilisateur de décider s'il souhaite louer une table de travail et une connexion Internet pour une journée, ou un plan de travail pour six personnes afin de travailler en équipe pendant un mois, ou tout autre type d'espace, de toute taille, pour toute période. On peut décider de louer une salle de réunion supplémentaire ou de réserver une formation à la comptabilité. On peut passer la journée à rencontrer les autres au café du Betahaus. Le Betahaus et autres espaces de travail partagé présentent une réponse aux modifications de notre conception du travail. Cette ancienne usine, avec ses pièces confinées et ses espaces spécialisés, a été remplacée par un espace métamorphique dédié aux indépendants, qui peuvent ainsi constituer les équipes de travail les plus adaptées.

Les villes fonctionnent déjà ainsi. Il s'est toujours trouvé des réseaux, officiels ou non, pour se rassembler et produire des quantités variables de travail. Ils se situent quelque part entre l'auto-exploitation, la nécessité de survie et le tissage des liens sociaux. La confiance, l'assurance et la communication en face à face revêtent une importance primordiale pour ces réseaux, au sein desquels le travail doit être facile à organiser et à répartir. Les recherches dans le bassin méditerranéen montrent par exemple comment couturières et tailleurs travaillant chez eux se sont organisés en réseau pour répondre à la demande et fournir du travail de couture de manière flexible et à bas prix.

Un schéma semblable est-il possible à Berlin-Neukölln, où une large part de la population est issue de l'immigration ? En partant du principe qu'il était possible que la communauté turque travaille selon des processus informels similaires, une équipe de recherche a entrepris une étude du quartier de Neukölln en 2010 afin d'identifier de tels réseaux [2]. Elle a démontré leur existence, principalement au travers de productions effectuées depuis la maison par

Marché hebdomadaire de Maybachufer, Berlin.
Weekly market on Maybachufer Strasse, Berlin.
Leah Consunji.

des membres de la famille ou un cercle réduit de connaissances. Ce phénomène devient particulièrement évident lorsque l'on parcourt le marché hebdomadaire de Maybachufer, où de grandes quantités de textiles sont achetées et vendues.

La recherche a également montré que le quartier comportait un grand nombre de jeunes stylistes, souvent voisins directs des couturières immigrantes. Que se passerait-il s'ils étaient mis en contact ? Le résultat ne serait-il pas un réseau de la mode, au sein duquel chacun pourrait bénéficier de l'autre ? Il s'agirait d'un genre d'espace de travail partagé, à l'échelle de la ville. C'est ainsi qu'est née Nemona, une plate-forme permettant à différents professionnels de la mode et du monde de la couture de se rassembler et de travailler ensemble.

Nemona, projet pilote dans le domaine de la mode et de la production, destiné aux stylistes et aux couturières, démarra en mars 2010 à Berlin-Neukölln. Son objectif est de promouvoir les partenariats et les réseaux rassemblant ces deux groupes, afin de générer des emplois et de développer des modèles professionnels innovants.

D'autre part, Nemona élargit le réseau existant « Fashion Network Neukölln », afin de soutenir les stylistes et de renforcer leur position en tant que futurs partenaires des couturières et tailleurs, créant les liens entre ces derniers et le réseau de la mode. C'est ainsi que naîtront de nouveaux partenariats et que s'installeront des relations avec les stylistes, tout en renforçant les possibilités d'emploi pour les couturières et tailleurs.

L'installation et la maintenance du réseau dépendent de la mise en œuvre de projets concrets. À titre

[2] KALANDIDES, A., FLEIG, D., GHIOREANU, D., KALAÇ, G., KRONE, M., VERSCH, T. (2010) : « Rapport de recherche sur le projet CIMON (initiative de clustérisation, mode et couture) : développement des réseaux tailleurs-stylistes à Berlin-Neukölln. Département Développement économique, municipalité de Neukölln [en allemand].

of partnerships and relationships with designers while strengthening employment possibilities for seamstresses and tailors.

The establishment and maintenance of the network depends on the implementation of concrete projects. For instance, Nemona has clearly defined intermediate projects which bind the network together and involve short-term experiences of success. In this way, the network will develop common initiatives, such as the establishment of a showroom, joint participation in development of local production in the designers' immediate environment, thereby ensuring a better quality product. Nemona also offers regular network meetings to share information, collaborate with other networks and share expertise (e.g. relevant industrial and commercial knowledge or specific knowledge of production based on environmental aspects).

Once a month there is a meeting of (mostly) immigrant seamstresses and fashion designers during which jobs are allocated. Seamstresses improve on the skills needed to work in the fashion industry while, in return, fashion designers learn what is feasible in practice. In this way, an increasing number of small-scale projects are generated.

Nemona shows how the creative industries have the potential to link different groups in society and economic scales if we succeed in freeing them from the "lifestyle trap", i.e. if we view designers as an integral part of society instead of a glittering exotic fruit. This network is just one example of what creative industries can produce by bringing creatives and non-creatives together. What is needed is an analysis of the whole value chain within fashion production, which ranges from training and funding to production and creativity. This shows how different skills are interconnected and how, by stressing that connection, there is a real opportunity to create value for those involved.

d'exemple, Nemona a clairement défini des projets intermédiaires qui assurent la cohésion du réseau ainsi que des succès à court terme. De cette façon, le réseau élaborera des initiatives communes, telles que la création d'un showroom et une participation commune au développement de la production locale au sein de l'environnement immédiat des stylistes, assurant ainsi une meilleure qualité des produits. Nemona propose en outre des réunions régulières permettant de partager l'information, de collaborer avec d'autres réseaux et de partager les savoir-faire — par exemple des connaissances industrielles et commerciales pertinentes ou un savoir sur la production orientée sur l'environnement.

Les travaux sont confiés au cours d'une réunion mensuelle rassemblant les couturières, en majeure partie immigrantes, et les stylistes. Les couturières se perfectionnent dans les compétences requises dans l'industrie de la mode et en retour, les stylistes en apprennent plus sur ce qui est faisable dans la pratique. Le nombre de projets à petite échelle s'accroît en conséquence.

Nemona démontre que les industries créatives ont le potentiel nécessaire pour relier différents groupes des échelles économique et sociale, à condition qu'on réussisse à les libérer de certains préjugés - c'est-à-dire si l'on considère les stylistes comme faisant partie intégrante de la société et non comme des personnages hors-norme, décalés. Ce réseau n'est qu'un exemple de ce que les industries créatives peuvent réaliser en rassemblant créatifs et non-créatifs. Il suffit d'analyser toute la chaîne de valeur au sein de l'industrie de la mode, depuis la formation et le financement, jusqu'à la production et à la créativité. Cette analyse révèle les connexions entre les différentes compétences et la manière dont ces liens, s'ils sont encouragés, peuvent créer de la valeur pour tous les acteurs impliqués dans le processus.

LAUREN ANDRES

BIRMINGHAM : UNE CITÉ EN TRANSITION

Avec un million d'habitants, Birmingham est la seconde ville d'Angleterre et se situe dans la région des Midlands de l'Ouest. Lors de la révolution industrielle, elle devint un centre important de production et d'échanges commerciaux, axé sur la métallurgie[1]. La plupart des quartiers industriels se trouvaient à une courte distance du centre de la ville. Reconstruite après la Seconde Guerre mondiale sur un modèle dominé par l'industrie automobile, Birmingham était cernée d'un collier de béton gigantesque qui étouffait le développement de son centre ville déjà réduit.

La ville fut profondément affectée par la désindustrialisation des années soixante-dix et quatre-vingt. Pour relever ce défi économique, une stratégie ambitieuse de régénération urbaine et économique fut mise en œuvre au cours des années quatre-vingt-dix. Les activités et équipements culturels ainsi que les industries créatives ont ainsi conduit le réaménagement de Birmingham.

Avant de s'interroger sur le rôle des créateurs et d'étudier leurs espaces de création, il convient tout d'abord de définir qui ils sont : à Birmingham, lorsque l'on évoque les créateurs, on se réfère aux acteurs de l'économie créative. En 2006, les industries créatives de Birmingham représentaient 27 500 emplois, soit 5,6 % de ses actifs. Les secteurs créatifs les plus importants en termes d'emploi étaient l'architecture, les arts, les antiquités et l'industrie logicielle.

Le profil de Birmingham n'a rien d'unique. Il est caractéristique de la façon dont l'Angleterre exploite les arts et les équipements culturels pour encourager le développement et la régénération urbaine depuis les années quatre-vingt. Il reflète également l'influence des industries créatives depuis les années quatre-vingt-dix en tant que moteur de la croissance économique[2]. Les autorités locales, régionales, nationales et autres organismes officiels ont toujours joué un rôle clé en parrainant les industries créatives. Il s'agit par exemple du

Département de la culture, des médias et du sport, ou encore de l'Arts Council England, qui soutient une gamme d'activités — théâtre, numérique, lecture, danse, musique, littérature, artisanat et collections. Le Heritage Lottery Fund et d'autres organisations à but non lucratif ont adopté un rôle central en finançant le développement d'équipements et de projets. Dans le contexte économique actuel, les industries créatives occupent une place importante dans la stratégie britannique de soutien à la croissance. Cependant, à l'instar de tous les autres secteurs, les industries créatives sont mises au défi par l'austérité et certaines sources de financement se sont taries, notamment celles des agences de développement régionales.

En ce qui concerne la gouvernance du renouvellement urbain, il serait erroné de décrire la renaissance de Birmingham comme une série d'aménagements exclusivement dominés par les impératifs du marché, l'esprit d'entreprise et les financements privés, au sein duquel la municipalité n'aurait été qu'un spectateur impuissant. Les négociations entre acteurs publics et privés (accords « Section 106 »), en particulier autour des nouveaux équipements et des espaces ouverts destinés au public, ont joué un rôle majeur dans les premières phases du processus. Par rapport à d'autres villes cependant - comme Londres - la municipalité a perdu depuis 2008 une part de son influence sur l'élaboration de nouveaux quartiers. Certains promoteurs ont fait faillite. Ils sont revenus sur leurs investissements tout en renégociant leurs accords financiers avec les autorités. Ce dernier point, entre autres, a sévèrement affecté le redéveloppement de l'Eastside.

Par conséquent, pour considérer Birmingham en tant que cité de créateurs, il est nécessaire de :

— Comprendre les politiques mises en œuvre dans les sphères culturelles et créatives depuis le début des années quatre-vingt-dix ;

— Avoir une vue d'ensemble sur une série d'initiatives qui révèlent la diversité des créateurs ;

— Réfléchir au futur des créateurs à Birmingham ainsi qu'à leur rôle en tant que résidents, inventeurs et acteurs sociaux, en particulier dans un contexte d'austérité.

[1] BROWN, J., CHAPAIN, C., MURIE, A., BARBER, A., GIBNEY, J., LUTZ, J., « From a city of a thousand trades to a city of a thousand ideas. Birmingham, West Midlands. Pathways to creative and knowledge based regions », ACRE report 2.3, Amsterdam, AMIDSt, 2007.

[2] ANDRES, L., CHAPAIN, C., « The Integration of Cultural and Creative Industries into Local and Regional Development Strategies in Birmingham and Marseille : Towards an Inclusive and Collaborative Governance ? » *Regional Studies*, février 2012.

LAUREN ANDRES

BIRMINGHAM :
A CITY IN TRANSITION

Birmingham, with one million inhabitants, is the second city in England. Located in the West Midlands region, the city became an important production and trade centre based around economic activities linked to metal manufacturing during the Industrial Revolution[1]. Most of the industrial districts were located a short distance from the city centre. Rebuilt after World War II according to a car-dominant model, Birmingham was characterised by a massive concrete collar that constrained the growth of its small (80-hectare) city centre.

The city was severely affected by deindustrialisation in the 1970s and 1980s. In order to cope with this economic challenge, an ambitious strategy of urban and economic regeneration was implemented during the 1990s. Cultural activities and facilities as well as creative industries have been driving forces in the redevelopment of Birmingham.

Questioning the role and nature of "creators" and looking at their spaces of creation requires a broad definition of what they are. In Birmingham, "creators" broadly refers to the actors and agents of the creative economy. There were 27,500 jobs in the creative industries in Birmingham in 2006, representing 5.6 per cent of local employment. The most important creative sectors in terms of jobs were architecture, arts, antiques and software.

Birmingham's profile is not unique and is characteristic of how England has used arts and cultural facilities to foster urban development and regeneration since the 1980s, and how subsequently, from the 1990s onwards, the "creative industries" have played the role of the motor of local economic growth through production[2]. Local, regional and national government bodies as well as key organisations have traditionally been the key funders of the creative industries. In addition to the DCMS (Department for Culture, Media and Sport), the Arts Council England has been supporting a range of activities from theatre to digital art, reading to dance, music to literature, and crafts to collections. The Lottery Fund and various not-for-profit organisations (charities) have had a central role in funding the development of facilities and projects.

In the current economic context, creative industries are still playing a key role in the British strategy to support economic growth. However, the creative industries, like all economic sectors, are challenged by austerity pressures, and some funding streams in particular (for example, those of the Regional Development Agencies) are now no longer available.

With regard to the governance process leading to urban regeneration, it would be wrong to describe Birmingham's renaissance solely as a market-led, entrepreneurial and privately-funded set of developments in which the municipality has been powerless. Negotiations between public and private actors (planning gains), particularly towards new facilities and open spaces of "general public interest", have played a huge part in the first phases of the regeneration process. However in comparison to other cities (e.g. London), from 2008 onwards Birmingham City Council lost some leadership and power in influencing the shaping process for new districts. Some developers went bankrupt, reconsidered their investment and started to re-negotiate their 106 agreements (this, for example, severely impacted the redevelopment of Eastside, i.e. the proposed Eastern extension of the city centre).

Looking at Birmingham as a city of creators therefore involves:
— An understanding of the policies implemented in the sphere of cultural and creative activities since the early 1990s.
— An overview of a set of key initiatives stressing the diversity of creators.
— A reflection on the future of creators in Birmingham and their role as residents, inventors and social agents, particularly in an austerity context.

Symphony Hall, Birmingham, 2012.
Symphony Hall, Birmingham, 2012.
Brian Clift.

C'est alors que l'on peut explorer dans quelle mesure la succession de transitions et de transformations entreprises ont affecté les initiatives entrepreneuriales et clusterisées.

Discours, politiques et espaces de création à Birmingham

Culture et créativité au cœur de la stratégie de renouvellement et d'urbanisme du centre ville

Birmingham est typique des anciennes villes industrielles du début des années quatre-vingt, dont le besoin de régénération devenait plus qu'urgent. Consciente de la situation, la municipalité joua un rôle majeur dans le réaménagement de la ville, en lançant un projet phare de régénération culturelle dans les abords du centre ville [3]. Ce projet s'articulait au sein d'une plus grande ambition : positionner Birmingham sur le marché des loisirs et du tourisme d'affaires, comme « lieu de rencontre européen ». Il englobait un centre de conférence, une salle symphonique, un hôtel quatre étoiles ainsi qu'un centre sportif. À cette initiative clé s'ajoutèrent des investissements publics importants liés à la sculpture et à l'art public ainsi qu'une politique culturelle de poids pour soutenir des institutions artistiques telles que les théâtres et un orchestre

[3] CARLEY, M., « Business in urban regeneration partnerships : A case study in Birmingham », *Local Economy*, 6(2), 1991, pp. 100—115 ; SMYTH, H., *Marketing the City : The role of Flagship Developments in Urban Regeneration*, London, E&FN Spon, 1994 ; BARBER, A., « The ICC, Birmingham : A Catalyst for Urban Renaissance », CURS, University of Birmingham, 2001.

By taking these into account we can explore the extent to which entrepreneurial and clustered creative initiatives have been dependent on a succession of past and ongoing transitions and transformations.

Discourses, policy and spaces of creation in Birmingham

Culture, creativity within regeneration and city-centre planning strategy

Birmingham is typical of former industrial cities that were in desperate need of regeneration in the early 1980s. Noting this, Birmingham City Council played a key role in the redevelopment of the city by initiating a large culturally-led regeneration project near the city centre[3]. This project was part of a broader ambition to position Birmingham on the leisure and business tourism market as a "European meeting place". The project included a conference centre and symphony hall (funded by the Council), four-star hotel and sports venue. This flagship redevelopment was complemented by large public investments in public art and sculptures and an important cultural policy in support of major art institutions such as theatres and a symphony orchestra[4]. In addition, private developers (e.g. Argent) played a crucial role in leading key redevelopment projects (e.g. Brindley Place). They also contributed to a significant reshaping of open spaces formalised by the municipality through the planning gains negotiation scheme. However, despite these attempts it would be wrong to argue that Birmingham is a cultural city as such. Even though it boasts a wide range of cultural facilities in comparison to Bristol, Manchester and Liverpool, Birmingham is still appears a secondary cultural centre that has not been successful in securing the European Capital of Culture or UK City of Culture schemes.

From the end of the 1990s, influenced by the national agenda, Birmingham's policy focus progressively shifted towards the creative economy[5]. In 1999, the newly created regional development agency, Advantage West Midlands (AWM), identified elements of the creative industries as priority economic sectors for the regional economic development strategy and from 2001 started developing "cluster initiatives" to support these[6]. As stressed by Andres and Chapain (2012), under the lead of city councillor, Albert Bore, Birmingham City Council put in place an important business support package (including a £9 million grant) to run in parallel with the regional focus on the sector to support the creative industries. Business support was provided along four main axes:

— Business development and programmes to support individual firms through advice.
— Sector-based development through networking activities.
— Feasibility studies to assess market potential and start-up grants.
— Workspace subsidies[7].

The period was also characterised by a multitude of local and regional initiatives to support cultural and creative industries (CCI) which were not always coordinated[8]. The strong local and regional policy support given to the cultural and creative industries in the period from 2001 to 2008 generated and fostered the creation of an identity for the CCI and helped its maturation and the emergence of creative leaders, outside the more traditional local art institutions. From the end of 2008, the European and regional funding that was available to the creative economy gradually disappeared. While CCI are still seen as an important component of the local and regional economy, their dedicated business support has been cancelled in favour of a generic business support package established by the City Council to booster local economic recovery.

However, in October 2011 the Culture Minister urged "West Midlands business leaders to invest in creative industries as part of ambitious plans to boost the economy of Greater Birmingham and Solihull"[9]. A statement was made on

---

[1] BROWN, J., CHAPAIN, C., MURIE, A., BARBER, A., GIBNEY, J., LUTZ, J., "From a city of a thousand trades to a city of a thousand ideas. Birmingham, West Midlands. Pathways to creative and knowledge based regions", ACRE report 2.3, Amsterdam, AMIDSt, 2007.

[2] ANDRES, L., CHAPAIN, C., "The Integration of Cultural and Creative Industries into Local and Regional Development Strategies in Birmingham and Marseille : Towards an Inclusive and Collaborative Governance ?" *Regional Studies*, février 2012.

[3] CARLEY, M., "Business in urban regeneration partnerships : À case study in Birmingham", *Local Economy*, 6(2), 1991, pp. 100-115 ; SMYTH, H., *Marketing the City : The role of Flagship Developments in Urban Regeneration*, London, E&FN Spon, 1994 ; BARBER, A., "The ICC, Birmingham : À Catalyst for Urban Renaissance", CURS, University of Birmingham, 2001.

[4] HUBBARD, P., "Urban Design and Local Economic Development. A Case Study in Birmingham", *Cities*, 12(4), 1995, pp. 243-251 ; ANDRES, L., CHAPAIN, C., *op. cit.*

[5] ANDRES, L., CHAPAIN, C., *op. cit.*

[6] Birmingham City Council (BCC), "Birmingham Creative City. Analysis of Creative Industries in the City of Birmingham", Birmingham, 2002 ; BROWN, J., CHAPAIN, C., MURIE, A., BARBER, A., GIBNEY, J., LUTZ, J., *op. cit.* ; CHAPAIN, C., STACHOWIAK, K., VAATTOOVAARRA, M., "Beyond cluster policy : Birmingham, Poznan and Helsinki" in MUSTERD, S., MURIE, A. (eds.), *Making Competitive Cities : Pathways, Actors and Policies*, Wiley and Sons, 2010 ; ANDRES, L., CHAPAIN, C., *op. cit*

[7] ANDRES, L., CHAPAIN, C., *op. cit.*

[8] BROWN, J., CHAPAIN, C., MURIE, A., BARBER, A., GIBNEY, J., LUTZ, J., *op. cit.*

[9] STORER, D., "Culture Minister in Birmingham to launch Creative City initiative", Arts Council England, Birmingham, 2011.

Façade de la Custard Factory, Birmingham.
Front of the Custard Factory, Birmingham.
Lauren Andres.

symphonique[4]. En outre, certains promoteurs du secteur privé (dont Argent, par exemple) endossèrent un rôle crucial dans la gestion de projets de rénovation majeurs tels que Brindley Place. Ils contribuèrent également à remodeler les espaces ouverts, initiative formalisée par la municipalité au travers de la négociation d'accords spécifiques. Cependant, en dépit de toutes ces tentatives, on ne peut pas déclarer que Birmingham soit une ville culturelle en tant que telle. En comparaison avec Bristol, Manchester ou Liverpool, il est vrai qu'elle détient une plus large gamme d'équipements culturels. Malgré tout, elle apparaît toujours comme un centre culturel de second ordre, qui n'a pas réussi à retenir l'attention des programmes « Capitale européenne de la culture » ou « UK City of Culture ».

Sous l'influence des priorités nationales et vers la fin des années quatre-vingt-dix, la politique de Birmingham s'orienta graduellement vers l'économie créative[5]. En 1999, la toute nouvelle agence pour le développement régional, Advantage West Midlands, identifia certains éléments des industries créatives en tant que secteurs économiques prioritaires au sein de la stratégie de développement économique régional. À partir de 2001, elle lança des « initiatives clusterisantes » pour les épauler[6]. Sous l'égide du conseiller municipal Albert Bore, la municipalité de Birmingham élabora un programme de soutien considérable, en parallèle avec une politique régionale centrée sur le secteur. Ce soutien s'exprima autour de quatre axes principaux :

— Développement des activités et programmes de conseils aux entreprises ;

— Développement par secteur et activités en réseau ;

— Études de faisabilité sur le potentiel du marché et subventions à la création d'entreprise ;

— Subventions liées à l'espace de travail[7].

[4] Hubbard, P., « Urban Design and Local Economic Development. A Case Study in Birmingham », *Cities*, 12(4), 1995, pp. 243-251 ; Andres, L., Chapain, C., *op. cit.*
[5] Andres, L., Chapain, C., *op. cit.*
[6] Birmingham City Council (BCC), « Birmingham Creative City. Analysis of Creative Industries in the City of Birmingham », Birmingham, 2002 ; Brown, J., Chapain, C., Murie, A., Barber, A., Gibney, J., Lutz, J., *op. cit.* ; Chapain, C., Stachowiak, K., Vaattoovaarra, M., « Beyond cluster policy : Birmingham, Poznan and Helsinki » in Musterd, S., Murie, A. (eds.), *Making Competitive Cities : Pathways, Actors and Policies*, Wiley and Sons, 2010 ; Andres, L., Chapain, C., *op. cit.*
[7] Andres, L., Chapain, C., *op. cit.*

Les bâtiments de la Custard Factory, Birmingham.
Custard Factory premises, Birmingham.
Lauren Andres.

On lança en même temps une multitude d'initiatives locales et régionales visant les « Cultural and Creative Industries » (CCI) - initiatives qui manquèrent parfois de coordination[8]. Le soutien local et régional conséquent accordé de 2001 à 2008 généra la création et la maturation d'une identité propre aux CCI, ainsi que l'émergence de leaders du secteur, au-delà du cadre des institutions artistiques locales plus traditionnelles. Après la fin de l'année 2008, les financements européens et régionaux furent petit à petit retirés à l'économie créative : alors que les CCI sont toujours considérées comme une composante importante de l'économie locale et régionale, le soutien spécifique qui leur était attribué disparaît en faveur d'un soutien économique global établi par la municipalité afin de dynamiser le rétablissement de l'économie.

En octobre 2011 cependant, le ministre de la Culture encouragea vivement les chefs d'entreprise des Midlands de l'Ouest à investir dans les CCI et à participer ainsi aux projets ambitieux visant à stimuler l'économie de la conurbation[9]. L'importance du recours aux Local Entreprise Partnerships (Lep) pour attirer les investissements dans les activités culturelles et créatives fut soulignée dans une déclaration. C'est dans ce cadre que l'on envisagea la création d'un nouveau quartier des musées à l'est de la cité. Cette initiative « cité créative » est l'un des premiers projets phares au sein des Lep. Elle a pour mission d'augmenter le rendement économique de la zone de 30 % et de créer 100 000 emplois dans le secteur privé d'ici 2020. Après plusieurs années marquées par les incertitudes quant au futur du financement régional, ce nouvel engagement politique et financier confirme le poids de l'économie créative et des créateurs en tant que générateurs de développement économique et urbain[10].

Eastside : une extension du centre toujours en attente de régénération, Birmingham.
Eastside: Urban quarter still undergoing regeneration, Birmingham.
Lauren Andres.

En résumé, ce sont les partenariats entre les secteurs public et privé qui ont conduit la politique d'encouragement de l'économie culturelle et créative à Birmingham au cours de ces vingt dernières années, et ce pour atteindre les objectifs suivants :

— Sur un plan économique, attirer plus de visiteurs et améliorer le potentiel de la ville en termes de tourisme ;

— Exploiter la dimension culturelle comme catalyseur du développement socio-économique ;

— Promouvoir la ville et changer son image ;

— Cibler l'économie créative comme pôle d'investissement majeur pour la croissance économique.

Les stratégies de développement économique et de régénération urbaine se sont cependant déconnectées les unes des autres. Alors que l'on a accordé énormément d'attention au centre ville en menant une régénération orientée sur la culture, c'est la stratégie dirigée sur les zones industrielles qui, ciblée sur l'économie créative, a ouvert toute une gamme d'espaces à la création. Opérant généralement à l'extérieur de ces stratégies, ce sont les créateurs eux-mêmes qui ont identifié ces zones en tant qu'espaces de création peu onéreux.

[8] Brown, J., Chapain, C., Murie, A., Barber, A., Gibney, J., Lutz, J., *op. cit.*

[9] Storer, D., « Culture Minister in Birmingham to launch Creative City initiative », Arts Council England, Birmingham, 2011.

[10] GEOFFC, 2011, Culture Minister launches Birmingham Creative City initiative, http://birminghamnewsroom.com/2011/10/culture-minister-launches-birmingham-creative-city-initiative/.

the importance of using projects within Local Enterprise Partnerships (LEPs) to secure investment for cultural and creative activities. In this regard the creation of a new museum quarter in the city's Eastside has been described as a possibility. This "Creative City" initiative is one of the first major LEP initiatives which aims to increase the area's economic output (GVA) by 30 per cent (£8.25 billion) and create 100,000 private sector jobs by 2020. After several years of uncertainties related to the future of regional funding, this new political and financial commitment confirms the significance of the creative economy and creators as generators of urban and economic development[10].

To summarise, during the last twenty years, policy to promote the cultural and creative economy in Birmingham has been driven by public-private partnerships in order to:

1. Achieve an economic ambition: attract more visitors and raise the (business) tourist profile of the city.
2. Use culture as a catalyst for socio-economic development.
3. Market and rebrand the city.
4. Target the creative economy as a key investment area for economic growth.

However, economic development and urban regeneration strategies have been disconnected from one other. Whereas huge attention was given to the city centre through culturally-led regeneration, it is the creative economic strategy targeting former industrial districts that has offered a range of spaces for creation. Creators, often operating outside these strategies, identified these districts as cheap and accessible areas and spaces for creation.

Spaces of creation in Birmingham and policies of urban development and regeneration

Spaces available for creation in Birmingham are related to the former industrial nature of the city. Plenty of underused and derelict former warehouses, buildings and factories are available in Birmingham; and such spaces are particularly suitable for creative industries. In addition, due to the history of industrial development in the city, some former industrial quarters are located just a short distance from the city centre, which is a real advantage when it comes to attracting creators. There is a form of clustering around Digbeth and the Jewellery Quarter. These two quarters are identified in the Birmingham City Council's spatial planning strategy (Big City Plan) as the city's two key creative quarters. As noted by Brown et al. (2007) the localisation of these activities depends on a set of factors: a historic location and a special urban morphology (e.g. the Jewellery Quarter); a central location for staff recruitment and access; proximity to customers; the availability of inexpensive, suitable property and premises; the existence of a social and creative milieu; and a critical mass of activity generated by the Custard Factory (in Digbeth) and Big Peg developments (in the Jewellery Quarter).

The Jewellery Quarter is the historic centre of the city's jewellery production. Whilst the district is known for the highest proportion of jewellers in the country, in the last ten years it has also welcomed new creative activities related to retail, architecture and media businesses. The Jewellery Quarter is also classified as an "urban village" and is currently following a path of gentrification. Despite the credit crunch, property prices in the most attractive southern parts of the quarter have remained stable or even increased, and this evolution has not impacted upon the availability of premises for jewellers or related activities because the core of the district is protected by a conservation area that considerably restricts potential new residential developments.

Digbeth is the city's second creative quarter. It is a former industrial district characterised by derelict buildings and warehouses, positioned by the City Council as Birmingham's creative quarter. It offers a diverse selection of daily creative activities (within the Custard Factory, Fazeley Studios or the Bond) as well as evening attractions (nightclubs and bars). The City aims to develop the Digbeth area as a cultural (notably digital media) quarter, building on the existing Custard Factory development and the concentration of a large number of creative industries in the surrounding area. Nevertheless, the City Council's lack of cohesive vision and leadership and a more dispersed approach characterised by micro-regeneration have hindered the process so far[11]. In addition, the attractiveness of Digbeth and Eastside for creative businesses as well as the overall population still needs to be demonstrated, particularly in comparison to other British creative districts (e.g. the Northern Quarter in Manchester or the CIQ in Sheffield). Digbeth still suffers from an image of neglect that makes it fairly unattractive

---

[10] GEOFFC, 2011, Culture Minister launches Birmingham Creative City initiative, http://birminghamnewsroom.com/2011/10/culture-minister-launches-birmingham-creative-city-initiative/.

[11] PORTER, L., BARBER, A., "Planning the Cultural Quarter in Birmingham's Eastside", *European Planning Studies*, 15 (10), 2007, 1327-1348 ; BARBER, A., PAREJA-EASTAWAY, M., "Leadership Challenges in the Inner City : Planning for Sustainable Regeneration in Birmingham and Barcelona", *Policy Studies*, 31(4), 2010, pp. 393-412.

Espaces créatifs à Birmingham - politiques urbaines de développement et de régénération

Les espaces disponibles pour la création à Birmingham sont liés à l'ancienne identité industrielle de la ville. Il s'y trouve un grand nombre de bâtiments et d'usines sous-exploités ou abandonnés et ces espaces sont particulièrement adaptés. En outre, avec le développement industriel historique de la ville, certains quartiers industriels se trouvent à proximité du centre ville - un réel avantage aux yeux des créateurs. Les quartiers Digbeth et Jewellery (des joailliers) comportent un nombre particulièrement important de structures de ce type. Au sein du plan d'urbanisme de Birmingham, ces deux ensembles sont identifiés comme les deux quartiers créatifs majeurs de la ville. La localisation de ces activités dépend d'une série de facteurs : une implantation historique accompagnée d'une morphologie urbaine spécifique - dans le quartier Jewellery par exemple ; un emplacement central favorisant l'accès et le recrutement ; la proximité par rapport à la clientèle ; la disponibilité de terrains et de locaux peu onéreux et adaptés ; l'existence d'un tissu social et créatif ; la masse critique d'activités générée par la Custard Factory de Digbeth et par le Big Peg du quartier Jewellery.

Centre historique de la production joaillière de la cité, le quartier Jewellery abrite la plus forte concentration de joailliers du pays. Au cours des dix dernières années, il a également accueilli de nouvelles activités créatives liées au commerce de détail, à l'architecture et à l'industrie des médias. On le considère comme « village urbain » et il commence à devenir très recherché. Même si la crise a affecté le secteur des crédits, les prix de l'immobilier dans les sections les plus attractives au sud du quartier sont demeurés stables, enregistrant même une légère augmentation. Cette évolution n'a pas eu d'impact sur la disponibilité de locaux pour la joaillerie et les activités connexes, car le cœur du quartier est préservé par une zone de conservation qui limite considérablement le développement résidentiel.

Ancienne zone industrielle peuplée de structures abandonnées, Digbeth est le second quartier créatif. Il propose un éventail varié d'activités créatives diurnes - au sein de la Custard Factory, des studios Fazeley ou du centre d'affaires du Bond - ainsi que des attractions en soirée — *night-clubs* et bars. La ville entend développer Digbeth comme quartier culturel en se basant

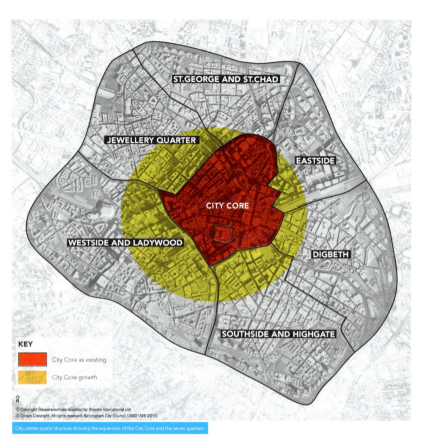

Visualisation spatiale du centre ville montrant l'expansion du cœur de la ville et ses sept quartiers.
City centre spatial structure showing the expansion of the city core and its seven quarters.
Crown Copyright, Big City Council, 2011.

notamment sur la Custard Factory et la concentration d'un nombre important de CCI dans les environs. Malgré tout, le manque de cohésion et de leadership dans la vision du conseil municipal, associé à une approche caractérisée par la micro-régénération, a jusqu'à présent freiné ce processus [11]. Le pouvoir d'attraction de Digbeth et de l'Eastside pour les entreprises créatives et la population en général reste en outre à démontrer, et ce tout particulièrement en comparaison avec d'autres zones créatives (quartier nord de Manchester ou CIQ de Sheffield). Digbeth souffre toujours d'une image vétuste et ne séduit pas comme lieu de résidence. Situé aux abords de la zone de régénération de l'Eastside, dont les projets de développement ont été retardés, voire même abandonnés, sa stratégie de réaménagement piétine. Sa gentrification économique et son devenir en tant qu'extension du centre ville recherchée sont loin d'être assurés.

Un éventail d'initiatives menées par des entrepreneurs créatifs

Birmingham se distingue par une série d'initiatives qui modèlent l'aménagement de ses quartiers culturels et créatifs. Ces quartiers diffèrent nettement pourtant de ceux d'autres villes comme Hoxton à Londres ou le Northern de Manchester, dont la cote remonte auprès des couches supérieures de la population. La communauté des créateurs de Birmingham est dispersée, et les processus de clusterisation ne sont que rares, phénomène dû à la différentiation entre l'espace résidentiel et celui de la création. En outre, il n'existe pas d'autres initiatives artistiques et culturelles au sein de la cité. Malgré tout, Birmingham fournit un exemple intéressant de la façon dont les urbanistes privés se sont rapidement engagés dans l'aménagement d'anciens bâtiments industriels avec l'intention de créer des espaces de création flexibles.

Quartier Jewellery

Le Big Peg, bâtiment industriel abandonné de plus de 9 000 m², a été remodelé pour former neuf espaces différents permettant de répondre aux besoins des créateurs. À l'instar de celui de la Custard Factory, présenté plus bas, le rez-de-chaussée comporte une série d'espaces de réception et d'accueil tels qu'un café-restaurant et une galerie d'art. Le Big Peg rassemble une gamme d'entreprises liées à l'art, aux médias et à la création et d'autres à la production joaillière. Avec son architecture plutôt ordinaire et la nature unique des activités dynamiques qui l'entourent (bijouteries), l'espace n'a pourtant pas atteint le statut de projet phare ou d'élément catalyseur, contrairement à celui de la Custard Factory.

Le Big Peg n'est pas le seul espace culturel ou créatif du quartier. La compagnie Stan's Cafe investit une ancienne unité industrielle qui fait partie du site A.E. Harris. Elle rassemble un certain nombre d'artistes qui collaborent à divers projets. L'aménagement de cet espace représente un autre exemple typique d'investissement dans un bâtiment sous-exploité, dans un contexte de transition : ce type d'espace est synonyme de locaux flexibles au potentiel créatif peu coûteux.

[11] PORTER, L., BARBER, A., « Planning the Cultural Quarter in Birmingham's Eastside », *European Planning Studies*, 15 (10), 2007, 1327-1348 ; BARBER, A., Pareja-EASTAWAY, M., « Leadership Challenges in the Inner City : Planning for Sustainable Regeneration in Birmingham and Barcelona », *Policy Studies*, 31(4), 2010, pp. 393-412.

and not particularly suitable for "city living". Located adjacent to the Eastside regeneration area (whose redevelopments have been delayed, put on standby or even abandoned), its strategy of redevelopment is slow. The expectation of its economic gentrification as a new extension of the city centre is a long way from being achieved.

A range of creative initiatives led by creative entrepreneurs

Birmingham is characterised by a range of creative initiatives which have been and are shaping the development of the so-called city cultural/creative districts. However Birmingham's creative districts are significantly different to other quarters such as Hoxton in London, SoHo in New York and Northern Quarter in Manchester which have all taken the gentrification path. The community of creators in Birmingham is widely dispersed and there are few clustering processes, particularly because of the way that residential space and working creative space are differentiated. In addition, there are no alternative cultural or artistic initiatives in the city. Birmingham, however, provides an interesting example of how private developers (particularly the SPACE Company for the Big Peg and the Custard Factory) have quickly engaged in the redevelopment of former industrial and office buildings with the prospect of creating flexible spaces for creation.

The Jewellery Quarter

The *Big Peg* (a derelict building of 100,000 square feet) has been transformed into nine different types of spaces in order to respond to the various needs of creators. Like the Custard Factory (presented below) the ground floor offers various hosting facilities, such as a restaurant/café and an art gallery. The Big Peg gathers together a range of arts, media and creative enterprises. Some, but not all, are specifically related to jewellery production. However, in contrast to the Custard Factory, the space has not gained the status of a flagship or catalyst project because of its non-iconic architecture and the vitality and uniqueness of surrounding activities (jewellery shops).

The Big Peg is not the sole cultural/creative space in the quarter. Stan's Cafe is a not-for-profit theatre company located in a former industrial unit, which is part of the A.E. Harris site. It brings together a variety of artists collaborating on various theatre projects. The development of the space is another typical example of an investment in an underutilised building in a context of transition, wherein such spaces offer cheap and flexible creative spaces. The company began renting the unit in 1991 and took advantage of different funding opportunities to develop and build a strong local reputation in its area of activity. However, development pressures on the A.E. Harris site may undermine the project's ongoing development in that particular unit.

Digbeth/Eastside

Having identified the potential of the former Custard Factory at the end of the 1980s, SPACE bought the factory buildings with the idea of gradually developing them. With just a small group of artists in the beginning, the factory quickly became home to 100 different artists, theatre companies and other artisans in just a few months. A mix of City Council funding, EU grants and private finance led to a £2 million refurbishment of some of the buildings and the initiative developed successfully under the name, the Custard Factory[12]. Networking and word of mouth have been central to the project's success. Creators who settled in the former factory decided to do so because they knew someone who was already working there.

At that point the former factory's model of development was innovative and built on the desire to create a community of creators. The idea was to provide a set of facilities and communities on the ground floor where people could meet. A pond with seating facilities was built with a café, bar, small theatre and gallery around it. This created a community of tenants which is still visible today, even though close relationships between the different tenants are more fragile. Year after year, in addition to offering a range of spaces and activities, the Custard Factory has become a catalyst for the development of creative activities (essentially, but not exclusively, in the media sector e.g. Fazeley Studios) and an iconic building to promote Digbeth as a cultural quarter. However in terms of overall regeneration it has had a limited impact in the district.

Digbeth also hosts additional cultural and creative initiatives all established in the early to mid-1990s in former industrial buildings: the Bordesley Centre of Contemporary Arts, VIVID and Friction Arts. VIVID aims to develop contemporary media arts through research, production, and commissioning programmes. Friction Arts, once again confirms the tendency of creators in the 1990s to settle in unoccupied former industrial

---

[12] PORTER, L., BARBER, A., *op. cit.*

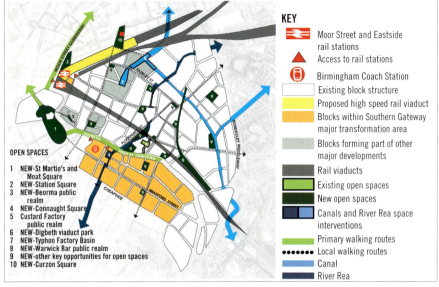

Plan de Digbeth.
Digbeth Masterplan.
Crown Copyright, Big City Council, 2011.

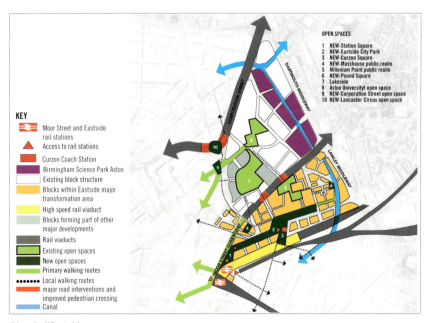

Plan de l'Eastside.
Eastside Masterplan.
Crown Copyright, Big City Council, 2011.

Digbeth, Birmingham, 2007.
Digbeth, Birmingham, 2007.
Steve Tomkins.

La troupe a pris l'espace en location en 1991, profitant de différentes opportunités de financement pour bâtir et développer une solide réputation locale. Il est possible toutefois que les pressions exercées en termes d'urbanisme sur le site A.E. Harris freinent les progrès de ce projet.

Quartiers de Digbeth et de l'Eastside

Ayant identifié le potentiel d'une ancienne usine de crème anglaise, Space racheta ses bâtiments dans l'intention de les réaménager petit à petit. Après avoir accueilli un petit groupe d'artistes dans ses débuts, la structure se développa pour attirer rapidement une centaine d'artistes, compagnies de théâtre et artisans. Les financements provenant de la municipalité, de l'Union européenne et d'investisseurs privés permirent des travaux de rénovation et cette initiative réussie prit le nom de Custard Factory [12]. La communication en réseau et le bouche à oreille contribuèrent largement à son succès.

À cette époque, le modèle d'aménagement de l'ancienne usine était novateur et se basait sur le désir de fonder une communauté de créateurs. L'intention était de fournir un ensemble de structures et de communautés au rez-de-chaussée qui permettrait aux gens de se rencontrer. Des bassins d'ornement furent créés et délimités notamment par des sièges, un café, un bar, un petit théâtre et une galerie. La communauté d'occupants ainsi créée demeure visible encore aujourd'hui, même si les liens entre eux se sont fragilisés. Au fil des ans, la Custard Factory est devenue un élément catalyseur du développement des activités créatives (essentiellement dans le secteur des médias, comme avec les studios Fazeley) ainsi qu'un bâtiment symbolique de Digbeth en tant que quartier culturel. En termes de régénération cependant, elle n'a eu qu'un impact limité sur la zone.

Digbeth accueille également des initiatives culturelles et créatives installées au sein d'anciens bâtiments industriels depuis les années quatre-vingt-dix : le Bordesley Centre of Contemporary Arts, Vivid ou encore Friction Arts. Vivid vise à développer les arts et médias contemporains par la recherche, la production et la commande de programmes. Friction Arts confirme la prédilection des créateurs pour les locaux industriels.

En dernier lieu, il est également important de mentionner un ensemble d'activités en réseau au sein de l'Eastside et de Digbeth ainsi que dans le secteur créatif de Birmingham en général. À titre d'exemple, l'initiative

« Digbeth is good » encourage les activités culturelles et les loisirs au sein de ce quartier. Lancé en 2006 par des artistes et créateurs indépendants, le blog « Created in Birmingham [13] » fournit des explications et héberge des débats concentrés sur les activités menées par la communauté locale de créateurs. L'initiative « Creative Alliance » développe, soutient et forme les talents créateurs. Enfin, We Are Birmingham est une entreprise axée sur le social et le détail, spécialisée dans les arts et le secteur des CCI. Le projet, récemment interrompu, a présenté le travail d'artistes locaux dans une boutique du Bullring sur une courte période.

Le futur des créateurs à Birmingham et leur impact en tant que résidents, inventeurs et acteurs de la société

Ancienne capitale industrielle sur le déclin et cité en cours de transition, Birmingham a su proposer à bas prix une large gamme de bâtiments abandonnés destinés aux CCI. Cependant, malgré un ensemble d'initiatives réussies, la communauté des créateurs n'a eu qu'un impact limité sur le développement urbain et économique. Seconde ville du pays, Birmingham rencontre pourtant des difficultés pour se positionner parmi les cités secondaires du reste du monde. La masse d'initiatives de régénération requise pour transformer la ville en profondeur freine l'ampleur de son réaménagement. En outre, la contribution d'investisseurs privés est sapée par la renégociation des accords « Section 106 » provoquée par la crise. Cette situation gêne l'impact des artistes et créateurs sur le réaménagement ou la gentrification d'un quartier tel que Digbeth. Les créateurs ne sont pas les agents de la régénération et leur clusterisation dans des zones comme Jewellery ou Digbeth se base sur des activités professionnelles plutôt que

[12] PORTER, L., BARBER, A., *op. cit.*
[13] http://www.createdinbirmingham.com

buildings. Like Stan's Café, the Frictionarts company managed to get funding from external funders (charities or not-for-profit organisations) to refurbish the space.

Lastly, in addition to these different projects, it is also worth mentioning a set of networking activities in Eastside/Digbeth as well as in Birmingham's overall creative sector. "Digbeth is good", for example, promotes the different cultural and leisure activities in Digbeth. The weblog "Created in Birmingham"[13], launched in 2006 by independent creative artists, explains and discusses all the different activities and initiatives developed by the community of creators in Birmingham. Another initiative, the *Creative Alliance*, develops, supports and trains creative talent; offering career advice and guidance on the creative and cultural sector, regional creative apprenticeships and professional development programmes. Finally, *"We Are Birmingham"* is a social enterprise and retail organisation that was specialised in the arts and creative industries sector. The project recently came to halt after a short time spent presenting local artists' work in a shop in the Bullring.

The future of creators in Birmingham and their impact as residents, inventors and social agents

As a former industrial city in decline and a city in ongoing transition, Birmingham has been able to offer a wide range of cheaply priced, derelict buildings to host various creative activities. However, despite a set of key catalyst projects and successful initiatives, the community of creators has had a limited impact on urban and economic development. Despite being the second city in the UK, Birmingham still struggles to position itself amongst the world's other secondary cities. The large amount of regeneration initiatives required to significantly transform the city restricts its in-depth redevelopment. Furthermore, the contribution of private stakeholders in reshaping spaces is being undermined with Section 106 agreements being renegotiated in a context of crisis. This obviously limits the impact of artists and creators in redeveloping (or gentrifying, if we assume that gentrification would be a positive process for the city) a district like Digbeth. Creators are not agents for regeneration. Following on from this, the clustering of creators in areas like the Jewellery Quarter or Digbeth is based on working activities rather than a mix of uses and activities. The lack of mixed-use environments has resulted in the development of relatively dynamic creative quarters in the daytime and very quiet and empty areas in the evening (with the exception of localised perimeters where restaurants and nightclubs are established). One of the explanations for this is the absence of any form of master planning for those areas. Overall, in Birmingham, there is a lack of coherence between spatial planning strategy and economic and creative development strategy. This can be explained partly by political choices and priorities but also by the disconnection between regeneration, creative development and urban forms. Due to a lack of financial means and the difficulty of developers to gather enough plots to create subsequent perimeters of urban development, the redevelopment of the Jewellery Quarter and Digbeth is a step-by-step, plot-by-plot process, which takes time because it is completely dependent on market forces.

The landscape of the ecology of creators in Birmingham is essentially limited to creative workers and entrepreneurs, rather than freelance artists. Most creative activities are developed based on a business plan and there is no real leeway for organic and alternative projects. The current context of recession is even less favourable to non-professional, rigorously built projects: *"it's not a start-up industry model — which is how most people approach the arts at the moment"*. Birmingham, in contrast to Manchester or Liverpool, has never had an underground cultural and creative scene. The city has traditionally been a city of workers and has never really been identified as an attractive, dynamic and creative environment to work in. Only creators with an extensive knowledge of the area who are aware of its attractive and cheaply priced empty buildings have been keen to develop creative activities and projects in the city. Creators in Birmingham are mainly professionals who have developed a strong connection to the city and some of its neighbourhoods. Networking at city, building and sectoral level is crucial for these creators. It is central in the development of their businesses and supply chain as well as for identifying customers. In this regard, in clustered places like the Custard Factory, we can identify a set of gatekeepers who tend to coordinate and support a range of creative businesses and activities. Hence, creators are not marginalised agents. They significantly contribute to the overall economic development of the creative economy. Their role, however, is disconnected from tourist development and city branding strategies. Their involvement in urban development is indirect and localised.

It can be argued that the juxtaposition of their micro-impact on a building or quarter has provided a creative touch which has then been used by the City Council to market districts.

[13] http://www.createdinbirmingham.com
[14] ANDRES, L., CHAPAIN, C., 2012.

Le bâtiment Selfridges, Bullring, à Birmingham.
The Selfridges Building, Bullring, Birmingham.
Photographie : Kathryn Campbell Dodd.

sur un mélange d'utilisations et d'activités. Le manque d'environnements à utilisation mixte a abouti au développement de quartiers créatifs plutôt dynamiques dans la journée, et vides en soirée — à l'exception des périmètres très localisés dans lesquels restaurants et *night-clubs* se sont implantés. Ce phénomène s'explique en partie par l'absence totale de planification. Globalement, il existe à Birmingham un manque de cohérence entre la stratégie de l'urbanisme et celle du développement économique et créatif. Ce décalage est partiellement dû aux priorités politiques, ainsi qu'à l'absence de lien entre régénération, développement créatif et urbanisme. Les constructeurs peinent à rassembler suffisamment de terrains pouvant former des périmètres intéressants. Ce phénomène, associé aux moyens financiers réduits, explique que le réaménagement de ces quartiers s'effectue pas à pas, terrain par terrain. Il dépend en totalité des forces du marché.

L'environnement des créateurs se limite essentiellement aux salariés et entrepreneurs créatifs plutôt qu'aux artistes indépendants. La majeure partie des activités se développe en suivant un *business plan* et il n'existe que très peu de marge de manœuvre pour des projets spontanés et alternatifs. Le contexte actuel de récession est encore moins favorable aux projets non professionnels, même rigoureusement élaborés. Il ne s'agit pas d'un modèle basé sur l'industrie de la *start-up* et c'est pourtant ainsi que beaucoup considèrent les arts en ce moment. À la différence de Manchester ou de Liverpool, Birmingham n'a jamais disposé d'une scène culturelle et créative prenant ses racines dans l'*underground*. La cité a toujours été celle des travailleurs et n'a jamais été identifiée comme un environnement professionnel attirant, dynamique et créatif. Seuls les créateurs disposant d'une connaissance intime de l'endroit et conscients de l'existence de ses bâtiments vides, peu coûteux et intéressants, se sont impliqués. Les créateurs ici sont principalement des professionnels étroitement liés à la cité et à certaines de ses banlieues. Il est vital pour eux de communiquer en réseau à tous niveaux — ville, locaux et secteur — pour assurer le développement des entreprises et de la chaîne logistique, ainsi que pour identifier leur clientèle. C'est dans ce cadre que nous pouvons identifier, dans des espaces clustérisés tels que la Custard Factory, un ensemble de « gardiens » qui coordonnent et soutiennent une certaine gamme d'entreprises et d'activités du secteur créatif. Les créateurs ne sont donc pas des agents marginalisés. Ils contribuent largement au développement de l'économie créative. Leur rôle est cependant déconnecté des stratégies liées au développement du tourisme et à l'image de la cité. Leur engagement dans le développement urbain est indirect et localisé. On peut noter cependant que leur micro-impact représente la touche créative qui a justement permis à la municipalité de « vendre » certains quartiers.

La municipalité a encouragé les CCI au travers d'un ensemble de programmes centrés sur le développement économique [14]. Cette démarche s'est distinguée des politiques d'aménagement de l'espace. En d'autres termes, alors que la politique créative générale pourrait être considérée comme sectorielle, la politique culturelle de Birmingham vise essentiellement l'espace et en particulier le réaménagement du centre ville. En raison d'un manque de pilotage dans l'encouragement des initiatives créatives, le développement du milieu créatif de Birmingham s'est ancré dans une tradition basée sur l'entreprise, les financements provenant de sources gouvernementales, associatives et privées. En matière d'architecture, les grands projets créatifs de Birmingham ne sont pas engendrés par le secteur public. La Custard Factory est une initiative privée, même si elle est considérée comme l'une des structures emblématiques de la municipalité et de la communauté créative au sens large. Le bâtiment et le projet représentent en réalité un argument de vente pour ses sociétés.

Quel est donc le futur des créateurs et des activités créatives, dans le contexte de la crise économique ? Comme beaucoup d'autres, le secteur a été profondément affecté, notamment par la perte de financements. Pour la Custard Factory, elle a eu un impact négatif non seulement sur ses entreprises, mais également sur les plans de rénovation et de développement de projets. Cet état de fait a mené à une série de nouvelles stratégies d'adaptation visant à trouver des financements tout en assurant la pérennité et l'efficacité de la gestion de l'espace, afin de permettre sa croissance. La récession a induit la mise au point d'un *business plan* d'ajustement, conçu pour retenir les occupants existants tout en signalant la Custard Factory comme espace de travail dynamique. Au sein du secteur créatif, la crise a favorisé l'émergence d'un marché encore plus sélectif et compétitif, dans lequel il devient toujours plus vital de travailler en réseau. Il a fallu mettre au point de nouvelles tactiques d'adaptation pour gérer les modifications inévitables dans les attributions de financements publics. Ces tactiques comprennent notamment l'identification d'économies potentielles, le remaniement des fournisseurs et des services d'assurance, l'élaboration de nouvelles formes de consulting, et la recherche de partenariats solides.

En conclusion, dans ce contexte de transformation douloureuse, Birmingham apparaît comme un environnement certes limité mais attractif pour le développement des activités des créateurs. Bien que la dernière vague de créateurs ait bénéficié des atouts d'une « cité en transition », avec des bâtiments industriels à bas prix, elle a également souffert en raison de ses stratégies économiques, culturelles et créatives déconnectées. Les créateurs de Birmingham ont-ils contribué activement à la régénération et à la gentrification ? Pas vraiment. Ont-ils inventé de nouvelles formes d'utilisation des bâtiments abandonnés ? Oui et non. Certains créateurs et entrepreneurs ont réussi le pari de la transformation d'anciens bâtiments industriels. L'ont-ils fait de façon novatrice ? Au niveau local, oui. Toutefois, aux niveaux national et international, de telles transformations n'ont rien d'exceptionnel : on peut les observer dans de nombreuses villes d'Europe. Les créateurs représentent-ils un facteur clé dans le développement d'une cité créative et dynamique ? Oui, dans une certaine mesure. En dépit d'un impact limité aux niveaux de la ville et de la région, il existe un sens communautaire évident au sein des réseaux de créateurs et des espaces de clusterisation créative. Ce lien communautaire est le facteur essentiel qui permet aux créateurs de créer et de développer leur activité ainsi que leurs tactiques d'ajustement sur une base quotidienne. On peut dire ainsi qu'à l'instar de la ville elle-même, les créateurs de Birmingham sont en pleine transition. Leur créativité s'exprime dans ce que l'on pourrait nommer un contexte de planification insuffisant. Les industries créatives de Birmingham sont liées à un contexte général de transition, marqué par des

[14] ANDRES, L., CHAPAIN, C., 2012.

The municipality as such has essentially supported and promoted creative activities and industries through a set of schemes targeting economic development[14]. This has been disconnected from spatial policies that aim to promote creative spaces. In other words, while the overall creative policy in Birmingham could be presented as sector-based, its cultural policy is more spatialised and essentially targets city-centre redevelopment. Due to a lack of leadership to promote creative initiatives, the development of the creative milieu in Birmingham has been anchored in an entrepreneurial tradition, with funding being sought through a variety of governmental, not-for-profit and private sources. The architectural landmarks of creativity in Birmingham are not public-led initiative projects. The Custard Factory is a private initiative even though it has gained the status of an iconic facility for the municipality and the broader creative community. The building and the project are in reality a selling point for the companies based there.

Drawing on these observations, what is the future of creators and creative activities in the context of economic recession? Like many other activities, creative activities have been hard hit by the recession, particularly with the loss of some previously available funding. Looking specifically at the Custard Factory, the economic crisis has not only had a negative impact on the different companies located in the Custard Factory, but also on the overall strategies for transformation and project development. This has led to the development of a range of coping strategies designed to locate funds while ensuring the continuing and effective management of a space to ensure its growth. The recession has also led to the development of a new "coping" business plan designed to retain existing Custard Factory tenants while promoting it as a dynamic work space. For creative businesses and activities, the recession has produced an even more selective and competitive market in which networking is even more crucial. New coping tactics have had to be developed to deal with the inevitable shifts in funding allocations resulting from public cuts. These coping tactics include: identifying possible savings, reviewing utility providers and insurance, building new forms of consultancy, looking for major partnerships (which for some companies includes making joint applications, particularly at EU level, and reviewing and renewing the fundraising strategy accordingly).

To conclude, Birmingham, with its ongoing and painful context of transformation has been an attractive though relatively limited environment for creators to develop their activities in. Although the latest wave of creators have benefited from the assets of a "city in transition" (cheap industrial building units) they have also suffered because of its disconnected economic, cultural and creative policy and strategies. Have creators in Birmingham been agents of regeneration and gentrification? Not really. Have they invented some new forms of uses in derelict buildings? Yes and no. Some creators and entrepreneurs have successfully transformed some former industrial buildings. Was this innovative? At local level: yes, absolutely. However, at the national and international level, such transformations are common and have been observed in many other European cities. Are creators key agents in the development of a creative and dynamic city? Yes, to a certain extent. Despite having a limited impact at city and regional levels, there is a clear sense of community within networks of creators and spaces of creative clustering. This sense of community is the essential factor allowing creators to create and develop their activity (and coping tactics) on an everyday basis. In this regard, creators in Birmingham are in transition (as is the city itself). Their creativity exists in what we could argue is a weak planning context. Drawing on Buzar et al. (2011), one could then argue that creative uses, activities and industries in Birmingham are linked to an overall context of transition, with major changes typical of the post-Fordist transition, where there is a need for regeneration and renewal in the local economy (which the creative sector is part of). Where creators settle is largely connected to urban and socio-economic transitions which point to a transition in the use of derelict spaces and more generally the landscape and urban environment (at different levels). Their continuing presence indicates the market's inability to cope with subsequently high levels of dereliction; creative industries are an easy solution when it is not possible to transform these areas. In this context, creators participate in a change of image and of the way these spaces or quarters are represented. Even though Digbeth is still an old and fairly unattractive district, its image has significantly improved and locals are less cautious about the area. Finally, not only do these creators have to deal with transitions in policy and funding schemes but also with transitions in groups and individuals, with leaders and gatekeepers appearing (and disappearing) who ensure the development of forms of communities.

modifications majeures typiques des transitions postforgiennes, là où il existe un besoin en renouveau dans l'économie locale - dont le secteur créatif fait partie intégrante. Les choix d'implantation des créateurs sont en grande partie liés aux transitions urbaines et socio-économiques. La présence durable des créateurs révèle l'incapacité du marché à gérer les niveaux élevés d'abandons d'espace : les industries créatives représentent une solution facile. Dans ce contexte, les créateurs participent à la modification de l'image de ces espaces. Même si Digbeth est toujours un quartier vétuste et peu attirant, son image s'est nettement améliorée. Enfin, ces créateurs doivent gérer les transitions en matière de politique et de financement, mais également dans les groupes et parmi les individus, avec l'apparition et la disparition constante de leaders et de « gardiens » qui assurent le développement des diverses communautés.

LAUREN ANDRES

LAUSANNE : ESPACES DE CRÉATION ET PROFILS DES CRÉATEURS

Lausanne n'a jamais été, en soi, une cité industrielle. Elle est centrée sur le secteur des services, représenté par les banques, l'assurance et l'hôtellerie[1]. Ville secondaire de 127 000 habitants, elle est reconnue pour ses atouts culturels et touristiques. Sur un plan géographique, elle occupe trois collines qui ont sévèrement limité son développement dans l'espace[2]. Seules les zones industrielles à l'ouest, le long de la vallée du Flon, ont pu fournir des espaces pour une série d'initiatives temporaires. Leur régénération urbaine est devenue prioritaire. Quelques projets contre-culturels se sont établis dans d'anciens entrepôts jusqu'à la fin des années quatre-vingt-dix, par exemple Dolce Vita et Arsenic. En comparaison toutefois avec des villes telles que Zurich, Berne ou Genève, Lausanne n'a jamais abrité les courants importants de la jeunesse contre-culturelle ayant entraîné la création de centres culturels alternatifs indépendants (tels que le Rote Fabrik à Zurich ou L'Usine de Genève).

Au fil des ans, la politique culturelle de la ville a été de positionner Lausanne en tant que cité de la culture en tirant parti d'institutions culturelles bien connues telles que le Béjart Ballet Lausanne pour la promouvoir auprès des habitants et des touristes. Cette ambition demeure l'un des piliers de sa stratégie en matière de culture de l'image et de marketing[3]. Il est intéressant de noter qu'à la différence de nombreuses villes européennes, Lausanne n'exploite pas le modèle de la « ville créative[4] » pour étayer sa stratégie de développement culturel et urbain. Cette spécificité sera détaillée ailleurs, mais notre but ici consiste à évaluer dans quelle mesure Lausanne peut être considérée comme une « cité de créateurs ». Nous étudierons les collaborations et partenariats entre créateurs et décideurs ainsi que le rôle accordé aux utilisations créatives dans le dessin des espaces et dans leur libération.

Vue d'ensemble de la politique et du paysage culturels de Lausanne

Contrairement à Berlin, Nantes ou Birmingham, Lausanne ne fonde pas l'exploitation de la culture et de la créativité sur les bénéfices financiers - largement applaudis mais controversés - dérivant des industries et équipements culturels [5]. À Lausanne, l'emploi de la culture dérive de sa définition anthropologique en tant que mode de vie, ainsi que de sa signification esthétique, qui se réfère aux arts en tant que bien public destiné à une population éduquée [6]. Il est également lié à une interprétation plus contemporaine : il s'agit de la culture d'une classe diversifiée disposant de revenus disponibles et qui utilise les espaces culturels [7], une culture qui souligne les nouvelles émergences sociales, économiques et politiques [8]. La politique marquée en matière d'investissement de niche à Lausanne fait partie intégrante d'une approche à plus long terme, qui consiste à soutenir une large gamme de projets, d'initiatives et d'investissements ciblés sur les arts du spectacle et les arts visuels. Cette politique a favorisé la création d'un large éventail d'équipements et d'événements culturels dont la proportion est exceptionnelle si l'on considère le nombre d'habitants. C'est ainsi que l'on peut constater que la politique culturelle de Lausanne est davantage sectorisée que spatialisée.

On identifie trois catégories principales d'activités culturelles et artistiques :

En premier lieu, les institutions-phares comme le Théâtre Vidy, l'Orchestre de musique de chambre et le Béjart Ballet Lausanne, ainsi que les événements et festivals culturels, qui forment les composantes les plus visibles du paysage culturel (par exemple Les Urbaines, le Festival de la Cité et Lausanne Estivale). Ces activités contribuent au renom de la cité parmi les artistes et visiteurs du monde entier. L'engagement

---

[1] Racine, J.-B., « Lausanne métropole : un siècle d'inventions et de transformations », in Pitteloud, A., Duboux, C. (ed.), *Lausanne, Un lieu, un bourg, une ville*, Lausanne, Presses polytechniques et universitaires romanes, 2001, pp. 125-131.

[2] Andres, L., Grésillon, B., « Cultural brownfields in European cities : a new mainstream object for cultural and urban policies », *The International Journal of Cultural Policy*, Routledge, 2011, pp. 1-23.

[3] Ville de Lausanne, *Introduction d'une politique de marketing urbain et d'un projet de « city management » en Ville de Lausanne*, Préavis n° 2006/51, Lausanne, 2006.

[4] Florida, R., *The Rise of the Creative Class, And How It's Transforming Work, Leisure, Community and Everyday Life*, New York, Basic Books, 2002.

[5] Mommaas, H., « Cultural Clusters and the Post-industrial City : Towards the Remapping of Urban Cultural Policy », *Urban Cities*, vol. 41, n° 3, 2004, pp. 507-532. Miles, S., Paddison, R., « Introduction : The Rise and Rise of Culture-led Urban Regeneration », *Urban Studies* 42, 5/6, 2005, pp. 833-839.

[6] Andres, L., Grésillon, B., *op. cit.*

[7] Miles, M., « Interruptions : Testing the Rhetoric of Culturally Led Urban Development », *Urban Studies*, 42, 5/6, 2005, p. 892.

[8] Miles, S., Paddison, R., *op. cit.*

LAUREN ANDRES

LAUSANNE: SPACES OF CREATION AND CREATORS' PROFILES

Lausanne is not (and has never been) an industrial city *per se*, its main function being as a service-sector city focused on banking, insurance and hotels[1]. A secondary city of 127,000 inhabitants, it is recognised for its cultural and tourism assets. Geographically, the city is built on three hills which have significantly constrained its spatial development[2]. Only the western industrial areas along the Flon Valley have been able to provide spaces for a series of temporary initiatives and are today prioritised for urban regeneration. Up until the end of the 1990s, a few counter-cultural projects were established in former warehouses (e.g. Dolce Vita and Arsenic). However, in comparison to cities like Zurich, Bern or Geneva, Lausanne has never had the important counter-cultural youth movements that led to the creation of autonomous alternative cultural centres (like Rote Fabrik Cultural Centre in Zurich or L'Usine in Geneva).

Over the years, the municipality's cultural policy has aimed to position Lausanne as a city of culture by drawing reference to well-known cultural institutions (e.g. the Béjart Ballet) and fostering its attractiveness to both residents and tourists. This ambition remains one of the pillars of its branding and city-marketing strategy[3]. Interestingly enough, unlike many other European cities, Lausanne is not using the "creative city" paradigm[4] to support its cultural and urban development strategy. Whilst this distinctiveness will be further explored elsewhere, this paper aims to assess the extent to which Lausanne can be called a "city of creators". It explores collaborations and partnerships between creators and decision-makers and the role that has been given to creative uses in space-shaping and place-making.

An overview of Lausanne's cultural landscape and policy

In comparison to Berlin, Nantes and Birmingham, the use of culture and creativity in Lausanne is not based on the much-acclaimed (and highly criticised) economic benefits of cultural facilities (museums and concert halls, etc.) and cultural industries featured in other accounts of regeneration[5]. Lausanne's use of culture derives from its anthropological definition as a way of life, and from its aesthetic meaning (which refers to the arts as a public good for suitably educated people)[6]. It is also linked to a more contemporary interpretation: a "culture of class diverse in background but with a disposable income, which uses cultural spaces"[7] which emphasises new social, economic and political outcomes[8]. Lausanne's strong niche investment in key cultural institutions is part of a longer-term approach to support a range of projects, initiatives and investments targeting the performing and visual arts. This policy has fostered the creation of a wide range of cultural facilities and events, in quantities that are exceptional in terms of the city's population size. As discussed further, Lausanne's cultural policy has therefore been essentially sector-based rather than spatially focused.

It is possible to identify three main categories of cultural and artistic activities: First, flagship institutions (e.g. the Vidy Theatre, the Chamber Orchestra and the Béjart Ballet) and key cultural festivals and events — the most visible components of the cultural landscape (e.g. les Urbaines, Festival de la Cité and Lausanne Estivale). These activities contribute to the city's renown amongst international artists and visitors. The Ville de Lausanne's political and financial commitment (30 million Swiss francs in 2007, see Ville de Lausanne, 2007) has primarily targeted music, theatre, dance and museums. The municipality has developed a set of funding schemes over the years with dedicated grants to theatres, concert halls, museums and events (e.g. Aperti[9], Les

Œuvre de Ignazio Bettua, galerie Synopsis m, Lausanne.
Work by Ignazio Bettua, Galerie Synopsis m, Lausanne.
Ignazio Bettua.

Vue de l'exposition : « ... avant il n'y avait rien, après on va pouvoir faire mieux », œuvres d'Alan Vega, Circuit, centre d'art contemporain, 2010.
"... avant il n'y avait rien, après on va pouvoir faire mieux", exhibition with works by Alan Vega, Circuit centre for contemporary art, 2010.
David Gagnebin-de Bons.

politique et financier de la Ville de Lausanne s'est concentré en priorité sur la musique, le théâtre, la danse et les musées. Afin de soutenir un éventail le plus large possible d'activités culturelles, la municipalité a arrêté un ensemble de plans de financements, accordant des subventions à des salles de théâtre et de concert, des musées et des événements (par exemple Aperti [9], Les Urbaines [10] et Bureau Culturel [11]), ainsi qu'à des programmes tels que le « contrat de confiance [12] » ou l'attribution d'ateliers temporaires [13]. L'investissement le plus récent de la Ville de Lausanne, en partenariat avec le Canton, est le futur Pôle muséal [14] : un musée « trois en un » voué aux arts (beaux-arts, photo et design).

En second lieu, la politique culturelle locale est soutenue par un certain nombre de lieux et d'initiatives telles que le guide *Lausanne Contemporain*, répertoire de la scène artistique à Lausanne. La force de Lausanne dans le secteur de l'art contemporain réside dans sa grande gamme de petits musées (musée de l'Élysée ou musée de Pully), d'établissements indépendants et autonomes (Circuit, Standard/deluxe, la galerie 1m^3 et Doll) et de galeries d'art de renom international (Alice Pauli, Atelier Raynald Métraux ou Synopsis m). Même si ces espaces ne fonctionnent pas de manière interactive entre eux, ils contribuent néanmoins à donner à Lausanne l'image d'une cité culturelle.

Et enfin, il existe toute une gamme d'activités créatives (photo, design et édition). Des créateurs semi-professionnels se sont par exemple installés au sein d'une ancienne imprimerie — en l'occurrence, des concepteurs urbains, des céramistes, des photographes et des créateurs

[9] Artistes et créateurs sélectionnés ouvrent leurs ateliers au public, le temps d'un week-end.
[10] Festival pluridisciplinaire centré sur les arts émergents.
[11] Ce lieu fait office de plate-forme grâce à laquelle les créateurs peuvent rassembler des informations, rencontrer d'autres gens et louer de l'équipement.
[12] Subvention conséquente sur trois ans, permettant aux artistes émergents de développer leur activité ainsi que d'élargir leurs réseaux et leurs équipes.
[13] À l'heure actuelle, la Ville de Lausanne détient une dizaine d'ateliers. Il est prévu d'en augmenter le nombre dans un avenir proche.
[14] Ville de Lausanne, musée cantonal des Beaux-Arts — Pôle muséal, *Convention sur l'échange foncier Octroi d'une subvention d'investissement*, Préavis n° 2011/46, Lausanne, 2011.

Urbaines[10] and Bureau Culturel[11]) as well as programmes (e.g. the *"Contrat de confiance"*[12] and the temporary allocation of workshops[13]) to support a wide range of cultural activities. The Ville de Lausanne's most recent investment, in partnership with the Canton, is the future "Pôle muséal"[14], an arts museum comprising three museums in one (fine arts, photography and design).

Secondly, the local authority's cultural policy is supported by facilities and initiatives (such as the *Lausanne Contemporain* guide which is a repertoire of the art scene in Lausanne). The strength of Lausanne in the contemporary art sector lies in its range of small museums (e.g. the Musée de l'Elysée and the Pully Museum); independent, self-managed establishments (Circuit, Standard/deluxe, 1m³ and Doll); and internationally recognised art galleries (Alice Pauli, Atelier Raynald Métraux, Synopsis m, etc.). Even though there is limited interaction between these different spaces, they nevertheless contribute to Lausanne's overall image as a cultural city.

Finally, a range of creative activities (photography, design and publishing) exist. Semi-professional creative workers have, for example, set up residence in a former printing unit — in this case urban designers, ceramic artists, photographers and jewellery makers — and have formed an association. The L-Imprimerie is a shared, flexible space which rents studio space and spaces for events (exhibitions, cinema screenings, etc.) on a temporary basis.

Creators and spaces of creation

While a wider understanding of the cultural and creative ecology as defined by Markusen[15] would include public and private actors working in the cultural and creative industries, the range of creators in Lausanne is limited to the three categories of cultural activities mentioned above. This range of creators has distinctly different relationships with local authorities and landowners.

These creators can be separated into two groups based on their level of professionalism: the first group includes professional creators whose visibility is national and international (e.g. Daniel Schlaepfer[16]) and the second contains semi-professional creators whose activity is limited to a local market. There are no overlapping groups in between. While professional creators are well established in the city (own or have long-term rental contracts for their workshops), semi-professionals are dependent on market conditions and seek low-cost, convenient places with an awareness that they may not be able to stay in these premises for long. Through the Aperti initiative, which makes it possible for creators to open up their workshops for a weekend, over one-hundred small creators can now be considered part of this creative landscape[17].

Most creators tend to favour a location close to the city centre. However, in the absence of any territorialised cultural policies, there is no clear spatial rationale for the co-location of creators other than real-estate factors, i.e. the availability of suitable spaces. Due to Lausanne's urban morphology, creative spaces are mainly located along a formerly industrial western corridor (Flon/Sébeillon/Sévillon, Malley up to Renens) and are not clustered as such (except in the Flon district). Spaces that have been invested in for cultural uses are buildings or units (e.g. ground-floor workshops) that present problems for redevelopment. Despite severe land pressures, young creators are still keen to set up in Lausanne because they believe that some spaces are still available at a reasonable price. Most of them have studied in the city and have a general feeling of being part of a community in a "human size" city.

---

[1] RACINE, J.-B., "Lausanne métropole : un siècle d'inventions et de transformations", in PITTELOUD, A., DUBOUX, C. (ed.), *Lausanne, Un lieu, un bourg, une ville*, Lausanne, Presses polytechniques et universitaires romanes, 2001, pp. 125-131.

[2] ANDRES, L., GRÉSILLON, B., "Cultural brownfields in European cities : a new mainstream object for cultural and urban policies", *The International Journal of Cultural Policy*, Routledge, 2011, pp. 1-23.

[3] Ville de Lausanne, *Introduction d'une politique de marketing urbain et d'un projet de "city management" en Ville de Lausanne*, Préavis n°2006/51, Lausanne, 2006.

[4] FLORIDA, R., *The Rise of the Creative Class, And How It's Transforming Work, Leisure, Community and Everyday Life*, New York, Basic Books, 2002.

[5] MOMMAAS, H., "Cultural Clusters and the Post-industrial City : Towards the Remapping of Urban Cultural Policy", *Urban Cities*, vol. 41, n°3, 2004, pp. 507-532. MILES, S., PADDISON, R., "Introduction : The Rise and Rise of Culture-led Urban Regeneration", *Urban Studies* 42, 5/6, 2005, pp. 833-839.

[6] ANDRES, L., GRÉSILLON, B., *op. cit.*

[7] MILES, M., "Interruptions : Testing the Rhetoric of Culturally Led Urban Development", *Urban Studies*, 42, 5/6, 2005, p. 892.

[8] MILES, S., PADDISON, R., *op. cit.*

[9] During a week-end, pre-selected artists and creators open their workshop to the public.

[10] An interdisciplinary festival with a focus on emerging art.

[11] A place and platform where creators can gather information, meet other people and rent equipment.

[12] A substantial 3-year grant enabling an emerging artist to develop their activity and enlarge their network and team.

[13] Currently the Ville de Lausanne owns 10 workshops (however it aims to increase this number in the near future).

[14] Ville de Lausanne, musée cantonal des Beaux-Arts — Pôle muséal, *Convention sur l'échange foncier Octroi d'une subvention d'investissement*, Préavis n°2011/46, Lausanne, 2011.

[15] MARKUSEN, A., "Organisational Complexity in the Regional Cultural Economy", *Regional Studies*, vol. 44, n°7, 2010, pp. 813-828.

[16] http://www.dschlaepfer.com

[17] Aperti, "Bilan et statistiques des cinq années d'Aperti", Lausanne, 2011.

de bijoux — et ont formé un partenariat. L-Imprimerie est un espace partagé et flexible, qui loue des espaces en usage studio et événementiel, sur une base temporaire (expositions, projections, etc.).

Les créateurs et leurs espaces

L'écologie culturelle et créative telle que la définit Markusen [15] comprend les acteurs publics et privés travaillant dans les industries culturelles et créatives. À Lausanne toutefois, l'éventail des créateurs se limite aux trois catégories citées plus haut, avec des relations très différentes envers les autorités locales et les propriétaires fonciers.

On peut séparer ces créateurs en deux groupes, selon leur niveau de professionnalisme : le premier comprend les créateurs professionnels bénéficiant d'une visibilité nationale et internationale, par exemple Daniel Schlaepfer [16], et le second les créateurs semi-professionnels dont l'activité se limite au marché local. Il n'existe aucune catégorie qui chevaucherait les deux groupes. Propriétaires ou locataires à long terme de leurs ateliers, les créateurs professionnels sont bien implantés au sein de la ville. Les semi-professionnels sont tributaires de la situation du marché. Conscients qu'ils ne pourront peut-être pas rester longtemps dans leurs locaux, ils les recherchent pour leurs tarifs avantageux et selon des critères pratiques. Au travers de l'initiative Aperti, qui permet aux créateurs d'ouvrir leurs ateliers pour un week-end, plus d'une centaine de petits créateurs font maintenant partie de ce paysage créatif [17].

En majeure partie, les créateurs ont tendance à préférer les locaux situés à proximité du centre ville. En l'absence cependant de toute politique culturelle territorialisée, il n'existe pas de logique spatiale claire dans le rassemblement des créateurs, en dehors des facteurs immobiliers, à savoir la disponibilité d'espaces appropriés. En raison de la morphologie urbaine de Lausanne, ces espaces se situent principalement le long d'un ancien couloir industriel sur l'ouest (Flon/Sébeillon/Sévillon, Malley jusqu'à Renens). À l'exception du Flon, ils ne sont pas clustérisés. Ceux qui ont fait l'objet d'investissements à vocation culturelle sont des bâtiments qui présentent des difficultés en matière d'aménagement, par exemple les rez-de-chaussée d'ateliers. Malgré les fortes pressions sur l'espace, les jeunes

[15] Markusen, A., « Organisational Complexity in the Regional Cultural Economy », *Regional Studies*, vol. 44, n° 7, 2010, pp. 813-828.
[16] http://www.dschlaepfer.com
[17] Aperti, « Bilan et statistiques des cinq années d'Aperti », Lausanne, 2011.

Sillons chantez, Atelier les 2cyclopes (Le Havre), Lausanne Jardins, 2009.
"Sillons chantez", Atelier les 2cyclopes (Le Havre), Lausanne Jardins, 2009.
Léonore Baud.

Hosepipe garden, Lausanne Jardins, 2009.
"Hosepipe garden", Lausanne Jardins, 2009.
Léonore Baud.

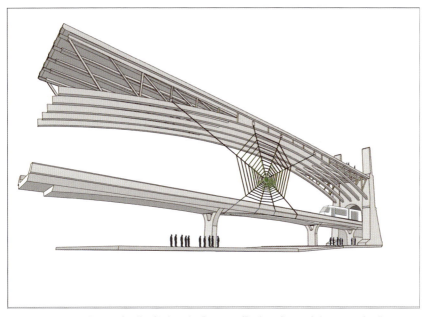

Green Trap, Adrien Rovero Studio, Christophe Ponceau (Paris et Renens), Lausanne Jardins, 2009.
"Green Trap", Adrien Rovero Studio, Christophe Ponceau (Paris and Renens), Lausanne Jardins, 2009.
Adrien Rovero.

Green Trap, Adrien Rovero Studio, Christophe Ponceau (Paris et Renens), Lausanne Jardins, 2009.
"Green Trap", Adrien Rovero Studio, Christophe Ponceau (Paris and Renens), Lausanne Jardins, 2009.
Adrien Rovero.

L-Imprimerie, Lausanne.
L-Imprimerie, Lausanne.

créateurs sont toujours fortement attirés par Lausanne et sont persuadés qu'il s'y trouve toujours des locaux à des prix raisonnables. Nombre d'entre eux ont étudié la cité avec attention, avec le sentiment d'appartenir à une communauté abritée au sein d'une ville à taille humaine.

Les espaces loués par les créateurs ont perdu leur fonction initiale en tant que bâtiments administratifs (Alice Pauli, 1m^3 et Synopsis m), garages (Le Circuit, Atelier Daniel Schlaepfer et Standard/deluxe), entrepôts ou locaux industriels (L-Imprimerie). Ils présentent une gamme d'avantages[18] parmi lesquels des loyers raisonnables, un entretien réduit, la modularité de l'espace et une flexibilité d'utilisation, sans compter, en général, la proximité avec le centre ville. En signant avec des créateurs, les propriétaires peuvent minimiser le temps passé à gérer leur propriété et assurer leurs revenus locatifs. Les espaces ouverts et les espaces verts de Lausanne tiennent également un rôle créatif. On les exploite pour accueillir des expositions (événements du Flon, Flon Street Painting et Flon-Ville) et pratiquer la création (Lausanne Jardins). Tous les trois ou quatre ans depuis 1997, Lausanne Jardins opère une transformation éphémère de certaines sections de la ville à travers une gamme de jardins thématiques innovants. Les paysagistes modifient notre perception de l'espace et créent des chemins de découvertes qui sillonnent la ville. Cette initiative s'insère parfaitement dans la stratégie identitaire de Lausanne.

La métamorphose du Flon : singularité et uniformité

Cerné par ces divers espaces de création et privé de politique culturelle spécifique, le Flon est une exception. Au 19e siècle, la propriété de 5,5 hectares faisait office de dépôt. À la moitié du 20e siècle, elle était sous-exploitée. Il n'est pas certain que l'on puisse définir le Flon comme quartier créatif en tant que tel. On ne peut que constater, cependant, qu'il regroupe un nombre important d'activités et d'entreprises créatives. À l'origine, le processus de régénération s'est fait de façon spontanée, se poursuivant par un aménagement mené par le secteur privé. Le Flon demeure néanmoins le seul quartier véritablement créatif de la ville. Pendant presque 50 ans, en raison des blocages survenus en matière de planification et de gouvernance, aucun plan d'ensemble ne fut adopté pour le quartier, malgré plusieurs tentatives[19]. Pour les propriétaires, les usages temporaires devinrent une alternative financière attirante, tandis que les locataires étaient motivés par

Magasin de fripes au Flon, typique de la période du FlonFlon, Lausanne.
Second-hand store in Le Flon, typical of the Flon-Flon era, Lausanne.
Lauren Andres.

l'espace flexible, les loyers très bas et les emplacements intéressants. Boutiques de vêtements et de chaussures, bars, night-clubs et galeries d'art s'installèrent dans le Flon. Les locataires avaient toute liberté pour repeindre les bâtiments et organiser de l'événementiel.

Ces activités firent naître une communauté d'occupants, tout en donnant une nouvelle image au quartier. Perçu jusqu'alors comme un lieu dangereux que les résidents évitaient, le quartier suscita de plus en plus d'intérêt. Il devint célèbre pour son caractère alternatif et ses activités non conformistes. Les médias le surnommèrent le petit Soho de Lausanne [20], et les usagers l'appelaient quant à eux le Flon-Flon.

Malgré tout, il n'était pas question pour les propriétaires de soutenir ces usages temporaires sur le long terme, malgré leur intérêt ponctuel manifeste sur un plan financier. Le réaménagement de cette zone centrale de la ville demeura une priorité, et les négociations visant à créer un nouveau schéma directeur, le PPA (Plan partiel d'affectation) reprirent en 1997. La municipalité et les propriétaires s'entendirent pour capitaliser sur ces usages temporaires afin d'encourager une rénovation rentable à long terme [21]. L'ambition du PPA était de respecter la double vocation du district : un lieu parfaitement central doublé d'un espace légèrement

[18] ANDRES, L., *La ville mutable, mutabilité et référentiels urbains : les cas de Bouchayer-Viallet, de la Belle de Mai et du Flon*, thèse de doctorat, Institut d'urbanisme de Grenoble, université Pierre-Mendès-France, Grenoble, 2008, multig. BMVBS and BBR, *The Impact of Temporary Use of Land and Buildings on Sustainable Urban Development*, Praxis, 57, Werkstatt, Bonn, 2008.
[19] ANDRES, L., *op. cit.*, et ANDRES, L., GRÉSILLON, B., *op. cit.*
[20] PÉCLET, J.C., *Une place pour Lausanne — Flon 90*, Lausanne, Éditions 24 heures, 1990.
[21] *L'avenir du Flon, le Groupe LO face au futur plan partiel d'affectation*, LO Holding, Lausanne-Ouchy, Groupe LO, 1998, p. 2. Ville de Lausanne, Plan partiel d'affectation « Plateforme du Flon », Lausanne, 1999.

The spaces that creators rent have all lost their former function as either office buildings (Alice Pauli, 1m³ and Synopsis m), garages (Le Circuit, Atelier Daniel Schlaepfer and Standard/deluxe), warehouses or industrial premises (L-Imprimerie). They offer a series of advantages[18] that include affordable rent, limited maintenance, space modularity and flexibility of use. In addition, they are often located close to the city centre. By signing leases with creators, landlords are able to minimise the time they spend on property management and sustain their rental incomes. Open and green spaces are another place of creativity in Lausanne. They are used for exhibitions (Flon events, Flon street painting, Flon Ville, etc.) as well as creation (Lausanne Jardins). Organised every three or four years since 1997, "Lausanne Jardins" temporarily transforms parts of the city through a range of thematic and innovative gardens. Landscaping is used to change our perception of a space and create different discovery paths in the city. This fits in perfectly with the city's overall branding strategy.

The transformation of the Flon: singularity and uniformity

Surrounded by these different spaces of creation, and without any specific cultural policy for the district, the Flon is an exception. This private 5.5-hectare property was a storage yard in the 19th century but was under used by the 1950s. To define the Flon as a creative quarter is questionable, however, it is the only district that brings together a significant number of creative activities and businesses. Although the regeneration process was originally organic, followed by a privately-led entrepreneurial redevelopment, the Flon remains the sole creative "district" in the city. As a result of planning and governance deadlocks and despite several attempts, no master plan was adopted in the district for almost fifty years[19]. Temporary uses became a financial alternative for owners, and tenants were interested in flexible warehouse space with cheap rent in a good location. Clothes stores, shoe shops, bars, nightclubs and art galleries were established in the Flon. Tenants were free to paint the buildings and organise social.

While these activities created a community of tenants, they also rebranded the district. Formerly perceived as unsafe and avoided by locals, the district's attractiveness grew. It became well-known for its alternative character and non-conformist activities. Local media called it the little Soho of Lausanne[20] and users called it the "Flon-Flon".

Nonetheless, owners did not want to sustain these temporary uses in the long term despite their usefulness in the interim (for obvious financial and economic reasons). Redeveloping this central area of the city remained a key priority, and the negotiation process to create a new master plan (PPA) began again in 1997. The municipality and landowners agreed to capitalise on these temporary uses to foster long-term, profitable regeneration in the district[21]. The ambition of the PPA was to respect "the double vocation of the district: a perfectly central area and a slightly unusual space with a particular cachet, its own style and way of evolving"[22]. In other words, the regeneration strategy sought a balance between the little Soho and the new Flon and aimed to transform the area into a trendy place for cultural activities and creative leisure. Sustaining the Flon-Flon was not just about economic issues but also a way to gain the consent of citizens — at least until the PPA was adopted.

From 1999 onwards, the alternative image was gradually set aside in favour of iconic architecture, urban design and temporary events. Many temporary tenants left the area once regeneration started; only those with successful businesses who could afford the rent increases stayed on. The way temporary uses have been a key element in Flon's increasing economic, urban and social value is therefore significant in terms of what Hackworth and Smith[23] have identified as a second wave of gentrification. In Lausanne, this gentrification has been commercial rather than residential. Creative SMEs have been the key victims of this process as they saw their workshops demolished and faced rent increases. A number of SMEs were pushed out in favour of more profitable companies.

Today, "Flon-Flon" no longer exists. The only reminders of its former character can be seen in its refurbished listed buildings, the overall design of the district (building heights and shape) and a small set of businesses revealing the organic origins of the redevelopment (the MAD nightclub, Maniak store, Bistrot du Flon and Alice Pauli gallery). Overall, the district has been transformed into a trendy

---

[18] ANDRES, L., *La ville mutable, mutabilité et référentiels urbains : les cas de Bouchayer-Viallet, de la Belle de Mai et du Flon*, thèse de doctorat, Institut d'urbanisme de Grenoble, université Pierre-Mendès-France, Grenoble, 2008, multig. BMVBS and BBR, *The Impact of Temporary Use of Land and Buildings on Sustainable Urban Development*, Praxis, 57, Werkstatt, Bonn, 2008.
[19] ANDRES, L., *op. cit.*, et ANDRES, L., GRÉSILLON, B., *op. cit.*
[20] PÉCLET, J.C., *Une place pour Lausanne — Flon 90*, Lausanne, Éditions 24 heures, 1990.
[21] *L'avenir du Flon, le Groupe LO face au futur plan partiel d'affectation*, LO Holding, Lausanne-Ouchy, Groupe LO, 1998, p. 2. Ville de Lausanne, Plan partiel d'affectation "Plateforme du Flon", Lausanne, 1999.
[22] *L'avenir du Flon, op. cit.*, p. 2.
[23] HACKWORTH, J., SMITH, N., "The Changing State of Gentrification", *Tijdschrift Voor Economische En Sociale Geografie*, 92, 2001, pp. 464-477.
[24] FLORIDA, R., *op. cit.*

Le Flon aujourd'hui, un espace devenu essentiellement commercial.
Le Flon today; a predominantly commercial space.
Lauren Andres.

inattendu, doté d'un cachet particulier, avec un style et une évolution propres [22]. En d'autres termes, la stratégie recherchait l'équilibre entre le petit Soho et le nouveau Flon. Elle visait à transformer le quartier pour en faire un lieu tendance, ciblé sur les activités culturelles et créatives. Le soutien du Flon-Flon ne relevait pas simplement de la résolution d'enjeux économiques. Il représentait également un biais par lequel recueillir l'assentiment des citoyens — du moins jusqu'à l'adoption du PPA.

À partir de 1999, l'image alternative céda peu à peu sa place en faveur d'une architecture, d'un aménagement urbain et d'un événementiel temporaire devenus emblématiques. Dès le début du réaménagement, de nombreux occupants temporaires quittèrent l'endroit. Seules les entreprises dégageant des résultats suffisants pour absorber la hausse des loyers furent en mesure de rester. Le rôle essentiel des usages temporaires pour accroître la valeur économique, urbaine et sociale grandissante de Flon est donc significatif dans le processus que Hackworth et Smith [23] ont identifié comme la seconde vague de gentrification. À Lausanne, cette gentrification s'avéra commerciale plutôt que résidentielle. Avec la destruction de leurs ateliers et la hausse des loyers, les PME créatives en furent les plus grandes victimes. Nombre d'entre elles furent évincées en faveur d'entreprises plus rentables.

Aujourd'hui, le « Flon-Flon » n'est plus. Les seules traces de son identité passée demeurent dans ses bâtiments rénovés et classés, l'allure générale du quartier — dans la hauteur et les silhouettes des bâtiments — et dans une

[22] *L'avenir du Flon, op. cit.*, p. 2.
[23] HACKWORTH, J., SMITH, N., « The Changing State of Gentrification », *Tijdschrift Voor Economische En Sociale Geografie*, 92, 2001, pp. 464-477.

Garage reconverti en atelier au Flon.
Garage converted into a workshop, Le Flon.
Lauren Andres.

communauté réduite d'entreprises qui témoignent des origines spontanées du réaménagement : la discothèque Mad, la boutique Maniak, le Bistrot du Flon et la galerie Alice Pauli. Globalement, les lieux se sont mués en une zone commerciale et de loisirs très tendance, où les franchises font concurrence aux boutiques indépendantes. Si l'on se base sur la vague définition faite par Florida de la ville créative[24], le Flon est un « quartier créatif ». Il est intéressant de noter qu'à présent, bien qu'étant un quartier du secteur privé, planifié en tant que tel, le Flon réside au cœur de la stratégie de Lausanne en matière d'image et de marketing. Ce choix s'explique en partie par le fait que Flon soit le seul quartier créatif et de loisirs de la ville et qu'il attire un grand nombre de clients et de visiteurs à toute heure du jour et de la nuit.

Débat

D'une manière générale, lorsque l'on évalue la politique culturelle de Lausanne sur les vingt dernières années, on peut constater que des investissements significatifs et ciblés sont venus appuyer les effets économiques positifs de la culture. Les initiatives créatives locales qui se sont installées dans des locaux inutilisés ont créé un environnement dynamique et non conflictuel. Il est possible toutefois que des tensions puissent surgir en raison de deux stratégies importantes qui marquent un contraste : toutes deux pensées pour faire usage de ces espaces abandonnés, la première vise à promouvoir un environnement culturel et créatif alors que la seconde a pour objet de développer une ville compacte et durable.

Lausanne apparaît comme un environnement ouvert pour les créateurs, alors que l'attention accordée aux différents types de créateurs engendre des différences de taille. En dépit de son ouverture, cet environnement est très

Un atelier d'artiste au Flon.
Artist's workshop, Le Flon.
Lauren Andres.

institutionnalisé et réglementé, ce qui limite le champ d'action de la spontanéité et des usages alternatifs. En plus du nombre très limité d'espaces disponibles à l'usage spontané, l'institutionnalisation et la régulation sont entretenues par les programmes financiers proposés par la municipalité. Cette tendance est renforcée par la façon dont les agents privés exploitent les créateurs dans un marché immobilier très serré. Si l'on examine l'évolution du paysage créatif et culturel, on peut affirmer que la communauté de créateurs va probablement être consolidée plutôt que diversifiée. Il n'existe aucune réelle volonté politique et financière de modifier la stratégie de développement culturel pour déboucher sur une économie créative plus large et sur des politiques culturelles plus orientées sur l'espace. Il est donc probable que les arts visuels et de la scène soient soutenus et encouragés. Le nouveau Pôle muséal devrait jouer un rôle important à cet égard.

En comparaison avec d'autres villes européennes telles que Marseille ou Birmingham, les relations entre créateurs et autorités locales semblent relativement exclusives et limitées. L'attention a toujours été concentrée sur les institutions culturelles les plus importantes. Cependant, certains petits créateurs ont également réussi à faire entendre leurs voix. Tout d'abord, en démontrant leur capacité à utiliser et mobiliser différents réseaux et ressources, et en second lieu, en contribuant par leurs activités à la stratégie de *branding* de la ville, aux niveaux local, régional et international. Les travaux de Markusen[25], Markusen et Johnson[26], et ceux de Currid[27] ont souligné le rôle primordial que jouent les centres et réseaux des artistes dans la création et la pérennité de scènes culturelles cruciales. L'importance des réseaux locaux et régionaux dans la naissance et le développement d'un milieu créatif a également été relevé par différents chercheurs tels que Piore et Sabel[28], Uzzi[29], Florida[30] ou encore

[24] FLORIDA, R., *op. cit.*
[25] MARKUSEN, A., «Urban Development and the Politics of a Creative Class : Evidence from the Study of Artists», *Environment and Planning A*, vol. 38, n°10, 2006, pp. 1921-1940.
[26] MARKUSEN, A., JOHNSON, A., *Artists'Centres : Évolution and Impact on Careers, Neighborhoods and Économies*, Project on Regional and Industrial Economics, Humphrey Institute, University of Minnesota, Minneapolis, 2006.
[27] CURRID, E., *The Warhol Economy : How Fashion, Art and Music Drive New York City*, Princeton, Princeton University Press, 2007.
[28] PIORE, M.J., SABEL, C.F., *The Second Industrial Divide, Possibilities for Prosperity*, New York, Basic Books, 1984.
[29] UZZI, B., «The Sources and Consequences of Embeddedness for the Economic Performance of Organizations : The Network Effect», *American Sociological Review*, vol. 61, 1996, pp. 674-698.
[30] FLORIDA, R., *op. cit.*
[31] NEFF, G., «The Changing Place of Cultural Production : The Location of Social Networks in a Digital Media Industry», *The Annals of the American Academy of Political and Social Science*, 2005, pp. 134-152.

commercial and leisure area where franchises compete with independent shops. Based on Florida's fuzzy definition of the creative city[24] the Flon is a "creative quarter". Interestingly enough, despite being a private district and having been planned as such, the Flon is now a core element in Lausanne's branding and marketing strategy. One reason for this is the fact that the Flon is the city's only creative and leisure district and attracts a variety of daytime and night-time customers and visitors.

Discussion

On the whole, when assessing Lausanne's cultural policy from the last twenty years, it can be argued that significant targeted investments have embraced the positive economic outcomes of culture. Local creative initiatives that have set up in vacant premises have created a dynamic and non-conflictual environment. However, tensions may still arise due to two contrasting key strategies both focused on making use of vacant, derelict spaces: the first, to promote a cultural and creative environment and the second to develop a compact, sustainable city.

Lausanne appears as an open environment for creators, even though the attention given to different types of creators is substantially different. Despite its openness, this environment is highly institutionalised and regulated which limits the scope for spontaneity and alternative uses. In addition to the very limited amount of spaces available for spontaneous uses, institutionalisation and regulation are fostered by the financial schemes offered by the municipality. This is reinforced by the way that private agents use creators in a very tight real-estate market. Looking at how the cultural and creative landscape is evolving we can assert that the existing body of creators will probably be consolidated rather than diversified. As there is no significant investment or political will to shift the strategy and policy of cultural development towards the broader creative economy and more spatially-oriented cultural policies, it is likely that both the performing and visual arts will be sustained and fostered (the new "Pôle muséal" should have a significant role in that respect).

The relationships between creators and the local authority, in comparison with other European cities like Marseilles or Birmingham, appear to be relatively exclusive and limited. Historically, attention has been given to key cultural institutions. However some smaller creators have also managed to have their voices heard, firstly, by demonstrating their ability to use and mobilise different networks and resources, and secondly, by their contributions (through their activities) to the city's overall branding strategy at local, regional and international level.

Markusen[25], Markusen and Johnson[26], and Currid[27] have emphasised the crucial role that artists' centres and networks play in generating and sustaining vital cultural scenes. The importance of local and regional networks in fostering the creation of a creative milieu has also been pointed out by various scholars[28]. In the case of Lausanne, key institutions (and galleries) have evolved within European and international networks while smaller initiatives and creators have essentially benefited from local networks (particularly educational networks) and personal-professional relationships (i.e. networked individualism, see Wellman[29]). The absence of a group of creators that crosses-over into both spheres has limited the role of regional networking and fostered the separation of the two groups.

In addition to this division, there is an absence of what Neff calls a geographic factor of proximity, which would lead to "recurrent collaboration and mutual interdependence of money and ideas". In Lausanne, spatial boundaries (with the exception of the Flon) do not seem very important, and this is highlighted by the absence of any real cultural districts or clusters.

Setting aside the formal cultural and creative landscape, Lausanne is characterised by the relationship between creativity and temporary uses, which are intrinsically linked from an institutional and organic perspective. This is not unusual, as temporary uses are a common feature of contemporary transformations (e.g. in Berlin). What is more unusual is the interest in temporary events and activities in a non-shrinking city that is not in crisis. Recent interviews and discussions have confirmed this interest in temporary uses for location rebranding (e.g. Place du Tunnel). However, while temporary uses have been included in the city's wider cultural strategy and have been used within some

---

[25] MARKUSEN, A., "Urban Development and the Politics of a Creative Class : Evidence from the Study of Artists", *Environment and Planning A*, vol. 38, n°10, 2006, pp. 1921-1940.

[26] MARKUSEN, A., JOHNSON, A., *Artists'Centres : Évolution and Impact on Careers, Neighborhoods and Économies*, Project on Regional and Industrial Economics, Humphrey Institute, University of Minnesota, Minneapolis, 2006.

[27] CURRID, E., *The Warhol Economy : How Fashion, Art and Music Drive New York City*, Princeton, Princeton University Press, 2007.

[28] See for example FLORIDA, R., *op. cit.*; UZZI, B., "The Sources and Consequences of Embeddedness for the Economic Performance of Organizations : The Network Effect", *American Sociological Review*, vol. 61, 1996, pp. 674-698; NEFF, G., "The Changing Place of Cultural Production : The Location of Social Networks in a Digital Media Industry", *The Annals of the American Academy of Political and Social Science*, 2005, pp. 134-152.

[29] WELLMAN, B., "Physical Place and Cyberplace : The Rise of Personalized Networking", *International Journal of Urban and Regional Research*, vol. 25, n°2, 2001, pp. 227-252.

Neff[31]. Dans le cas de Lausanne, certaines institutions et galeries renommées ont évolué au sein de réseaux européens et internationaux, alors que des initiatives et des créateurs plus modestes ont bénéficié pour l'essentiel de réseaux locaux, en particulier pédagogiques, ainsi que de relations personnelles-professionnelles[32]. L'absence d'un groupe de créateurs qui évoluent dans les deux sphères a limité le rôle du réseau régional et encouragé la séparation entre les deux groupes.

On peut noter, en dehors de cette division, l'absence de ce que Neff appelle un facteur géographique de proximité, qui mènerait à « une collaboration récurrente ainsi qu'à une interdépendance mutuelle entre l'argent et les idées ». À Lausanne, les frontières entre espaces — à l'exception de celles du Flon — ne semblent pas revêtir de grande importance. C'est ce que souligne l'absence de véritables quartiers ou clusters culturels.

Si l'on met de côté le paysage culturel et créatif officiel, Lausanne se distingue par la relation entre la créativité et les usages temporaires. Ce lien n'a rien d'inhabituel et les usages temporaires représentent un élément fréquent des transformations contemporaines, par exemple à Berlin. Ce qui paraît cependant plus inhabituel est l'intérêt porté aux activités temporaires dans une cité qui n'est pas en crise, notamment lorsqu'elles sont liées au *rebranding* de certains emplacements — par exemple la place du Tunnel. Pourtant, alors que les usages temporaires ont été intégrés par la ville à sa stratégie culturelle au sens large et exploités au sein de certaines stratégies de réaménagement urbain localisé (Lausanne Jardins), aucune méthodologie n'a été formalisée pour les développer. Au sein d'une étude évaluant l'impact de l'usage temporaire de terrains et de bâtiments sur l'aménagement urbain durable en Allemagne, Baumgard et ses collaborateurs ont démontré qu'il existe une crainte que ces structures temporaires ne deviennent permanentes, limitant ainsi le processus de développement classique[33]. Dans le contexte suisse de la démocratie directe, qui représente l'une des raisons pour la grande lenteur du réaménagement du Flon, cette crainte semble particulièrement bien fondée.

Le potentiel des usages créatifs temporaires à Lausanne est énorme : il existe une demande pour ces espaces, et les créateurs ont généralement démontré leur soutien et une attitude exemplaire envers les autorités et les propriétaires immobiliers. Les créateurs s'insèrent dans un paysage culturel institutionnalisé. Leur motivation première est de poursuivre

[32] WELLMAN, B., « Physical Place and Cyberplace : The Rise of Personalized Networking », *International Journal of Urban and Regional Research*, vol. 25, n° 2, 2001, pp. 227-252.
[33] BMVBS and BBR, *op. cit.*

localised urban regeneration strategies (Lausanne Jardins) there is no formal methodology for developing such uses. In a study assessing the impact of temporary land use and buildings on sustainable urban development in Germany, Baumgard demonstrated that there is a fear of temporary structures becoming permanent and limiting the classic development process[30] In the Swiss context of direct democracy (one reason for the Flon's very slow transformation) this fear seems particularly well-founded.

The potential for temporary creative uses in Lausanne is huge: there is a demand for spaces and creators generally have a very supportive, fair-play attitude towards the local authorities and land owners. Creators belong to an institutionalised cultural landscape; their primary motivation is to pursue their cultural/creative projects. Their attachment to their creative space is secondary. Nonetheless, the survival of temporary uses in the city will require a strategy that has not yet been created. It is difficult to say whether this oversight stems from a fear that encouraging some desires will later become an obstacle to the direct democracy policy process, a simple lack of interest, or to policy priorities. On this issue, Lausanne is probably not a city with enough need for temporary uses. However, it could learn from other experiments, particularly those conducted in England (e.g. the "meanwhile spaces"[31] initiative).

Conclusion

It appears that the idea of creators as residents and inventors is not predominant in Lausanne because their role is highly regulated and controlled by local decision makers and real-estate agents. However, creators are generators of transformation at different scales. They are space-shapers rather than space-makers; they tend to be involved in the transformation of spaces rather than fully integrated in ongoing redevelopment. Through their actions, they have transformed and continue to transform buildings, spaces, districts and the city's overall image. What's more, Lausanne is a contender as a city of creators at a European level, particularly in comparison to cities like Berlin. Lausanne is, by definition, a city of culture with a range of very well-known creators, rather than a city with multiple creators all working with a broad understanding of Lausanne as a creative city. It is therefore a cultural and creative exception, and this uniqueness is one of the factors explaining its interest from a research standpoint. The city's massive investment in culture has built its international visibility. Despite facing financial pressures, Lausanne now offers a favourable environment as a cultural bubble in which creators can smoothly evolve towards more, or less, temporary cultural paths and trajectories.

[30] BMVBS and BBR, *op.cit.*
[31] http:www.meanwhilespace.com/

leurs projets culturels et créatifs. Leur attachement à leur espace créatif est secondaire. Malgré tout, la survie des usages temporaires à Lausanne implique une stratégie qui n'a pas encore été élaborée. Il est difficile de déterminer si cet oubli dérive d'une crainte selon laquelle le fait d'encourager certaines volontés pourrait plus tard se muer en obstacle au processus de la démocratie directe, d'un simple manque d'intérêt, ou de priorités stratégiques. Sur ce point, il est probable que Lausanne ne soit pas une ville qui ait suffisamment de besoins en usages temporaires. Elle pourrait cependant apprendre d'expériences menées ailleurs, en particulier en Angleterre, par exemple l'initiative « meanwhile spaces [34] ».

En conclusion

Il apparaît que l'idée des créateurs en tant que résidents et inventeurs n'est pas prédominante à Lausanne, car leur rôle est fortement réglementé et contrôlé par les décideurs et les agents immobiliers. Les créateurs sont néanmoins à l'origine de certaines transformations, à différentes échelles. Plutôt que de créer l'espace, ils le modèlent. Ils sont fréquemment impliqués dans les transformations plutôt que pleinement intégrés dans le réaménagement continu. Au travers de leurs actions, ils transforment bâtiments, espaces et quartiers, ainsi que l'image globale de la ville. En outre, Lausanne est candidate en tant que cité de créateurs au niveau européen et se mesure en particulier à des villes telles que Berlin. Lausanne, en tant que « ville créative », est une cité de culture bénéficiant d'un éventail de créateurs très connus, plutôt qu'une cité accueillant une multitude de créateurs travaillant de concert. Elle représente par conséquent une exception culturelle et créative. C'est cette particularité unique qui participe à en faire un objet de recherche intéressant. Les investissements considérables de la ville en matière de culture ont échafaudé sa visibilité internationale. En dépit des pressions financières, Lausanne offre à présent un environnement favorable en tant que bulle culturelle au sein de laquelle les créateurs peuvent facilement évoluer sur des trajectoires culturelles plus ou moins temporaires.

[34] http://www.meanwhilespace.com

PHILIPPE CHAUDOIR, CHRISTIAN SOZZI

LA MÉTROPOLE LYONNAISE, DES ACTIONS CULTURELLES CONNECTÉES

La métropole Lyon - Saint-Étienne constitue un site de première importance tant pour la présence attestée d'un milieu artistique, culturel et créatif que pour la mise en place de politiques publiques et d'actions collectives innovantes et inscrites dans la durée.

Des initiatives artistiques et créatives nombreuses, mais cloisonnées

Si le réseau lyonnais est dense dans le domaine des arts plastiques (musée d'Art contemporain, institut d'Art contemporain, École nationale supérieure des beaux-arts, galeries privées, etc.), un certain cloisonnement apparaît entre certains acteurs culturels qui travaillent pourtant autour des mêmes champs artistiques. Ainsi pour les arts plastiques, il n'y a pas aujourd'hui de véritable collaboration entre institutions et galeries, hormis à travers quelques événements comme la Biennale d'art contemporain [1], notamment à travers Résonance où, en 2011, 56 lieux furent associés sur l'agglomération et 30 autres lieux dans la région Rhône-Alpes.

De la même manière, le spectacle vivant constitue une scène très vivace et on y trouve représenté l'ensemble des secteurs traditionnels ou plus émergents. On constate évidemment la présence de grandes institutions : Opéra de Lyon, Auditorium, Théâtre des Célestins, Maison de la Danse, etc.

Le théâtre et la danse bénéficient aussi de la présence de lieux intermédiaires (10 scènes découvertes) permettant notamment à la jeune création de pouvoir s'exprimer [2] (40 salles de théâtre dans l'agglomération lyonnaise et 15 festivals ; 13 lieux et 13 festivals de danse).

Les formes musicales s'expriment également sous toutes leurs facettes - musiques savantes, traditionnelles, actuelles -, avec une quinzaine de lieux dédiés à la musique classique ou baroque ainsi que 15 salles dévolues aux musiques actuelles et une vingtaine de festivals.

Enfin, les arts de la rue et du cirque sont également bien présents sur le territoire à travers des équipements, des collectifs d'artistes et des festivals de taille nationale.

Du point de vue des industries créatives, le poids économique de l'agglomération lyonnaise reste en retrait par rapport à des métropoles plus importantes, voire de même envergure [3]. Ce secteur correspond pourtant à près de 17 000 emplois et l'aire urbaine de Lyon a connu une progression de l'emploi des professions créatives de +150 % en 25 ans. Les secteurs les plus représentés sont ceux de la publicité et de la communication, de la musique et des spectacles, du cinéma et de l'audiovisuel, du textile et de l'habillement.

Les spécificités de l'agglomération lyonnaise dans ce domaine sont essentiellement représentées par quatre secteurs : l'image en mouvement, la mode, la danse et la gastronomie. On compte, par ailleurs, 18 festivals autour du cinéma.

Pourtant, la plupart des « créatifs » locaux s'accordent à dire que l'image créative de la ville reste aujourd'hui encore insuffisamment valorisée et que Lyon ne la véhicule pas suffisamment à la hauteur de son rayonnement potentiel. Même si, grâce notamment à ses nombreux événements culturels, Lyon existe de plus en plus sur la scène européenne des métropoles créatives, il reste une réelle marge de progression pour faire reconnaître les talents « made in Lyon » et gagner en visibilité à l'échelle nationale et européenne [4].

---

[1] Lyon 2020, Synthèse du groupe de travail sur la scène artistique de la métropole lyonnaise, février 2007.
[2] Diffusion et valorisation de l'art actuel en région, une étude des agglomérations du Havre, de Lyon, de Montpellier, Nantes et Rouen. Ministère de la culture, janvier 2011. http://www.culture.gouv.fr/deps
[3] Les industries créatives dans l'agglomération lyonnaise, Opale, Agence d'Urbanisme de Lyon, novembre 2011.
[4] *Ibid.*

PHILIPPE CHAUDOIR, CHRISTIAN SOZZI

THE CITY OF LYON AND CONNECTED CULTURAL ACTION

The metropolitan area of Lyon — Saint-Étienne is an important site both in terms of the clearly established presence of an artistic, cultural and creative scene, and in terms of its long-standing history of innovative public policy and collective action.

A plethora of artistic and creative initiatives working in isolation

Even though Lyon has a strong offering in the area of fine art (with its Museum of Contemporary Art, Institute of Contemporary Art, National College of Fine Arts, private galleries, etc.), there is a certain element of compartmentalisation between cultural players working in the same artistic sectors. In the area of fine art, for example, there has been no real collaboration between institutions and galleries, with the exception of a handful events such as the Lyon Biennial Contemporary Art Festival[1], particularly, the "Résonance Night" event which, in 2011, brought together 56 artistic bodies from the area and another 30 from the Rhône-Alpes region.

The performing arts is another flourishing scene in the area, encompassing both the more traditional elements of the sector and emerging trends. The city boasts a number of major cultural institutions, such as the Opéra de Lyon, the Auditorium, Théâtre des Célestins, Maison de la Danse, etc.

There is also a wide range of performance venues provided for theatre and dance. Young creators in particular can avail of any of the 10 performance spaces available to express their artistic voice on a public stage[2]. (There are 40 spaces and 15 festivals dedicated to theatre in the Lyon area, as well as 13 spaces and 13 festivals dedicated to dance).

Music also finds expression here in all its shapes and forms — from art music to traditional to popular music — with about 15 spaces dedicated to classical and baroque music, as well as 15 for popular music, and about 20 festivals.

Street and circus arts are also well represented, with a variety of facilities, artist collectives and national festivals.

In terms of the creative industry, the economic weight of the Lyon area is lagging behind more successful urban areas, even those of the same cultural standing[3]. However, this industry accounts for almost 17,000 jobs, with creative employment in the urban area of Lyon rising by 150% in the last 25 years. The most well represented sectors are advertising and communications, music and performance, cinema and audiovisual entertainment, textiles and clothing.

Lyon's specific expertise in this area is centred around four main sectors — the moving image (the region plays host to 18 cinema-related festivals), fashion, dance and gastronomy.

Despite this, the majority of Lyon's "creators" hold the view that the creative image of the city has not been developed sufficiently, and that not enough has been done to promote the city to the full of its potential. Although, thanks to its numerous cultural events, Lyon's presence on the creative urban scene is increasing on a European scale, there remains a significant amount of progress to be made before the Lyon cultural brand is fully recognised and visibility achieved at a national and European level[4].

Affichage de la biennale d'art contemporain, Lyon.
Poster advertising the Biennial Contemporary Art Festival, Lyon.
RUCH MP / Agence d'Urbanisme de Lyon.

Des politiques et des actions publiques : une complémentarité entre les politiques culturelles communales et d'agglomération

Parlant de politiques culturelles publiques, l'analyse se situe nécessairement au niveau communal où se concentrent l'essentiel des compétences. Le Grand Lyon, s'il n'a pas la compétence culturelle élargie, intervient pourtant, principalement en apportant un soutien financier à des manifestations culturelles d'agglomération et de nature à rayonner à l'échelle nationale et internationale, et par le biais de la politique de la ville [5]. Depuis peu, le territoire a engagé des actions d'art public liées à des aménagements d'espaces.

Historiquement, l'agglomération lyonnaise entretient une relation suivie avec les arts appliqués. Le lien entre art et industrie s'instaure avec la soie, se prolonge au moment où s'invente le cinéma, et connaît actuellement un renouveau avec les jeux vidéo. Cette relation arts/industrie, paradoxalement non revendiquée, s'exprime cependant notamment à l'occasion de la fête des Lumières ou du Festival du cinéma.

Cette particularité se retrouve également à Saint-Étienne, ancien centre manufacturier très important, autour du design. Aujourd'hui, la ville dispose d'une « Cité du design » et d'une biennale dédiée, attestant d'une volonté de développer l'image de la ville en l'appuyant sur son histoire industrielle et créative.

Sur le plan des arts plastiques et visuels, la situation est plus contrastée. Certes, les institutions culturelles dévolues à ces disciplines artistiques ont été étoffées, tant dans les centres villes qu'en périphérie, mais l'implantation d'un véritable milieu artistique n'est pas flagrante. La présence de plasticiens, de galeries, de lieux de monstration intermédiaire ou de médias spécialisés n'est peut-être pas entièrement à la hauteur d'une métropole de cet ordre. S'ils ne font pas complètement « milieu », les arts plastiques ne sont pas non plus inexistants : ils sont notamment présents en matière de formation, de médiation et de diffusion, et se caractérisent par des manifestations. En outre, des initiatives récentes telles que le rassemblement de galeries (rue Burdeau dans le 1er arrondissement) ou la création

[5] Grand Lyon Vision Culture, *Politiques culturelles, Singularités et positionnement de l'agglomération lyonnaise*, document de cadrage pour la 4e rencontre, janvier 2010.

Policy and public action:
Synergies between cultural policy at local and city level

Any meaningful discussion on public cultural policy must focus on the local level, where the majority of the skills in this area are concentrated. Though lacking in broader cultural expertise, the Grand Lyon authorities are still actively involved in the overall process, largely through the provision of financial assistance to cultural events which have the potential to radiate out onto the national or international stage, and also by means of city policy[5]. In the recent past, the area has also initiated a series of public art events linked to the development of new spaces.

Historically, the Lyon area has always maintained a close relationship with the applied arts. The link between art and industry in the area began with the silk trade, continued through to the invention of cinema, and is now experiencing a resurgence via the videogaming industry. This relationship between art and industry, a relationship which, ironically, is not actively promoted by the city, is particularly evident during festivals such as the Festival of Lights or the Grand Lyon Film Festival.

This type of alliance can also be seen in the former manufacturing hub of Saint-Étienne, where it is centred around the design sector. Today, the city hosts the stunning "Cité du design" centre and design biennale, both testament to the desire to develop the city's image by means of its industrial and creative history.

When it comes to fine art and visual art, the situation is a little less clear cut. While it's true that the number of cultural institutions dedicated to these artistic pursuits has grown, both in the city centres and in peripheral areas, there is no real evidence of a genuine arts scene. The offering in terms of visual artists, galleries, exhibition spaces and specialised media is possibly not quite of the standard one would expect from an urban area of its size. However, though it may not fully warrant the title of "scene", the fine arts do have a presence in the area, particularly in terms of training, mediation and promotion, mainly taking the form of physical events. Recent initiatives such as the alliance forged between galleries (on Rue Bureau) or the creation of a contemporary art fair (the Docks Art Fair) to coincide with the opening of the Biennial Contemporary Art Festival are instigating a new dynamic approach.

The city's cultural policy also finds expression in its willingness to stage large-scale events which fulfil a number of complementary objectives. These major events have a number of specific characteristics in common — they are media friendly, modular, and offer a certain flexibility. They have much the same resources at their disposal as cultural institutions (in terms of visibility, means of production, etc.), yet are better equipped to adapt to the continuous flow of movement which characterises the cultural sphere. In fact, the very specific nature of these events has contributed to a revision of the region's cultural policy as a whole. By supporting these events down through the years, Lyon and Saint-Étienne have gained unique knowledge, experience and expertise (in the areas of lighting and design, for example).

Flagship events such as the biennale have served to create a new role for the area in many ways. They have helped to forge a new urban identity and promote it far beyond the borders of the region itself (as is the case for their biennial festivals of dance, contemporary art and design). Internationally recognised events go hand in hand with a desire for participation and local cultural action (illustrated by the popular parade of dance companies held during the Dance Biennial as well as the contemporary "Art sur la Place" and "Veduta" art events).

The area has also successfully developed a number of unique and alternative cultural policies. Through urban policy, it has found ways to support short-term initiatives and long-term artist installations in struggling neighbourhoods. It also drafted a Charter of Cultural Cooperation and had it signed by all major cultural institutions in the area. Under this initiative, the city of Lyon seeks to foster the creation of ties between cultural institutions and their local environment. One aim, amongst others, is to broaden and diversify audiences while also encouraging an increased sense of ownership of cultural institutions amongst the local population.

The cultural policy is also notable for its support and recognition of emerging local talent and new artistic movements. Hip hop is one movement that has particularly flourished as a result, due in large part to the coming together of dancers from the hip hop movement and contemporary choreographers from the area's major cultural institutions (the Opéra, the Maison de la Danse, the Centre Chorégraphique National)

---

[1] Lyon 2020, Synthèse du groupe de travail sur la scène artistique de la métropole lyonnaise, février 2007.
[2] Diffusion et valorisation de l'art actuel en région, une étude des agglomérations du Havre, de Lyon, de Montpellier, Nantes et Rouen. Ministère de la culture, janvier 2011. http://www.culture.gouv.fr/deps
[3] Les industries créatives dans l'agglomération lyonnaise, Opale, Agence d'Urbanisme de Lyon, novembre 2011.
[4] Ibid.

L'Auditorium, Lyon.
The Auditorium, Lyon.
Stéphane Autran.

d'une foire d'art contemporain (Docks Art Fair) lors de l'ouverture de la Biennale d'art contemporain impulsent une nouvelle dynamique.

La politique culturelle se décline également à travers une volonté de soutenir des grands événements qui répondent à des objectifs complémentaires. Ces grands événements ont des caractéristiques spécifiques : médiatiques, modulables, offrant une certaine souplesse. Ils ont des dispositions proches de celles dont disposent les institutions culturelles (en termes de visibilité, de moyens de production, etc.) tout en ayant une meilleure adaptabilité au mouvement permanent qui caractérise le champ culturel. Il s'avère aujourd'hui que leurs spécificités ont nettement contribué à renouveler la politique culturelle du territoire. En soutenant les événements depuis de nombreuses années, Lyon et Saint-Étienne ont acquis un savoir-faire, une expérience et une expertise originales (par exemple dans les domaines de la lumière ou du design).

Des événements phares, de type biennale, ont en quelque sorte inventé une fonction métropolitaine nouvelle. Ils ont contribué à forger une identité et à la projeter au-delà des frontières territoriales (biennales de la danse, d'art contemporain et du design). Les manifestations d'ampleur internationale se couplent à une volonté de participation et d'action culturelle territoriale (à travers, par exemple, le défilé de la Biennale de la danse ou, successivement, l'Art sur la place et Veduta pour l'art contemporain).

D'autre part, le territoire a su développer des politiques culturelles alternatives et originales. Via la politique de la Ville, il a notamment soutenu des actions temporaires ou des installations prolongées d'artistes dans des quartiers en difficulté. Il a aussi fait signer aux principales institutions culturelles une Charte de coopération culturelle. Avec ce dispositif, la Ville de Lyon cherche à inciter les institutions culturelles à nouer des liens avec leur environnement de proximité pour, notamment, renouveler leur public, améliorer l'appropriation de l'institution culturelle par les habitants, etc.

Lumières 2010 - Grand Lyon Film Festival.
Festival of Lights 2010 - Grand Lyon Film Festival.
Jacques Léone.

Fête des lumières, 2010, Lyon.
Festival of Lights 2010, Lyon.
RUCH MP / Agence d'Urbanisme de Lyon.

Les politiques culturelles se spécifient également par un soutien et une reconnaissance à une émergence locale et à des pratiques artistiques nouvelles. Ainsi le hip-hop s'est-il très largement développé, notamment à travers la rencontre de danseurs issus de ce mouvement et de chorégraphes contemporains au sein même de grandes institutions (Opéra, maison de la Danse, Centre chorégraphique national) et de leur réseau. L'exemple des musiques électroniques est également à noter dans le sillage des Nuits sonores qui constituent aujourd'hui un événement majeur de l'agglomération, participant de l'identification de Lyon comme innovatrice dans le domaine.

En outre, une politique de soutien à des scènes intermédiaires permet à la jeune création de trouver des lieux de diffusion alternatifs à ceux des institutions culturelles.

Street day, 2012, Lyon.
Street day, 2012, Lyon.
Stéphane Autran.

Défilé 2010, Biennale de la danse, Lyon.
Parade during Dance Biennial 2010, Lyon.
Jacques Léone.

Pour compléter, on doit également noter la persistance d'une approche réflexive et stratégique sur les questions culturelles et créatives, qui prend aujourd'hui la forme d'une démarche singulière : Grand Lyon Vision Culture. Celle-ci vise à accompagner la Communauté urbaine de Lyon dans sa réflexion culturelle, à savoir :

— construire et partager une approche commune de la culture ;

— enrichir les projets actuels et futurs du Grand Lyon, notamment en matière d'événements d'agglomération ;

— imaginer des modes de relation innovants du Grand Lyon avec les artistes dans le cadre de différentes politiques : urbanisme, participation citoyenne, développement économique, etc.[6]

Du point de vue des industries créatives, l'intégration des composantes économiques du champ culturel est d'ores et déjà à l'œuvre.

[6] Grand Lyon Vision Culture, *Synergie, art et économie : la martingale de la créativité*, document de cadrage pour la 6e rencontre, juillet 2010.

and their network. The electronic music movement is another notable example, particularly in the wake of the "Nuits Sonores" festival, which has become a major event on the Lyon calendar and a key factor in the city's growing reputation for innovation in this domain.

In addition, the policies put in place to support interim performance spaces provide young talent with a venue other than the cultural institutions in which to showcase their work.

Finally, one must note the persistently reflective and strategic approach to questions of culture and creativity, which have been collectively gathered together under the banner of "Grand Lyon Vision Culture". The aim of this collective approach is to guide and support Lyon's urban community in its cultural discussions, namely via the following processes:

— By creating and sharing a common cultural approach,
— By enhancing current and future projects in the Grand Lyon area, particularly in regard to events held in the city and surrounding areas,
— By devising innovative models for managing the relationship between the authorities and artists through a number of different policies, such as urban development, public engagement, economic development, etc.[6]

As regards the creative industries, progress has already been made in terms of integrating the various economic elements of the cultural sector.

This process is being led by the authorities with responsibility for international and economic development, but also falls within the remit of larger urban projects.

In other words, the Grand Lyon authorities are acting in line with the general trend in which culture is viewed as a catalyst for economic development.

Within this context, they have implemented a public policy aimed at supporting the creative industries through the establishment of business clusters in the areas of fashion, videogaming and the moving image.

They have also embraced and adopted a local variant of the concept of creative city[7] for urban regeneration initiatives and urban development projects.

Urban public action —
A multivalent reference framework for cultural engagement

Public action in this urban context generally works via "restorative" initiatives, project-based approaches, or the resolving of urban management issues.

Local public action is characterised, at a basic level, by the desire to regenerate neglected quarters. This can be seen in the initiatives carried out in the Carré de Soie district, once the epicentre of artificial silk production in the Lyon region, and the Confluence quarter.

In terms of urban regeneration, cultural and artistic action fulfils a number of key objectives. It offers a new way of looking at one's environment, shifting perspectives and reappraising spaces which are often overlooked. By encouraging participation, it stimulates social interaction and contributes to the structuring of local identities. This cultural facet of the area's urban policy is particularly evident in examples such as the urban regeneration project at La Duchère, where participatory discussions on public art resulted in the installation or restoration of a number of artworks in the quarter.

This cultural approach has also led to the emergence of a vast number of artists in a wide variety of fields, and not just in the world of hip hop. (Examples include Là Hors De in La Duchère, Théâtre du Grabuge, KompleXKapharnaüM, La Cie Käfig, Ensemble-NOAO now known as IZEM and Zéotrope, to name but a few[8].)

From a contemporary perspective, this type of action can be seen in a project known as the "8e Art".

Launched by social housing body Grand Lyon Habitat in 2007, the project aims to promote the artistic heritage of the local social housing area (4,600 residences), which extends for 2km along the Boulevard des États-Unis. Incorporating the architectural works of Tony Garnier, the initiative will see the two-phased installation of 10 works of contemporary art along this major thoroughfare. It also encompasses a number of artist's workshops and a space dedicated to mediation between residents, local players and artists. The originality of the project lies not only in the atypical profile of its sponsor, a social housing body, but also in the way it has embraced mediation techniques and a "listening posture" in order to bring contemporary art into the very heart of this social housing scheme.

---

[5] Grand Lyon Vision Culture, *Politiques culturelles, Singularités et positionnement de l'agglomération lyonnaise*, document de cadrage pour la 4e rencontre, janvier 2010.
[6] Grand Lyon Vision Culture, *Synergie, art et économie : la martingale de la créativité*, document de cadrage pour la 6e rencontre, juillet 2010.
[7] *Ibid.*
[8] Grand Lyon Vision Culture, *L'artiste engagé dans la Politique de la ville : les nouvelles règles du "je"*, document de cadrage pour la 5e rencontre, avril 2010.

Intervention de KomplexKapharnaüM sur le Carré de soie, dans le cadre des projets Phares et des journées européennes du patrimoine, 2010.
KomplexKapharnaüM installation in the Carré de Soie, as part of the Projets Phare initiative, and the European Heritage Days event, 2010.
Garance Troupillon.

Ces interventions sont pilotées par les services en charge du développement économique et international mais s'intègrent également dans la logique des grands projets urbains.

Autrement dit, le Grand Lyon est en phase avec cette tendance de fonds qui consiste à envisager la culture comme un levier de développement économique. De ce point de vue, le Grand Lyon a conduit une politique publique de soutien aux industries créatives en cherchant à organiser les filières d'entreprises de la mode, du jeu vidéo et de l'image.

Dans ce cadre, il intègre également, dans les opérations de renouvellement urbain et dans les projets urbains, une appropriation locale du concept de ville créative[7].

L'action publique urbaine : un cadre de référence multiple pour les interventions culturelles

L'action publique urbaine se caractérise soit par une intervention « réparatrice », soit à travers une logique de projet, soit par des problématiques de gestion urbaine.

L'intervention publique locale se distingue, à un premier niveau, par sa volonté de régénérer des quartiers en déshérence. C'est, par exemple, le cas d'une action initiée sur le Carré de soie, appellation donnée à un territoire qui fut l'un des hauts lieux de la production de soie artificielle dans la région lyonnaise, ou sur le quartier de la Confluence.

Dans la perspective de la régénération urbaine, l'intervention culturelle et artistique correspond à plusieurs objectifs. Elle introduit un changement de regard sur l'environnement en produisant des effets de décalage, de revalorisation d'espaces souvent déqualifiés.

[7] *Ibid.*

Tadashi Kawamata, Plages de Neuville, Rives de Saône, Grand Lyon.
Tadashi Kawamata, "Plages de Neuville", Banks of the River Saône, Grand Lyon.
Raphael Lefeuvre 2011.

Avec un impact participatif, elle opère une stimulation des échanges sociaux et participe à la structuration des identités locales. Dans ce sens, le volet culture de la politique de la ville est particulièrement représentatif, comme celui du Grand projet de ville de la Duchère où s'est développée une réflexion participative sur l'art public qui a abouti à l'installation ou la rénovation de plusieurs œuvres dans le quartier.

Mais ce cadre d'action a également permis l'émergence de très nombreux artistes dans des champs très variés, et pas seulement dans celui du hip hop (exemples de Là Hors De à la Duchère, du Théâtre du Grabuge, de KompleXKapharnaüM, de la Cie Käfig, de l'Ensemble-NOAO devenu IZEM ou encore de la Cie Zéotrope [8]).

De manière contemporaine, ce type d'action peut être illustré par un projet nommé 8e Art.

Lancé en 2007 par Grand Lyon Habitat, ce projet porte sur la mise en valeur artistique du patrimoine qu'a en charge ce bailleur social (4 600 logements) le long des 2 km du boulevard des États-Unis. Une dizaine d'œuvres d'art contemporain vont être installées, en deux phases, le long de cette artère marquée, pour partie, par l'architecture de Tony Garnier, ainsi que des ateliers d'artistes et un lieu dédié à la médiation entre habitants, acteurs locaux et artistes. L'originalité de ce projet réside dans le profil atypique de son commanditaire, un

bailleur social, mais aussi les dispositifs de médiation et «l'attitude d'écoute» mis en place pour porter l'art contemporain au cœur des logements sociaux.

Sous un second angle, les projets urbains font l'objet d'un accompagnement artistique, notamment en termes d'art public mais aussi sur la base d'une imbrication entre une maîtrise d'œuvre classique et des propositions artistiques. Ainsi, la Cité internationale, le projet du Carré de Soie ou encore la Confluence accueillent-ils de nombreuses œuvres, voire des événements artistiques.

Aujourd'hui, le réaménagement des rives de Saône est en cours, après celui des berges du Rhône. Le Grand Lyon accompagne ces aménagements, qui se déploieront à terme sur 50 km de rives, par un parcours d'art public dont la direction artistique a été confiée à Jérôme Sans. En février 2011 ont été présentées les esquisses d'une douzaine d'œuvres, imaginées par des artistes tels que Tadashi Kawamata, Didier Fiuza Faustino, Jean-Michel Othoniel ou Le Gentil Garçon. De ce point de vue, la démarche renouvelle l'approche somme toute assez classique de la présence de l'art public dans les projets urbains car elle associe d'emblée les maîtres d'œuvre et les paysagistes chargés du réaménagement des berges aux artistes et plasticiens invités à créer *in situ*.

Le troisième angle d'analyse concerne la présence artistique dans les territoires de la ville ordinaire. Lyon a été un temps novatrice dans le champ de l'art public, non par le caractère monumental des œuvres disposées dans l'espace public mais par la qualité de ses aménagements urbains et paysagers. Dès le début des années quatre-vingt-dix, des artistes sont associés

[8] Grand Lyon Vision Culture, *L'artiste engagé dans la Politique de la ville : les nouvelles règles du «je»*, document de cadrage pour la 5ᵉ rencontre, avril 2010.

Art has also played a key role in guiding and supporting urban projects, particularly in terms of public art, but also in terms of the way in which standard project management approaches have been interwoven with innovative artistic proposals. In this way, the Cité internationale, Carré de Soie, and Confluence quarters have all become home to numerous creative works and artistic events.

Following the regeneration carried out on the banks of the Rhône, work is already underway on the banks of the Saône. This regeneration project is being carried out under the artistic direction of Jérôme Sans, with the backing of the Grand Lyon authorities and will involve the creation of a public art trail along 50km of the riverbank. In February 2011, the outline designs were unveiled for around a dozen works by artists such as Tadashi Kawamata, Didier Fiuza Faustino, Jean-Michel Othoniel and "Le Gentil Garçon". In this way, the project has reworked the rather standard overall approach to the role of public art in urban projects by creating direct links between the developers and landscapers charged with regenerating the riverbanks and the artists and sculptors invited to create works of art *in situ*.

Another perspective to be considered relates to the presence of art within the environs of an average city. Lyon has long been an innovative voice in the area of public art, not because of the monumental nature of the artworks contained in its public spaces, but because of the quality of its urban developments and landscape design. Since the start of the 1990s, artists have been involved in the creation of car parks, gardens and public squares. The quality of these public spaces has been recognised internationally. This quality-driven approach to public space encompasses squares, the most iconic example of which is the Place des Terreaux redesigned by Daniel Buren, as well as public gardens, landscaped areas and street furniture.

Since the beginning of the 21st century, this ambition to artistically transform the urban space has also been a major influence on the city's event policies, and can be seen in events such as the Festival of Lights, the "Invites de Villeurbanne" festival, "Art sur la Place" and "Veduta".

The remit of these "live" performance events, which have come to dovetail more and more closely with the field of fine arts, is to invest in the public space by creating the potential to transform, entertain, and develop.

This is very much the case for street art, which found its physical base in the "Ateliers Frappaz" workshop. These projects have led to innovations in the way production methods are used, in the way participation and experimentation inform new ways of relating to the public, and in the way this has paved the way for other disciplines to seek out and explore new temporalities, both transitory and virtual.

The recent trend is to move towards a reinvention of the ways in which works are commissioned and produced. In the past, a large number of public artworks were produced thanks to the 1% initiative which provides funding for the creation of large-scale works or the redesign of buildings paid for using public funds. There is now a demand to open up the public art field to allow for different types of artistic involvement and cultivate new relationships with the urban population.

Yet, according a place to art in the urban environment also implies the need to promote the existence of these works and provide information about their creators by means of unique signage, trails and specific events. The "visit cards" designed for the European Heritage Days event in 2010 to narrate contemporary art in the public space (along the left bank of the Rhône and in Villeurbanne) are a good example of this approach. This particular event also saw the City of Lyon launch a new signposted trail entitled "Art and Landscape: Parc de la Cerisaie".

Policies of artistic involvement in the average city also rely on the actual presence of artists in the area. Private initiatives are already being implemented in this area, such as Galerie Roger Tator's Factatory project. This initiative is aimed at redefining an abandoned area of the 7th arrondissement of Lyon by conferring it the status of temporary artists' residence. Inspired by the "Ilot d'Amaranthes" experience, the Galerie Roger Tator aims to revitalise the process of transitory artistic involvement at the heart of an urban interstice. Overall, however, the space available for artists to work in is still insufficient, despite many areas of potential (abandoned land). For creators, and fine artists, in particular, the shortage of workshops is a major issue. The critical watershed for these artists is the point at which they start on their first project, and require a space in which to showcase their creations at both a local and national, and even international level[9].

The creation of living spaces is another core concern for the Grand Lyon authorities insofar as their stated policy is to welcome the artistic community and provide it with the best possible conditions in which

[9] Lyon 2020, Synthèse du groupe de travail sur la scène artistique de la métropole lyonnaise, février 2007 ; Lyon 2020, Danse, arts vivants, l'artiste et la cité, l'artiste dans la cité, synthèse du débat prospectif du 9 février 2006, Agence d'Urbanisme de Lyon, Grand Lyon.

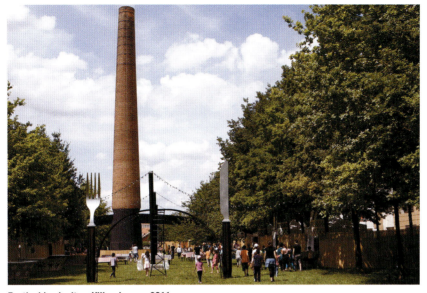

Festival les Invites, Villeurbanne, 2011.
"Invites de Villeurbanne" festival, 2011.
Benoit / Atelier Frappaz.

à la réalisation des parcs de stationnement, jardins ou places publiques. Cette qualité des espaces publics jouit d'une renommée internationale. Ce traitement très qualitatif des lieux publics concerne les places, dont la plus emblématique est la place des Terreaux réaménagée par Daniel Buren, les jardins publics, les espaces paysagers, le mobilier urbain.

Depuis les années deux mille, la politique événementielle de l'agglomération porte également cette ambition de transformation artistique de l'espace urbain, avec la fête des Lumières, Les Invites de Villeurbanne ou encore l'Art sur la place puis Veduta.

Offrir des possibilités de transformation, d'animation, d'évolution, c'est justement le propos des spectacles dits « vivants » qui se frottent de plus en plus aux arts plastiques — et vice versa - pour investir l'espace public.

C'est le cas des arts de la rue qui bénéficient, dans l'agglomération, d'un lieu de fabrication : Les Ateliers Frappaz. Ces projets inventent de nouveaux modes de production, initient d'autres modes de relation aux publics, plus participatives ou expérimentales, s'ouvrent à d'autres disciplines pour explorer d'autres temporalités, éphémères, voire virtuelles.

Les orientations récentes concernent une réinvention des formes de la commande et de la production d'œuvre. En effet, beaucoup d'œuvres d'art public ont été réalisées grâce au dispositif du 1 % qui permet le financement d'une œuvre monumentale ou de décoration destinée à un bâtiment construit sur les deniers publics. Les nouvelles exigences sont d'ouvrir le champ de l'art public pour permettre la coexistence de différentes formes d'interventions artistiques et de relation aux publics dans la ville.

Mais donner une place à l'art dans la ville, c'est aussi informer de l'existence des œuvres et de leur auteur, en concevant une signalétique originale ou en pensant des parcours ou des événements spécifiques. L'exemple des

to thrive. The ability to accommodate the creative community requires the fostering of an overall environment which favours the presence of artists in the local area. Such an environment would need to include resources for communication and exchange, resources for supporting and encouraging school-leavers to enter the arts, and the promotion of the region's schools at an international level, the creation of work and leisure amenities, assistance in the production and management of artistic projects, not to mention effective use of the various existing resources for regional dissemination in order to improve mobility within artistic circles[10].

These policies, once put into practice, are based on the development of creative clusters, which in turn gives rise to the establishment of creative districts or quarters. Lyon has invested in the idea that the cross-overs taking place between sectors such as videogaming, design, textiles, clothing, music, and furniture design will create innovation and competition amongst the companies in these sectors, thus improving the overall performance of the region.

So far, this approach has made Lyon the European capital of the moving image and videogaming industry[11].

The policies emerging on the back of this achievement are focused on breaking down the boundaries between sectors and on promoting synergies and collaboration between the various players, all with the aim of fostering a creative community, capable of innovating, anticipating future demand and, above all, helping the economy to flourish as a whole. The latter issue is particularly true of certain sectors, such as design, multimedia communications, advertising, *serious games*, and technical textiles [12].

City authorities have therefore adopted an innovative public policy aimed at supporting creative industries through the establishment of business clusters in the areas of fashion, videogaming and the moving image.

Professionals in the industry are actively encouraged to organise themselves into clusters (Game connection, Lyon Vision Mode, the vintage clothing market, Imaginove; a cluster officially dedicated to the moving image industry since 2005, Cartoon Movie; a forum dedicated to feature-length animations, and Pixel; which has been providing set infrastructure since 2009)[13].

---

[10] Lyon 2020, Synthèse du groupe de travail sur la scène artistique de la métropole lyonnaise, février 2007.

[11] Lyon 2020, Cinéma, nouvelles images et création numérique : Lyon, métropole créative ? Débat prospectif, 6 juillet 2006.

Lyon Confluence.
Confluence quarter, Lyon.
Stéphane Autran.

« fiches de visite » sur l'art contemporain dans les espaces publics — sur la rive gauche des berges du Rhône et à Villeurbanne — conçues pour les Journées Européennes du Patrimoine de 2010 est pertinent à cet égard. C'est d'ailleurs à l'occasion de ce même événement que la Ville de Lyon a inauguré un parcours commenté intitulé « Art et Paysage : le parc de la Cerisaie ».

Une politique d'intervention artistique dans la ville ordinaire repose également sur la dimension d'une présence d'artistes sur les territoires. Des initiatives privées existent dans ce sens telles que celles de la galerie Roger Tator qui travaille au projet Factatory qui consiste à requalifier un espace en friches dans le 7e arrondissement de Lyon en lui conférant temporairement le statut de résidence d'ateliers d'artistes. À l'instar de « L'Ilot d'Amaranthes », la galerie Roger Tator souhaite ainsi renouveler l'expérience de l'intervention artistique éphémère au sein d'un interstice urbain. Mais, globalement, les lieux de travail pour les artistes sont insuffisants sur l'agglomération malgré des potentialités importantes (friches). Or pour les artistes, plasticiens en particulier, le manque d'ateliers est problématique. Le moment critique est la mise en œuvre du premier projet et la possibilité de montrer leurs créations à la fois sur le territoire de l'agglomération et au niveau national, voire international [9].

Le développement d'espaces de résidence constitue un enjeu pour le Grand Lyon, dans la mesure où les politiques affirmées sont d'accueillir la scène artistique contemporaine et de lui offrir les meilleures conditions de développement. Accueillir la création appelle la mise en œuvre d'un environnement global favorisant la présence d'artistes sur le territoire : outils de communication et d'échanges, outils de suivi et d'incitation des élèves sortant des écoles, positionnement des écoles sur un rang international, facilités de travail et de vie sur le territoire, conseil à la production et la gestion des projets artistiques, capacité à utiliser au mieux les multiples ressources existantes en matière de diffusion sur le territoire pour une meilleure mobilité des artistes [10].

Enfin, et sur le plan de la créativité, les politiques mises en place se fondent sur le développement de filières qui se traduisent également de manière territoriale en districts créatifs ou en clusters. Lyon fait le pari que le croisement de domaines d'activité tels que le jeu vidéo, le design, le textile, l'habillement, la musique ou l'ameublement, sera source d'innovation et de

[9] Lyon 2020, Synthèse du groupe de travail sur la scène artistique de la métropole lyonnaise, février 2007 ; Lyon 2020, Danse, arts vivants, l'artiste et la cité, l'artiste dans la cité, synthèse du débat prospectif du 9 février 2006, Agence d'Urbanisme de Lyon, Grand Lyon.
[10] Lyon 2020, Synthèse du groupe de travail sur la scène artistique de la métropole lyonnaise, février 2007.

Conclusion

The "Grand Lyon Vision Culture" initiative has provided a wide-ranging overview of the challenges facing the cultural and creative sectors. This summary contains the main points emerging from this overview.

Three major questions have arisen as a result, all with implications in terms of potential changes to public policy.

Lyon already has a wide variety of cultural institutions. What is the best approach to creating better links between culture and urban development, economy and society, the institution and the social environment of the institution, and art and public space, in the broadest possible sense?

How can we best experiment with new relationships between institutions and those initiatives driven by society?

What is the best way of enriching this "savoir-vivre" culture[14]?

There remains a lot yet to be discussed, particularly the overall lack of authoritative analysis on the subject.

From the point of view of urban regeneration, do the actions of a collective of artists have a real effect on an urban development project? And if so, is the urban space visibly and materially transformed by such actions[15]? How do the actions of the "laypeople" that make up the artistic community influence the role played by professionals in urban projects? Can the work carried out by collectives facilitate processes of urban regeneration, particularly in terms of dialogue with residents? Or does this work actually have the potential to inhibit the development of such sites?

In terms of event policies, how do events contribute to the composition of an area?

Coming from a project-based approach, what sort of relationship can developers establish with artists, without creating a situation of exploitation? Given the benefits of integrating an artistic dimension into the final result, is there value in integrating an artistic approach into the project development process itself[16]?

In terms of the way in which the city influences aesthetic forms, should our focus be on the creation of relationships rather than objects? The ways in which many of these objects are produced (participation, collaboration, contribution and first-hand reports), a process whereby links are created between residents and artists, mark a significant shift from the normal approach to creating works. However, this approach does raise a number of challenges: How should we approach existing relationships, and can these relationships be translated into aesthetic terms[17]?

And finally, what types of supports can be given to these artists in financial terms? (support funds, international trade fairs, establishment of production offices, renovated buildings and business incubators, rehearsal spaces, storage spaces and exhibition spaces, involvement of businesses from outside the cultural sector in those areas which relate to their business[18])

---

[12] Les industries créatives dans l'agglomération lyonnaise, Opale, Agence d'Urbanisme de Lyon, novembre 2011.
[13] Grand Lyon Vision Culture, *Synergie, art et économie : la martingale de la créativité*, document de cadrage pour la 6ᵉ rencontre, juillet 2010.
[14] Grand Lyon Vision Culture, *Quelles perspectives ?*, juin 2011.
[15] Programme interministériel de recherche "Cultures, villes et dynamiques sociales", programme de recherches territorialisées Rhône-Alpes, "Le Grand Projet de Ville de La Duchère", rapport final, 2009.
[16] Grand Lyon Vision Culture, *Quelles perspectives ?*, juin 2011.
[17] Grand Lyon Vision Culture, *L'artiste engagé dans la Politique de la ville : les nouvelles règles du "je"*, document de cadrage pour la 5ᵉ rencontre, avril 2010.
[18] Lyon 2020, Cinéma, nouvelles images et création numérique : Lyon, métropole créative ? Débat prospectif, 6 juillet 2006.

Projet Mazagran, clôture de la première phase de concertation, par Kaleido'Scop.
Mazagran project's, ending of the first phase of dialogue, Kaleido'Scop.

compétitivité pour les entreprises qui les composent et renforcera globalement la performance du territoire.

Ainsi, Lyon est aujourd'hui la capitale européenne de l'image et de l'industrie du jeu vidéo [11].

Les politiques qui en découlent reposent sur l'enjeu de rendre les frontières sectorielles poreuses et de favoriser les synergies et collaborations entre les acteurs, afin de créer une communauté créative, susceptible d'innover, d'anticiper les nouveaux usages de demain et au-delà, d'irriguer l'ensemble de l'économie. Ce dernier enjeu est notamment vrai pour des secteurs comme le design, la communication multimédia et la publicité, les *serious games*, le textile technique [12].

Ainsi, le Grand Lyon a conduit une politique publique originale de soutien aux industries créatives, en cherchant à organiser les filières d'entreprises de la mode, du jeu vidéo et de l'image : volonté d'aider les professionnels à se structurer en filière (Game connection ; Lyon Vision Mode ; marché de la mode vintage ; Imaginove pôle de compétitivité dédié aux industries culturelles de l'image et labellisé en

[11] Lyon 2020, Cinéma, nouvelles images et création numérique : Lyon, métropole créative ? Débat prospectif, 6 juillet 2006.
[12] Les industries créatives dans l'agglomération lyonnaise, Opale, Agence d'Urbanisme de Lyon, novembre 2011.
[13] Grand Lyon Vision Culture, *Synergie, art et économie : la martingale de la créativité*, document de cadrage pour la 6e rencontre, juillet 2010.

L'îlot d'Amaranthes, Lyon, Jacques Léone.
Îlot d'Amaranthes, Lyon, Jacques Léone.

2005 ; Cartoon Movie, forum dédié aux longs métrages d'animation ; Pixel, qui propose depuis 2009 des plateaux de cinéma [13]).

Conclusion

La démarche Grand Lyon Vision Culture a permis de faire un vaste tour d'horizon de la question culturelle et créative et cette synthèse en est largement issue.

Trois grandes questions en résultent, avec leur implication en termes d'inflexion potentielle des politiques publiques. Si Lyon est bien dotée en institutions culturelles, comment mieux connecter la culture et l'urbain, l'économie et la société, l'institution et l'environnement social de l'institution, l'art et l'espace public, dans une large acception ? Comment expérimenter de nouvelles relations entre les institutions et les initiatives portées par la société ? Comment enrichir une culture du « savoir-vivre », une culture civique [14] ?

En outre, de nombreux éléments restent en débat, notamment du fait d'un manque global d'évaluation sur le sujet.

Du point de vue du renouvellement urbain, l'action d'un collectif d'artistes a-t-elle un quelconque effet sur un projet de renouvellement urbain et y a-t-il, par cette action, des effets visibles et matériels de transformation de l'espace urbain [15] ? Comment se renouvellent les représentations des professionnels du projet urbain à partir de l'action d'acteurs « profanes » que sont les artistes ? Le travail réalisé par un collectif peut-il faciliter des processus de renouvellement urbain, notamment en ce qui concerne la concertation avec les habitants ? Ou encore, ce travail est-il susceptible de contraindre les processus d'intervention sur les sites concernés ?

Du point de vue de l'événementiel, comment l'événement peut-il parvenir à la constitution d'un territoire ?

Dans la logique du projet, quelles relations les maîtrises d'ouvrage urbaines peuvent-elles construire avec les artistes, au risque de l'instrumentalisation ? S'il est intéressant d'intégrer le paramètre artistique à l'aménagement final, comment intégrer une stratégie artistique au processus de projet lui-même [16].

Du point de vue de l'impact de la ville sur les formes esthétiques, s'agit-il aujourd'hui de produire des relations plus que des objets ? À cet égard, le mode de production (participation, collaboration, contribution, recueil de paroles) de beaucoup de ces objets, qui associe habitants et artistes, introduit un changement important par rapport à la manière dont est ordinairement réalisée une œuvre. Cette posture pose de nombreux problèmes : que penser ou dire des relations créées et peut-on « esthétiser » ces relations [17] ?

Enfin, comment accompagner économiquement les artistes (fonds de soutien, foires internationales, création de bureaux de production, friches et pépinières, lieux de répétition, de stockage, d'exposition, implication des entreprises extérieures à la sphère culturelle dans les champs qui les concernent [18] ?

[14] Grand Lyon Vision Culture, *Quelles perspectives ?*, juin 2011.
[15] Programme interministériel de recherche « Cultures, villes et dynamiques sociales », programme de recherches territorialisées Rhône-Alpes, « Le Grand Projet de Ville de La Duchère », rapport final, 2009.
[16] Grand Lyon Vision Culture, *Quelles perspectives ?*, juin 2011.
[17] Grand Lyon Vision Culture, *L'artiste engagé dans la Politique de la ville : les nouvelles règles du « je »*, document de cadrage pour la 5e rencontre, avril 2010.
[18] Lyon 2020, Cinéma, nouvelles images et création numérique : Lyon, métropole créative ? Débat prospectif, 6 juillet 2006.

DAVID ROSS

LE QUARTIER DES SPECTACLES DE MONTRÉAL

Le Quartier des spectacles correspond à un secteur de près de 1 km² situé dans le centre ville de Montréal, immédiatement à l'est du centre des affaires. Depuis plus de cent ans, ce quartier vibre au rythme des manifestations artistiques. Toutefois, cette vitalité a grandement souffert des opérations de rénovation urbaine de la seconde moitié du XXᵉ siècle. Les nombreux terrains vacants et les complexes immobiliers de grandes dimensions et au caractère introverti marquaient le paysage et influençaient négativement l'image du secteur.

Le dynamisme artistique et culturel continuait néanmoins à se manifester : des festivals de renommée internationale s'y déroulaient, les nombreuses salles de spectacles attiraient un public varié et les galeries d'art contemporain offraient une vitrine aux artistes émergents. Plus de quatre cent cinquante entreprises culturelles œuvraient dans ce quartier.

Ce portrait masque toutefois la fragilité et la précarité auxquelles faisait face ce milieu à l'aube du XXIᵉ siècle. La concurrence des salles modernes des banlieues était rude [1]. La vitalité du marché immobilier entraînait la disparition des terrains vacants sur lesquels les grands festivals, comme le Festival international de jazz de Montréal ou les FrancoFolies, s'installaient habituellement.

Genèse du projet

Mobilisation des créateurs et élaboration d'une vision

L'Association québécoise de l'industrie du disque, du spectacle et de la vidéo (Adisq) a été la première à proposer la création d'un « Quartier des spectacles », en 2001. L'idée s'est avérée populaire lors du Sommet de Montréal, une grande réflexion sur l'avenir de Montréal qui s'est tenue en 2002. Elle s'accordait avec la volonté de la Ville de Montréal de favoriser la consolidation des activités culturelles dans ce secteur.

Dès 2003, le Partenariat du Quartier des spectacles (Partenariat), un Organisme à but non lucratif (OBNL), a été créé afin de développer une vision commune à l'ensemble des parties prenantes (artistes, organismes culturels, associations commerciales, grands propriétaires immobiliers, gouvernements, etc.) résumée en ces quelques mots : « Vivre, créer et divertir au centre ville ». C'était la première étape de la transformation du secteur en un authentique « Quartier des spectacles ».

Cette vision, bien que centrée sur la mise en valeur de l'activité culturelle, ne se limitait pas à cela. Elle entrevoyait une transformation du cadre bâti, le réaménagement du domaine public et l'arrivée de nouveaux résidents. Elle en appelait à une révision du cadre financier et fiscal auquel les créateurs sont soumis.

De la vision à l'action

La mise en œuvre d'une telle vision va toutefois au-delà des moyens à la disposition des créateurs. Les gouvernements, particulièrement le gouvernement du Québec et la Ville de Montréal, ont repris cette vision afin de la concrétiser. Avec et pour les créateurs, ils ont lancé plusieurs actions majeures.

D'abord, la Ville de Montréal a conçu, puis mis en œuvre, un Programme particulier d'urbanisme [2] avec l'aide de l'organisme Quartier international de Montréal (QIM). Ce programme prévoit un réaménagement complet du domaine public dans le secteur de la Place des Arts (environ le tiers de la superficie du Quartier des spectacles.) La Ville et les gouvernements du Québec et du Canada ont alloué 147 millions de dollars à la réalisation de ce projet en quatre ans. La Ville a ajusté le budget dédié à l'entretien de ces nouveaux aménagements afin d'en assurer la pérennité.

Le Partenariat a préparé un plan de mise en lumière des lieux culturels existants. Cette action vise à accroître la visibilité de ces lieux souvent méconnus du public, grâce à une signature lumineuse commune et à un éclairage architectural et scénographique.

Parallèlement, la Ville et le gouvernement du Québec favorisent l'accès à la propriété pour les organismes

[1] Les banlieues nord-américaines, prolongement du tissu urbain des centres, présentent des milieux de vie convoités par la population.
[2] Le Programme particulier d'urbanisme (PPU) est un outil règlementaire qui permet de préciser les modalités d'aménagement, en sus de celles prévues au plan d'urbanisme, pour un secteur défini du territoire d'une municipalité.

DAVID ROSS

THE QUARTIER DES SPECTACLES IN MONTREAL

Genesis of the project
The Quartier des Spectacles is a sector covering nearly one square kilometre in the centre of Montreal, just east of the central business district. For over one-hundred years this district was brought to life by the rhythm of its artistic events. However, urban redevelopment operations in the second half of the 20th century had a detrimental effect on this vitality. Many empty lots and large-scale, inward-facing real estate complexes dominated the landscape and gave the area a negative image. Yet the artistic and cultural dynamism of the area remained strong, with festivals of international renown, numerous theatres to attract a wide-range of audiences and contemporary art galleries to provide a showcase for emerging artists. Over four hundred and fifty cultural businesses operated in the district.
However, this portrait conceals the fragility and instability of this cultural scene at the beginning of the 21st century. Competition with modern movie theatres in the suburbs was tough[1] and the thriving real-estate market gobbled up the remaining vacant lots where important festivals like Montreal's International Jazz Festival and the FrancoFolies were usually held.

Mobilising creators and designing a vision
The Association Québécoise de l'Industrie du Disque, du Spectacle et de la Vidéo (ADISQ) was the first organisation to suggest creating a q*uartier des spectacles* (arts district) in 2001. The idea revealed itself to be very popular at the Montreal Summit (a conference on the future of Montreal in 2002). This corresponded with the Ville de Montréal's desire to encourage the consolidation of cultural activities in the sector.
In 2003, the Quartier des Spectacles Partnership, a non-profit organisation (NPO), was created so that all of the stakeholders (artists, cultural organisations, commercial associations, major real-estate owners, governments, etc.) could collaborate and create a development vision that is resumed in the following words: «life, art and entertainment in the city centre». This was the first stage in transforming the sector into an authentic arts district.
This vision focuses on promoting cultural activities, but there is more to it than that. It also foresees the renovation of the built environment, redevelopment of the public realm, arrival of new residents and calls for a review of the financial and fiscal framework for creators.

From vision to action
However, implementing this kind of vision requires more than just making resources available to creators. Governments — particularly the government of Quebec and the Ville de Montréal — have looked back to this vision in efforts to make it become a concrete reality. Working with and for creators they have launched several major actions.
To begin, the Ville de Montréal designed and implemented a special planning programme, a *programme particulier d'urbanisme (PPU)*[2], with help from the Quartier International de Montreal organisation (QIM). This programme aims to completely redevelop public space in the Place des Arts sector (approximately a third of the Quartier des Spectacles area). The Ville de Montréal and the governments of Quebec and Canada allocated one-hundred and forty-seven

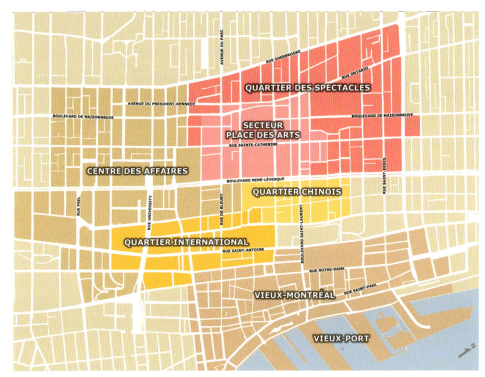

Localisation du Quartier des spectacles et du secteur de la Place des Arts, Montréal.
Location of the Quartier des Spectacles and the area surrounding the Place des Arts, Montreal.
Ville de Montréal, David Ross.

à vocation culturelle, et ce, de manière à les soustraire aux effets négatifs de la gentrification et de la spéculation immobilière. Ils s'assurent également d'ajuster la valeur des subventions accordées à ces organismes afin que leurs budgets d'exploitation couvrent les dépenses additionnelles liées à l'accès à la propriété. Ces gestes des gouvernements s'inscrivent dans une dynamique interventionniste propre au milieu culturel québécois. Celui-ci bénéficie en effet d'importantes subventions destinées à assurer sa vitalité dans un marché de taille restreinte.

Enfin, la Ville accompagne dans leurs démarches des organismes à vocation culturelle d'autres villes ou d'autres secteurs de Montréal qui souhaitent s'implanter dans le Quartier des spectacles.

Montréal ville Unesco de design

Les créateurs sont au cœur des démarches de planification, de conception et d'appropriation du Quartier des spectacles. Leur adhésion et leur participation à ce projet sont déterminantes quant à son succès. Cela l'est d'autant plus que la mise en œuvre de la vision élaborée par le Partenariat s'inscrit dans une démarche entreprise par la Ville de Montréal qui vise à croître et à se transformer grâce à sa créativité en design. Ce potentiel et cette volonté ont permis de désigner Montréal ville Unesco de design.

Cette désignation, en plus d'entraîner une obligation morale de résultat, amène la Ville de Montréal à interpréter de manière large et inclusive la

million dollars to complete this project over a four-year period. The Ville de Montréal also adjusted the maintenance budget for the new development to ensure its longevity.

The Partnership also prepared a plan to highlight the area's existing cultural assets. This action aims to increase the visibility of these places, which are often little known to the public, by way of a common lighting signature and architectural and stage lighting.

In parallel, the Ville de Montréal and the government of Quebec are encouraging cultural organisations to become property owners in order to restrict the negative impacts of gentrification and real-estate speculation in the area. They have made sure that the value of subsidies to these organisations is adjusted so that their operational budgets can cover the additional costs of property ownership. Government subsidies are part of an interventionist approach that is a distinctive feature of the cultural sphere in Quebec which benefits from generous subsidies to preserve its vitality within a very restricted market.

The Ville de Montréal also provides guidance and support to cultural organisations in other cities or sectors of Montreal that wish to set up in the Quartier des Spectacles.

Montreal Unesco City of Design

Creators are at the heart of planning, design and assimilation processes in the Quartier des Spectacles. Their support and participation in the project are a decisive factor for its success. This is reinforced by the fact that the Partnership vision is part of the Ville de Montréal's approach to grow and develop the city through creativity in design. This potential and political desire has enabled Montreal to become a Unesco city of design.

This designation not only creates a moral obligation for success, but it incites the Ville de Montréal to interpret the notion of "creator" in a broader and more inclusive sense. It refers to creation as painting, theatre and music, but also architecture, urban design, industrial design, digital arts and gastronomy. The word "creator" is applied to artists, but also those who work with artists and permit creative production, for instance event organisers, theatre managers and cultural organisations.

Issues and objectives

Adopting the "vision of the future" for the Quartier des Spectacle based on a consensus of stakeholders was a promising start. It encouraged stakeholders with very different interests to come together in order to achieve a common goal. Nonetheless, when the PPU was drawn up in 2007 the Place des Arts had a motley, unstructured appearance and hundreds of people lived there. Shops, offices and theatres were scattered about the entire area. Several community groups were working to in the area to help the most vulnerable population groups while major arts festivals took it over every summer. Integration and cohabitation problems were ever-present.

Partnering

QIM, responsible for the design of the PPU, were faced with a high risk of conflict between the different stakeholders. To elicit their support for the PPU and the subsequent redevelopment project in the Place des Arts sector, it was crucial that stakeholders were involved in the project as early as possible.

In April 2007, QIM decided to organise a partnering session (conflict prevention method) in order to accomplish this, during which the representatives of the principle stakeholders, including creators, would be brought together to share information, discuss issues and establish common goals. Nine topics were discussed:
— planning
— identification of the preferred type of development
— culture as a function and environment
— the cohabitation of functions (occupants and neighbourhood life)
— an urban vision: through which the Quartier des Spectacles can become a central city destination
— the design, identity and image of the district
— infrastructure and public services
— sustainable development

At the end of the two-day partnering session the participants chose to unite and work together to help design a strong project.

[1] The north-American suburbs, an extension of the city centre's urban tissue, are highly prized as residential areas.
[2] The *PPU* (special planning programme) is a regulatory tool that allows the municipality to determine which modes of development to use for a specific sector in a municipal territory, in addition to those established in the land-use plan.

notion de créateur. On évoque la création en peinture, en théâtre et en musique, mais aussi en architecture, en urbanisme, en design industriel, en arts numériques et en gastronomie. Le mot « créateur » s'applique aux artistes, mais aussi à ceux de leur entourage qui permettent la création, comme les organisateurs d'événements et les dirigeants de salles ou d'organismes à vocation culturelle.

Enjeux et objectifs

L'adoption d'une vision de l'avenir du Quartier des spectacles faisant consensus auprès des parties prenantes était de bon augure. Elle favorisait le regroupement d'intervenants aux intérêts souvent divergents autour d'un but commun.

Cela dit, en 2007, au moment de l'élaboration du PPU, le secteur de la Place des Arts présentait un caractère hétéroclite et déstructuré. Des centaines de personnes y résidaient. Les commerces, les bureaux et les lieux de représentation étaient disséminés sur l'ensemble du territoire. Plusieurs organismes communautaires venant en aide aux groupes les plus vulnérables de la population y œuvraient. Enfin, les principaux festivals investissaient les lieux tous les étés. Les enjeux d'intégration et de cohabitation étaient omniprésents.

Partnering

QIM, responsable de l'élaboration du PPU, faisait face à un risque élevé de conflits entre les différentes parties prenantes. Pour susciter leur adhésion au PPU et au projet de réaménagement du secteur de la Place des Arts qui en découle, il était primordial de les impliquer le plus tôt possible.

QIM a choisi à cette fin de tenir, en avril 2007, une séance de *partnering* (technique de prévention des conflits) pendant laquelle les dirigeants des principales parties prenantes, dont les créateurs, se sont réunis afin de partager de l'information, de discuter des enjeux et d'établir des objectifs communs. Neuf thèmes ont été discutés :

— l'aménagement ;
— l'identification du type de développement à privilégier ;
— la culture en tant que fonction et environnement ;
— la cohabitation des fonctions (occupants et vie de quartier) ;
— la vision urbaine, à travers laquelle le Quartier des spectacles devient une destination au centre ville ;

Plan des aménagements proposés dans le secteur de la Place des Arts du Quartier des spectacles.
Proposed development plan for the area surrounding the Place des Arts and the Quartier des Spectacles.
Crédits : Ville de Montréal, Daoust Lestage Inc.

— le design, l'image et l'identité du quartier ;
— les infrastructures et les services publics ;
— le développement durable.

À la fin de ces deux jours de *partnering*, les participants ont choisi d'être solidaires et de travailler ensemble afin de favoriser la conception d'un projet fort.

Objectifs

Les architectes et les urbanistes appelés à préparer le PPU assistèrent à la séance de *partnering*. À partir des informations colligées à cette occasion, ils préparèrent la version préliminaire du PPU qui fut présentée lors d'un grand événement culturel : Rendez-vous novembre 2007 — Montréal métropole culturelle. L'enthousiasme fut général. Les gouvernements fédéral et provincial et la Ville de Montréal s'engagèrent alors financièrement dans le projet. Les travaux débutèrent en janvier 2008, soit quelques semaines avant l'adoption officielle du PPU.

Le PPU Quartier des spectacles — Secteur Place des Arts repose sur trois orientations, déclinées en plusieurs objectifs :

— soutenir et exprimer les vocations culturelles propres au quartier et en faire une destination de classe internationale (assurer l'ancrage des festivals dans des lieux publics de qualité, maintenir et développer les fonctions culturelles par des projets immobiliers mixtes, développer une signalétique propre au quartier ;

— faire du quartier un milieu de vie convivial, équilibré et attrayant (favoriser la consolidation commerciale, rechercher l'équilibre des fonctions et occupations pour une meilleure qualité de vie, favoriser l'accessibilité du quartier, rechercher une grande qualité d'aménagement, d'architecture et de design ;

21 balançoires, Mouna Andraos et Melissa Mongiat, Montréal, 2011.
"21 balançoires", Mouna Andras and Melissa Mongiat, Montreal, 2011.
Photographie : Martine Doyon.

— miser sur le développement durable (lutter contre les îlots de chaleurs urbains, favoriser l'utilisation du transport collectif et actif).

Ces objectifs sont en tout point compatibles avec la vision développée par le Partenariat en 2003.

Réaménagement du secteur de la Place des Arts du Quartier des spectacles

Le réaménagement du secteur de la Place des Arts, dans le Quartier des spectacles, constitue l'intervention la plus visible de toutes celles prévues pour concrétiser la vision et le PPU. La Ville de Montréal réaménage l'ensemble du domaine public autour de la Place des Arts en quatre phases (une par an), selon un concept élaboré par l'agence Daoust Lestage et à l'aide du budget global de cent quarante-sept millions de dollars.

Cela permet la création de quatre nouvelles places publiques au cœur du centre ville : la place des Festivals (6 150 m^2), la promenade des Artistes (3 200 m^2), le Parterre (3 450 m^2) et l'esplanade Clark (5 775 m^2). En outre, la rue Sainte-Catherine, principal axe commercial du centre ville, est réaménagée sur le modèle d'une place publique (10 400 m^2). Ce concept d'aménagement est le fruit d'un intense effort de création artistique où le domaine public est conçu comme un lieu de représentation, à l'image d'un théâtre ou d'une salle de spectacle. Chacune des caractéristiques, qu'il s'agisse de la forme, de la matérialité et de la fonction du mobilier urbain ou de la position et de l'essence des arbres, témoigne de la volonté de consolider et de pérenniser les activités culturelles dans le Quartier des spectacles, mais aussi de favoriser une cohabitation harmonieuse entre résidents, travailleurs et créateurs. La conception de chaque nouvelle

Objectives

The architects and urban planners who prepared the PPU were present during the partnering session. Using information gathered on this occasion, they prepared a preliminary draft for the PPU which was presented during an important cultural event: *Rendez-vous novembre 2007 — Montréal métropole culturelle*. It was received with widespread enthusiasm. The federal and provincial governments and Ville de Montréal made a commitment to finance the project. Construction began in January 2008, just a few weeks after the PPU was officially adopted.

The PPU Quartier des Spectacles — Place des Arts Sector is based on three planning approaches, broken down into several objectives:
— To support and express the district's unique cultural functions and make it a world-class destination
anchor festivals in the area through high-quality public facilities
retain and develop cultural functions through mixed real-estate projects
develop a distinctive signature for the district
— To make the district warm, welcoming and eye-catching
help strengthen businesses
seek a balance between functions and occupations for better quality of life
make the district more accessible
strive for exceptional quality in development, architecture and urban design
— To encourage sustainable development
fight against urban heat islands
encourage the use of public transport and active transport.

These objectives are all fully compatible with the vision established by the Partnership in 2003.

Redevelopment of the Place des Arts sector in Quartier des Spectacles

The redevelopment of the Place des Arts sector in Quartier des Spectacles is the most visible operation that will give concrete expression to the PPU vision. The Ville de Montréal will redevelop all of the public space around Place des Arts in four phases (one a year) based on a concept elaborated by the Daoust Lestage firm, on an overall budget of one-hundred and forty-seven million dollars. This will permit the creation of four new public squares in the heart of the central city: Place des Festivals (6,150 sq. m.), Promenade des Artistes (3,200 sq. m.), the Parterre (3,450 sq. m.) and Esplanade Clark (5,775 sq. m.). In addition, Rue Sainte-Catherine, the main commercial trunk road in the city centre will be redeveloped based on a public square model (10,400 sq. m.).

This development concept is the outcome of an in-depth creative study that imagines the public realm to be a stage set, like a theatre or playhouse. Each feature — whether it is the shape, material qualities, function of street furniture or position of trees and plant species chosen — bears witness to the desire to reinforce cultural activities in the Quartier des Spectacles and ensure their ongoing presence in the area; but also to encourage the harmonious cohabitation of residents, workers and creators. The design for each new square and the design of urban street furniture and special equipment will allow both outdoor cultural activities to be held as efficiently as possible and the district's residents and other city residents to make these places their own — at any time of year. This is a real case of work by creators used to the benefit of other creators.

Creators at the heart of the planning and design process

The revitalisation of Quartier des Spectacles could not have been achieved without the active participation of creators. Firstly, the idea was theirs; and secondly, they form part of the identity of this sector. They have lived in the area and brought it to life during its hour of glory as well as its darker days. Consequently, it is crucial that they are at the heart of the district's planning, design and development process. The Ville de Montréal has made sure that the Quartier des Spectacles is designed for them and with their participation. Establishing the Partnership and developing a "partnership vision" was the first action to achieve this. Involving creators in the design of public places was the second gesture. Including creators at every level of governance in the Place des Arts development project is the third.

place et le design du mobilier urbain et des équipements spécialisés permettent à la fois aux activités culturelles extérieures de se dérouler avec une efficacité accrue et aux résidents du Quartier et du reste de la ville de se réapproprier les lieux, et ce, en toutes saisons.

Il s'agit véritablement de l'œuvre de créateurs au bénéfice d'autres créateurs.

Les créateurs au cœur de la démarche de planification et de conception

La revitalisation du Quartier des spectacles ne saurait être faite sans une participation active des créateurs. D'une part, l'idée leur revient, d'autre part, ils font partie de l'identité de ce secteur qu'ils ont animé et habité pendant ses heures de gloire et ses périodes les plus sombres. C'est pourquoi il est essentiel qu'ils soient au cœur de la démarche de planification, de conception et de transformation du Quartier.

La Ville de Montréal s'assure donc que le Quartier des spectacles est conçu pour et avec eux. La constitution du Partenariat et l'élaboration de la vision par ce dernier constituent le premier acte en ce sens. La participation des créateurs à la conception des lieux publics fut le deuxième geste. L'inclusion des créateurs à tous les échelons de la structure de gouvernance du projet d'aménagement du secteur de la Place des Arts est le troisième.

Gouvernance

La Ville de Montréal est seule responsable du projet d'aménagement du secteur de la Place des Arts, bien que les gouvernements du Québec et du Canada contribuent au budget. Néanmoins, un projet d'une telle ampleur ne peut se réaliser sans la participation de multiples parties prenantes.

Une structure de gouvernance propre à ce projet a été établie et permet la circulation de l'information, la validation des concepts et la résolution de problèmes. Elle est particulièrement utile pour favoriser l'adhésion au projet et la recherche de consensus à tous les niveaux, grâce à ses comités de direction, de coordination stratégique et sectorielle (aménagement, communication, opération, etc.)

Plan d'aménagement de la place des Festivals et de la rue Jeanne-Mance.
Development plan for the Place des Festivals and Rue Jeanne-Mance.
Ville de Montréal, Daoust Lestage Inc.

Travaux d'aménagement de la rue Jeanne-Mance et de la place des Festivals, octobre 2008.
Development works on Rue Jeanne-Mance and the Place des Festivals, October 2008.
Ville de Montréal, David Ross.

Place des Festivals et Maison du Festival, septembre 2010.
The Place des Festivals and Maison du Festival, September 2010.
Ville de Montréal, Stéphan Poulin Photographe.

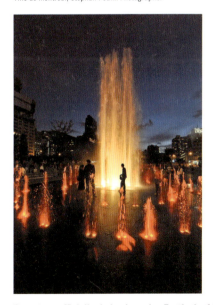 

Ouverture officielle de la place des Festivals, 14 juin 2009.
Official opening of the Place des Festivals, 14 June 2009.
Ville de Montréal, Martin Viau.

Perspective des aménagements proposés pour la rue Sainte-Catherine.
Proposed development for Rue Sainte-Catherine.
Ville de Montréal, Daoust Lestage Inc.

Chantier d'aménagement de la rue Sainte-Catherine, mai 2011.
Development works on Rue Sainte-Catherine, May 2011.
Ville de Montréal, Stéphan Poulin Photographe.

Potelet amovible et son pavé-ancrage.
Movable bollard and pavement anchor.
Ville de Montréal, Daoust Lestage Inc.

Lampadaire conçu pour le Quartier des spectacles.
Lamppost designed for the Quartier des Spectacles.
Ville de Montréal, Daoust Lestage Inc.

Les créateurs et la démarche de planification et de conception

Le Partenariat représente les créateurs au sein de la structure de gouvernance, puisque la plupart de ceux qui œuvrent dans le Quartier des spectacles en sont membres. Cela dit, la Ville demeure en contact direct et régulier avec eux tout au long du projet.

Les premières rencontres portaient sur leurs besoins fondamentaux. Par exemple, les organisateurs de grands événements culturels ont pu, dès 2007, attirer l'attention sur leur besoin en grands espaces libres d'obstacles.

À mesure que progressait la conception des espaces et du mobilier, l'objet des discussions se faisait plus précis et technique. En 2010, il a ainsi été question du dégagement sous les bancs publics, du diamètre des poutrelles de la structure des lampadaires et du modèle de pompe à installer dans une chambre mécanique souterraine.

Il est important de noter que ce ne sont pas toujours les mêmes créateurs qui sont sollicités. Certains groupes le sont sur une base plus régulière en raison de l'importance ou de la visibilité de leurs opérations, alors que d'autres sont sollicités de manière ponctuelle en fonction de leurs champs d'intérêts et d'expertises.

Ils ont été consultés pour tous les volets du projet : conception des places publiques (aménagement, nivellement, matériaux, etc.), mobilier urbain (lampadaires, panneaux scénographiques, réseaux multimédias, etc.) et mobilier événementiel (barrières, poids de lestage, etc.) Cela favorise la bonne entente, l'innovation et la réalisation d'un projet répondant aux besoins des créateurs.

L'appropriation des lieux par les créateurs

La vision développée par le Partenariat en appelle à un Quartier des spectacles animé et divertissant. C'est donc sur cette base que sera évaluée la réussite ou non du Quartier.

Les concepteurs de l'aménagement ont prévu certains dispositifs pour créer de l'animation. Par exemple, la plus grande fontaine interactive au Canada est installée sur la place des Festivals. Bien que ces dispositifs remplissent leur rôle, cela n'est pas suffisant et les créateurs doivent habiter et créer dans ce lieu pour en assurer le succès.

Governance

The Ville de Montréal has sole responsibility for the development project in the Place des Arts sector while the Quebec and Canadian governments have contributed to the budget. Nevertheless, such a large-scale project cannot be achieved without the participation of multiple stakeholders.

A governance structure was put in place for the project to assist the flow of information, concept validation and problem-solving process. It has been particularly useful in fostering commitment to the project and seeking consensus at all levels through its management, strategic coordination and branch committees (planning, communication, operations, etc.).

Creators and the planning and design process

Since most of the creators working in Quartier des Spectacles are members of the Partnership they are represented in the governance structure. That withstanding, the Ville de Montréal has maintained direct and regular contact with creators all throughout the project. The initial meetings concentrated on their basic needs. For example, in 2007, the organisers of major cultural events were able to point out their need for large, obstacle-free spaces. As the design of spaces and street furniture progressed, the subject of these discussions became more precise and technical in nature. Consequently, in 2010, the question of clearance under public benches, the diameter of steel joists for street lamps, and the particular pump model to be installed in underground mechanical chambers were raised.

It is worth pointing out that it is not always the same set of creators that are called upon. Certain groups have been consulted on a regular basis because of the visibility of their operations while others are sought out from time to time depending on their field of interest and area of expertise.

Creators have been consulted about all of the project's components: the design of public squares (site development, levelling, materials, etc.), street furniture (lampposts, scenographic panels, multimedia networks, etc.) and furnishings for special events (barriers, base plates, etc.). This encourages a good working relationship, innovation and the creation of a project that meets the needs of creators.

Creators making places their own

The vision developed by the Partnership calls for a lively and entertaining Quartier des Spectacles. Therefore, the district's success will be based on this criterion. Spatial planners have used specific devices to create a lively atmosphere; for example, creating the largest interactive fountain in Canada in Place des Festivals. Although these devices play their part, they are insufficient on their own, and the district needs creators to live and work in the area to ensure its success.

Gentrification

All of the operations that aim to make the sector more interesting for creators have the added advantage of making it more interesting for every other stratum of society. As a result, there is strong pressure on the value of unoccupied land, property and rental prices. Therefore, all these actions, born from the desire to keep creators in the sector actually create an upward trend that pushes them out.

The Quebec government and Ville de Montréal were aware of this situation, and in 2007 put in place mechanisms that aim to help creators purchase property. One of these is a capital assistance programme dedicated to cultural institutions. When an organisation purchases its premises it is no longer vulnerable to speculative pressure in the property market.

For organisations this move from renting to owning better-equipped and more suitable premises requires additional spending. For this reason, the Ville de Montréal and the Quebec government have also made provisions to adjust the operating budgets of these organisations based on these new requirements; which ultimately, allows them to hold on to their properties.

The Ville de Montréal also provides support to cultural organisations from the area or further afield that are looking for premises in Quartier des Spectacles.

The Quartier des Spectacles Partnership

In order to generate animation and make the district entertaining the public need to be made aware of the presence of creators. The Partnership is in charge of this aspect. Today, it has four areas of action:

— promote and develop the cultural destination

Perspective des aménagements proposés pour le Parterre.
Proposed development for the Parterre.
Ville de Montréal, Daoust Lestage Inc.

Installation d'une superstructure d'éclairage en bordure du Parterre, mai 2010.
Mounting of lighting superstructure over the Parterre, May 2010.
Ville de Montréal, Stéphan Poulin Photographe.

Orchestre symphonique de Montréal, spectacle au Parterre, septembre 2010.
Montreal Symphony Orchestra performance, Parterre, September 2010.
Ville de Montréal, Stéphan Poulin Photographe.

Gentrification

L'ensemble des interventions qui visent à rendre le secteur plus intéressant pour les créateurs a pour conséquence collatérale de le rendre plus intéressant pour l'ensemble des couches de la société. De ce fait, il existe de fortes pressions sur la valeur des terrains vacants, des propriétés et des loyers. Ainsi, toutes ces actions qui trouvent leur origine dans une volonté de pérenniser la présence des créateurs dans le secteur créent un mouvement les chassant.

Sensibles à cette situation, le gouvernement du Québec et la Ville de Montréal ont mis en place, dès 2007, des mécanismes visant à favoriser l'accès à la propriété pour les créateurs.

L'un d'eux est un programme d'aide à l'immobilisation, dédié aux organismes à vocation culturelle. Lorsqu'un organisme devient propriétaire du lieu qu'il occupe, il est soustrait aux pressions spéculatives du marché immobilier.

Le passage de locataire à propriétaire d'un local mieux adapté et équipé entraîne des dépenses additionnelles pour ces organismes. C'est pourquoi la Ville de Montréal et le gouvernement du Québec ont aussi prévu que les budgets d'exploitation de ces organismes seraient ajustés en fonction de leurs nouveaux besoins, et ce, afin qu'ils puissent demeurer propriétaires.

Par ailleurs, la Ville de Montréal effectue un travail d'accompagnement auprès d'organismes culturels d'ici ou d'ailleurs qui recherchent des locaux dans le Quartier des spectacles.

Sphères polaires, Luminothérapie, 2010.
Création de Bernard Duguay et Pierre Gagnon, Lucion Média.
"Sphères polaires" luminotherapy installation, 2010.
Created by Bernard Duguay and Pierre Gagnon of Lucion Média.
Ville de Montréal, Stéphan Poulin Photographe.

Le Partenariat du Quartier des spectacles

Pour qu'elle génère de l'animation et puisse être divertissante, la présence des créateurs doit être révélée au public. Le Partenariat s'en charge. Aujourd'hui, ce dernier a quatre champs d'action :
— la promotion et le développement de la destination culturelle ;
— le développement et la programmation d'activités ;
— la régie technique et l'entretien spécialisé ;
— la gestion de l'entretien des places publiques.

Spontanéité et institutionnalisation de la culture

En développant et en programmant les activités culturelles et en s'occupant de la régie technique et de l'entretien des nombreux équipements spécialisés mis en place dans le Quartier des spectacles, le Partenariat devient un acteur de premier plan avec lequel les créateurs doivent travailler.

La présence d'un nouveau joueur pourrait amener certaines personnes à se poser quelques questions. N'y a-t-il pas contradiction entre l'aménagement d'un Quartier des spectacles, où sont installés des équipements destinés à faciliter la création et la tenue d'événements, et l'existence d'un organisme chargé de décider d'une direction artistique et de régir l'utilisation de ces nouveaux espaces et équipements ? N'est-ce pas là un frein à la créativité et à la spontanéité de cette création ?

— develop and programme activities
— technical management and specialised maintenance
— maintenance management for public squares

Spontaneity and cultural institutionalisation

The Partnership is a major actor that creators are obliged to work with. It is responsible for developing and programming cultural activities and dealing with technical management and maintenance for the wide range of specialised equipment in Quartier des Spectacles.

The presence of this new player raises certain questions. For instance, whether the development of an arts district with public facilities designed to facilitate creation and event hosting is consistent with the presence of an organisation designed to manage the use of these new spaces and equipment and make decisions about its artistic direction? Doesn't this restrict creativity and spontaneous creation?

There is certainly a desire to control the use of these spaces and facilities. There are four reasons for this: firstly, an overwhelming demand that far exceeds the site's hosting capacities (from artists of all disciplines, businesses wishing to hold corporate events and celebrations for sports championship wins). Without the Partnership to manage and schedule the calendar of events, there would be more events than days in the year.

Secondly, the transformation of the district into an international cultural destination, as set out in the vision, requires artistic management — this is essential to meet the quality objectives of an international cultural destination for art and cultural production. For this reason, a cultural programming policy has been established by the Partnership and this is managed in conjunction with the Ville de Montréal.

Thirdly, creative work is displayed/performed in a public space and not inside a building. For many creators this creates unusual constraints because of the different laws and regulations that apply (security, bill posting, noise, etc.) and unpredictable weather conditions (black ice, wind, etc.). The Partnership provides assistance to help them comply with laws and regulations and design safe installations.

Lastly, the facilities and equipment that are installed are highly sophisticated and require careful usage and handling. The Partnership ensures that the people who use them do so in the appropriate manner so that they can last as long as possible.

All these factors explain why it is necessity to supervise artistic production when it is held in outdoor public spaces that have benefited from significant public investment. Having said that, while management by an organisation like the Partnership removes some spontaneity, it also makes it possible for creators to produce work in magnificent outdoor spaces — which would not be possible without the presence of such an organisation.

Holding events in the public realm, whether cultural or not, requires several different authorisations: a public property occupancy permit, approval from emergency services, and so on. For artists working alone or small cultural organisations, the Partnership is a unique gateway that can give them high visibility and an accessible representative body that facilitates project development and helps them obtain authorisations. It is also a partner that facilitates production and logistics activities for the whole range of creators and event organisers.

Visibility and durability of temporary work and events

As well as being responsible for artistic management, the Partnership produces cultural events, particularly in spring, autumn and winter — times of the year when the city has less activities naturally. For this, it launches competitions in order to identify the best projects. This a great opportunity for emerging creators to unveil their work to the public.

The Partnership supports temporary, "non-recurring" creative works and art and cultural events within a "recurring" framework. For example, *Luminothérapie* is an annual event with light installations set up in public spaces. Every year the work changes: the Place des Festivals was the site for *Champ de pixels* (Érick Villeneuve, Novalux, Jean Beaudoin, Intégral) in 2009, *Sphères polaires* (Bernard Duguay, Pierre Gagnon, Lucion Média) in 2010, and *Nuage de givre* (Jean Beaudoin, Érick Villeneuve Multimédia Novalux) in 2011.

Most of these temporary works are only displayed once. However, the Partnership would like to create a collection of temporary works that can be displayed again, either in Quartier des Spectacles or in other cities. *Champ de pixels,* for example, has already been presented a second time in another site. By showing works in new places we change the way the public interacts with them and the relationship between the work and the built environment.

Nuage de givre, création de Jean Beaudoin et Érick Villeneuve Production et de Multimédia Novalux, 2011.
"Nuage de givre", *created by designer Jean Beaudoin and Érick Villeneuve of Multimédia Novalux, 2011.*
Ville de Montréal, Stéphan Poulin Photographe.

Il existe certainement une volonté d'exercer un contrôle quant à l'utilisation de ces espaces et équipements. Quatre facteurs sont en cause. Premièrement, il y a une demande tous azimuts (artistes de toutes les disciplines, entreprises souhaitant tenir des événements corporatifs, manifestations à caractère sportif suite à l'obtention de championnat) qui excède la capacité d'accueil des sites. Sans la direction artistique exercée par le Partenariat et sans le calendrier établi par ce dernier, il y aurait plus d'événements que de jours dans l'année.

Deuxièmement, la transformation du Quartier en destination culturelle internationale, telle que proposée par la vision, requiert une direction artistique. En effet, une telle direction est essentielle à une production artistique et culturelle compatible avec cet objectif. C'est pourquoi une politique de programmation culturelle a été élaborée et est administrée conjointement par le Partenariat et la Ville.

Troisièmement, l'œuvre artistique se réalise sur un espace public et non à l'intérieur d'un bâtiment. Cela présente des contraintes inhabituelles pour plusieurs créateurs puisque les lois et les règlements applicables ne sont pas les mêmes (sécurité, affichage, bruit, etc.) et qu'ils doivent se soumettre aux aléas de la température (verglas, vents, etc.) Le Partenariat les aide à se conformer aux lois et règlements et à concevoir des installations sûres.

Artworks that have been created specifically for the Quartier des Spectacles are technically sophisticated. As such they require careful planning, significant resources and technical skills that not all artists possess. This makes the Partnership even more important.

Conclusions

Cultural vitality and creativity in design are strengths that the Ville de Montréal is counting on to foster its growth and make it stand out in the international arena — as shown by the designation, Montreal Unesco City of Design. As such, it has undertaken to revitalise an entire sector in the city centre based on a vision developed by creators.

There are two challenges to this undertaking: First of all, the Ville de Montréal must act on several fronts simultaneously if it wishes its efforts and the project's positive consequences to have a long-lasting effect. It must go above and beyond simple changes to the urban fabric and must act in a comprehensive manner to achieve the momentum it requires. In the Quartier des Spectacles project, this translates as:

— designing a programme partic*ulier d'urbanisme (PPU) (special planning programme)*
— implementing the development project prescribed in this programme, supported by a master budget of one-hundred and forty-seven million dollars.
— lighting for existing cultural sites (architectural and signage)
— improving the assistance provided to cultural organisations to become property owners
— adjusting subsidies to cultural organisations that have purchased property based on their operating budget
— providing support to cultural organisations that wish to set up in Quartier des Spectacles

In addition, the Ville de Montréal must gain support for the project from creators in order to make it a veritable success. To do this it has involved them in every stage of the planning, design and implementation process and made a special place for them within the governance structure. Thanks to this comprehensive approach, the Quartier des Spectacles development is a powerful gesture by, and for creators.

Enfin, les aménagements réalisés et les équipements installés sont sophistiqués. Ils commandent une utilisation et une manipulation attentives. Le Partenariat veille à ce que ceux qui s'en servent le fassent d'une manière appropriée, afin d'en assurer la pérennité.

Tous ces facteurs démontrent la nécessité d'encadrer la prestation artistique lorsqu'elle se déroule sur des espaces publics qui sont extérieurs et qui ont nécessité des investissements publics massifs.

Cela dit, cet encadrement enlève une part de spontanéité, mais la présence d'un organisme comme le Partenariat permet d'accueillir sur ces espaces extérieurs magnifiques des créateurs qui, sans lui, ne pourraient pas s'y produire. En effet, la tenue d'événements, qu'ils soient à valeur culturelle ou pas, sur le domaine public requiert plusieurs autorisations : il faut un permis d'occupation du domaine public, mais aussi l'aval des services d'urgence, etc.

Pour les artistes qui œuvrent seuls ou les petits organismes à vocation culturelle, le Partenariat devient une porte d'entrée unique et bien visible. Il est un interlocuteur accessible qui facilite le cheminement des projets et l'obtention des autorisations. Il est aussi, pour l'ensemble des créateurs et des organisateurs d'événements, un partenaire facilitant les activités de production et de logistique.

Visibilité et pérennité de l'éphémère

En plus d'assurer la direction artistique, le Partenariat produit des événements culturels, particulièrement au printemps, à l'automne et en hiver, moments où l'animation naturelle de la ville est plus faible. Il lance alors des concours, afin d'identifier les meilleurs projets. Il s'agit d'occasions privilégiées pour les créateurs émergents de dévoiler leur travail au public.

Le Partenariat favorise la création d'œuvres ou de manifestations artistiques et culturelles éphémères, non récurrentes, à l'intérieur d'un cadre qui, lui, est récurrent. À titre d'exemple, il organise un événement annuel nommé Luminothérapie, où des œuvres jouant avec la lumière sont installées sur les places publiques. Elles changent chaque année. La place des Festivals a ainsi accueilli *Champ de pixels* (Érick Villeneuve, Novalux, Jean Beaudoin, Intégral) en 2009, *Sphères polaires* (Bernard Duguay, Pierre Gagnon, Lucion Média) en 2010 et *Nuage de givre* (Jean Beaudoin, Érick Villeneuve Multimédia Novalux) en 2011.

Élixir, création de Moment Factory, 2010.
"Elixir", created by the Moment Factory, 2010.
Ville de Montréal, Stéphan Poulin Photographe.

La plupart de ces œuvres éphémères ne sont installées qu'une fois. Cependant, le Partenariat souhaite créer une collection d'œuvres éphémères qui pourraient être présentées de nouveau dans le Quartier des spectacles ou dans d'autres villes. L'œuvre *Champ de pixels* a ainsi déjà été installée une seconde fois, dans un lieu différent. En changeant les œuvres de lieu, on modifie l'interaction du public avec elles, mais aussi leur relation avec le cadre bâti environnant.

Ces œuvres créées spécifiquement pour le Quartier des spectacles ont un niveau élevé de technicité. Elles requièrent donc une planification attentive, des ressources importantes et une expertise technique que les artistes n'ont pas toujours, ce qui rend la présence du Partenariat encore plus importante.

Conclusions

La vitalité culturelle et la créativité en design sont des forces sur lesquelles la Ville de Montréal mise pour favoriser sa croissance et pour se définir à l'échelle internationale, comme en fait foi la désignation Montréal ville Unesco de design. Elle a donc entrepris de revitaliser un secteur entier de son centre selon une vision développée par des créateurs.

Deux enjeux ressortent de son entreprise. D'abord, elle devait intervenir sur plusieurs fronts simultanément afin d'assurer la pérennité de ses efforts et la manifestation sur une longue période des retombées positives du projet. Elle se devait d'aller au-delà d'une intervention sur le tissu urbain. Elle devait agir de façon intégrée pour donner l'impulsion requise. Dans le cas du projet du Quartier des spectacles, cela s'est traduit par :

— la conception d'un programme particulier d'urbanisme ;

— la mise en œuvre du projet d'aménagement prévu dans ce programme, à l'aide d'un budget global de cent quarante-sept millions de dollars ;

— la mise en lumière (architecturale et signalétique) des lieux culturels existants ;

— un meilleur accès à la propriété pour les organismes à vocation culturelle ;

— l'ajustement des subventions liées aux budgets d'exploitation des organismes ayant accédé à la propriété ;

— l'accompagnement des organismes à vocation culturelle souhaitant s'installer dans le Quartier des spectacles.

Par ailleurs, la Ville devait susciter l'adhésion des créateurs au projet afin d'en faire un véritable succès. Pour ce faire, elle les a impliqués à toutes les étapes du processus de planification, de conception et de mise en œuvre du projet et leur a réservé une place privilégiée au sein de la structure de gouvernance.

Grâce à cette approche intégrée, la création du Quartier des spectacles est un geste fort, par et pour des créateurs.

OLIVIER CARO

NANTES, LE GRAND MIX

Ingrédient majeur du renouveau de la ville dans les années quatre-vingt-dix, la politique culturelle nantaise est souvent évoquée comme un des facteurs de son attractivité, et incarne aux yeux de nombreux observateurs la « qualité de vie nantaise ». Pour Jean-Marc Ayrault, maire de Nantes depuis cette époque, « urbanisme et culture forment un tout » au service du projet de territoire. À l'heure où de nombreuses villes mettent en œuvre des stratégies créatives, Nantes construit son propre cheminement, à partir des initiatives qui émergent du territoire, dans une démarche d'expérimentations permanente. La coproduction de l'espace public avec des artistes et acteurs culturels accompagne l'émergence, à l'ouest de l'île, d'un quartier de la Création où se côtoient établissements d'enseignement supérieur, institutions culturelles et entreprises. La Société d'aménagement de la métropole ouest-Atlantique (Samoa), maître d'ouvrage du projet, s'y attache à trouver les conditions pour la constitution d'un milieu en réseau qui décloisonne les pratiques et les typologies d'acteurs. Le projet urbain s'adapte aux initiatives des acteurs et tente d'imaginer les conditions d'ancrage sur le site de petites entreprises et d'artistes, leur foisonnement devenant un des axes principaux de la stratégie nantaise. Chronologie d'un projet qui se structure en avançant…

Art et espace public

Dès l'initiation du projet urbain de l'île de Nantes, le maire Jean-Marc Ayrault souligne l'enjeu « d'apporter des éléments forts dans les domaines artistiques et touristiques » sur les emprises industrielles de l'ouest de l'île, « pour que le lieu soit vivant, attirant pour l'extérieur [1] ». L'aventure de Bilbao séduit, l'enjeu de l'attractivité et du rôle de l'île dans la stratégie métropolitaine de Nantes s'exprime. Pourtant, l'édile nantais rappelle également l'exigence d'agir « sans écraser les habitants ». Il trouve un écho dans les aspirations d'une partie des acteurs culturels à mêler art et vie, et à inscrire leurs démarches dans l'espace public.

L'orientation politique étant fixée, l'étude de différents scénarios conduit *in fine* à retenir le projet des Machines de l'île, imaginé par Pierre Orefice et François Delarozière pour accompagner le projet urbain. Des machines extraordinaires, mécaniques en mouvement, doivent s'installer sur différents sites, au fil de la transformation de l'île. Première réalisation, le Grand Éléphant s'installe sur le site des chantiers et lui offre une nouvelle identité, singulière. Le dialogue avec l'équipe du projet urbain va permettre d'imaginer un site, où l'œuvre et l'espace public forment un tout : le Grand Éléphant déambule sur le site à la rencontre des habitants et des visiteurs, et se mêle à la vie urbaine. Les anciennes nefs de construction navale sont conservées et transformées en un nouvel espace public de la ville, lieu couvert imaginé à partir du projet. Elles accueillent la Galerie des Machines et l'atelier de production de la compagnie, auquel le public peut accéder depuis une coursive. À l'arrière, les grands volumes réhabilités, initialement dévolu à l'accueil d'un nouvel équipement, sont laissés vides pour autoriser de nouveaux projets, éphémères ou pérennes. Ce vide programmatique permet une diversité d'usages : ouverture de l'atelier sur l'espace public, installation d'un spectacle de rue, etc.

Ce dialogue entre urbanisme et culture se décline également à l'échelle du grand territoire pour donner une nouvelle identité à l'estuaire entre Nantes et Saint-Nazaire. Engagé dans les années soixante, le rapprochement entre les deux villes aboutit en 2001 à l'adoption d'un Schéma de cohérence territoriale (Scot) unique et à la création d'un syndicat mixte. La suite de la construction métropolitaine nécessite alors d'élargir la démarche à des sphères d'acteurs variées.

Dans ce contexte, Jean Blaise, créateur du festival les Allumées et fondateur du Lieu Unique, imagine la biennale Estuaire, sous-titrée « L'art, le paysage et le fleuve ». Trois éditions pour installer ce que Jean Blaise nomme « un monument dispersé » et construire une nouvelle identité en faisant émerger de nouveaux usages, un imaginaire partagé autour de cet espace. La manifestation installe un jalonnement d'œuvres artistiques sur les soixante kilomètres de rives du fleuve, et organise les dispositifs pour y amener le public, jouant le rôle de médiateur entre le territoire et ses habitants, et aidant à en révéler les enjeux. Projet revendiqué comme politique par son concepteur, la biennale dépasse

[1] MASBOUNGI, A. (dir), *Nantes, La Loire dessine le projet*, Paris, Éditions de la Villette, 2003.

OLIVIER CARO

NANTES:
A MIXED APPROACH

A major component of the city's regeneration during the 1990s, the cultural strategy of the city of Nantes is often quoted as one of the factors contributing to its attractiveness and is, in many people's eyes, the embodiment of the "Nantes quality of life". According to Jean-Marc Ayrault, mayor of Nantes since the 90s, "urban planning and culture form an inseparable whole" in the development of urban policy for the region. At a time when numerous cities are putting creative strategies to work, Nantes is pursuing its own path with a consistently experimental approach based on continuous innovation. The co-production of public space by artists and cultural players has been accompanied by the emergence, on the western side of the Ile de Nantes, of the "Quartier de la Création", where schools of further education, cultural institutions and businesses exist side by side. Samoa, the public-private partnership with responsibility for managing the project, has dedicated itself to finding the perfect conditions for the creation of a networked environment in which user practices and user types are no longer compartmentalised. Given that the proliferation of small businesses and artists is becoming one of the main focuses of Nantes' strategy, the urban development project has been tailored to user initiatives and attempts to create the conditions required for these users to put down solid roots in the area. The following article describes the dynamic evolution of an urban development initiative...

Art and the public space

Right from the outset of the urban development project on the Ile de Nantes, the city's mayor, Jean-Marc Ayrault, stressed the "importance of the contribution to be made by combining art and tourism" in the industrial strongholds on the western side of the île in order "to breathe new life into the area, and make it more attractive to the outside world"[1]. Inspired by the example of Bilbao, discussions centred on the attractiveness and role of the île in Nantes' greater urban strategy. However, local authorities acknowledged the need to act "without pushing out the residents". This was echoed in the aspirations of a number of local cultural players to merge art and urban life, and to use the public space to explore their ideas.

Once agreement was reached on the strategic goals, an in-depth evaluation of the various scenarios finally resulted in the selection of the "Machines de l'Ile", conceived by Pierre Orefice and François Delarozière, as the artistic project best placed to complement the overall urban development project. Spectacular mechanically driven machines would be installed in various sites throughout the duration of the île's transformation. The first machine, the Great Elephant, took up residence in the docks area and has given the area a new, and very unique identity. Ongoing dialogue with the urban development team allowed the site to be designed as a place where artistic endeavour and public space formed a coherent whole; the Great Elephant saunters around the site greeting residents and visitors alike, blending easily into the surrounding urban backdrop. The old dockyard arches have been preserved and transformed into a new covered public space for the city, as envisaged during the initial stages of the project. This is where the "Galerie des Machines" and official workshop are housed, which the public can access via a central walkway. To the rear, huge renovated hulks of buildings initially earmarked for a complete refit have been left empty to facilitate new projects, both temporary and permanent. This flexible planning arrangement allows the space to be used in a variety of different ways, such as opening the workshop up to the public, accommodating street entertainment, etc.

This dialogue between urban development and culture extended beyond the walls of the city, giving a new identity to the estuary lying between Nantes and Saint-Nazaire. Initiated in the

Le Grand Éléphant, rue intérieure des Nefs.
"The Great Elephant", covered street, old shipyard site.
Samoa/Jean-Dominique Billaud.

les enjeux proprement artistiques pour s'inscrire dans le processus de transformation du territoire. Jean Blaise mobilise largement pour produire les œuvres (élus des communes d'accueil, habitants, entreprises du territoire…). Estuaire, complémentaire des démarches déjà engagées, agit comme un accélérateur de la construction métropolitaine.

Sur l'île de Nantes, projet urbain et biennale vont construire des synergies. Estuaire fait de l'île son port d'attache et y installe l'œuvre de Buren, *Anneaux*. La première biennale permet d'engager le projet du Hangar à bananes qui en devient le principal lieu de vie et regroupe des bars, des restaurants et le pavillon du Frac. Cette mise en synergie va nécessiter de la part de la Samoa, maître d'ouvrage du projet urbain, de sortir de ses processus habituels, pour répondre aux impératifs et à la temporalité de la manifestation. Le territoire investit par la biennale n'est pas celui de la Zone d'aménagement concerté (Zac) : il faut agir en dehors du périmètre opérationnel initialement prévu. Pour Laurent Théry, directeur général de la Samoa à cette époque, « la synergie était une opportunité qu'il semblait impossible de ne pas saisir [2] ». Cette prise de risque est en effet saluée par près de 40 000 visiteurs le jour de l'inauguration, sans que l'on puisse dissocier dans ce succès la part liée aux œuvres de celle liée à la révélation des nouveaux espaces publics.

Vers un quartier de la Création

L'espace particulier que produit ces projets à l'ouest de l'île est complété par la réalisation de plusieurs équipements à vocation culturelle. La Fabrique, équipement en projet dédié aux musiques actuelles et à la création numérique, est positionnée sur le site des chantiers, à proximité du centre historique, du tramway et des Machines.

L'École nationale supérieure d'architecture (Ensan), projet initié avant la désignation d'Alexandre Chemetoff et l'engagement du projet urbain, complète le paysage d'opérations à vocation culturelle présentes à l'ouest de l'île de Nantes.

Cet « ensemble composite [3] » devient le cadre de la réflexion sur le devenir de l'École supérieure des beaux-arts et marque le début d'une politique culturelle intégrée, appuyée sur le projet urbain. Le contexte urbain permet à l'école d'imaginer

[2] MASBOUNGI, A. (dir), Barbet Massin, O., *La ville est une figure libre, Laurent Théry, Grand Prix de l'urbanisme 2010*, Marseille, Parenthèses, 2010.
[3] DEVISME, L., *Nantes, petite et grande fabrique urbaine*, Marseille, Parenthèses, 2009.

1960s, the partnership between the two cities led to the adoption in 2001 of a common zoning and development plan (Scot) as well as the establishment of a public-private entity. The next step in the urban development strategy called for a broader approach, with a view to integrating players from different fields of interest.

It was against this backdrop that Jean Blaise, creator of the "Festival des Allumées" and founder of the "Lieu Unique" performance venue, devised the bi-annual "Estuaire" festival, subtitled *Art, Landscape and River*. Three separate events have been staged, combining to form what Jean Blaise refers to as "a scattered monument", establishing a new identity by unveiling new uses and constructing a shared imagination across the space. As part of the art trail, the organisers installed a series of artworks along the sixty kilometres of the riverbank as well as means of transport in order to bring the public to the area. In this role, the organisers acted as mediators between the environment and its inhabitants, anticipating and resolving the challenges involved in such interactions. A project conceived as politically strategic by its creator, the "Estuaire" festival has extended beyond the purely artistic to become an integral element of the region's transformation as a whole. Jean Blaise cast his net wide to procure the artworks (calling on city representatives, residents, local businesses, among others). The "Estuaire" festival has complemented existing approaches, acting as a catalyst for metropolitan development.

On the Ile de Nantes, the urban development and "Estuaire" projects worked collaboratively to produce synergies. The "Estuaire" festival adopted the île as its base, as well as making it the home of *Rings*, a work by Buren. The first "Estuaire" festival saw the inception of the Banana Warehouse project, which was to become the festival's main social hub, comprising bars, restaurants and the pavilion housing the Regional Fund for Contemporary Art (Frac). This collaborative effort required Samoa, the manager of the urban development project, to move away from its regular approach in order to respond to the individual needs and timescale of this specific event. Given that the area covered by the bi-annual festival did not fall under the Urban Regeneration Zone (ZAC) — it was required to go beyond the scope of the operational perimeter originally envisaged. For Laurent Théry, managing director of Samoa at the time, "the collaborative element was an opportunity which we felt we had to seize"[2]. This risk was rewarded with almost 40,000 people attending opening day, a success which must be attributed in equal measure to the choice of artworks used and the new public spaces created.

The birth of the "Quartier de la Création"

The spaces created by these projects on the western part of the île were complemented by the establishment of several cultural facilities. "La Fabrique", a venue dedicated to contemporary music and digital composition, was established in the docklands, close to the historic centre, the tramline and the Machines.

The National College of Architecture (ENSAN), a project initiated before the appointment of Alexandre Chemetoff and the establishment of the urban development project, completed the cultural landscape on the western tip of the Ile de Nantes.

This "composite ensemble"[3] became the frame of reference for discussions relating to the future of the College of Fine Arts and marked the start of an integrated cultural policy based on urban development. The urban context meant that the college could envisage a broadening of its networks and the establishment of multiple teaching partnerships. The "Estuaire" festival (still in its infancy at the time) was to prove invaluable in helping to raise the profile of the college on the international stage. A wider initiative was then undertaken with the university to devise the framework for an art research project uniting all three of the city's higher education institutions. For Pierre-Jean Galdin, director of the College of Fine Arts, it was clear that the initiative had the potential to create a veritable "arts campus", one which would be in tune with the city and act as a catalyst for the cross-fertilisation of ideas.

The start of the 21st century also marked a shift in focus to the revenues generated by cultural activities and their wider presence within Nantes' creative sector. This approach, inspired by Jean-Louis Bonnon, then Director of cultural development, was disseminated via the ECCE innovation network. The programme received support from the European Commission and was focused on operational issues, such as access to funding for small businesses within the sector, integration of young artists into the profession and provision of support as part of the transition towards new economic models. In particular, the programme provided for the creation of dedicated resource centres in each city. The work undertaken in this context quickly

---

[1] MASBOUNGI, A. (dir), *Nantes, La Loire dessine le projet*, Paris, Éditions de la Villette, 2003.
[2] MASBOUNGI, A. (dir), Barbet MASSIN, O., *La ville est une figure libre, Laurent Théry, Grand Prix de l'urbanisme 2010*, Marseille, Parenthèses, 2010.
[3] DEVISME, L., *Nantes, petite et grande fabrique urbaine*, Marseille, Parenthèses, 2009.

Atelier de la Compagnie La Machine, site des Nefs.
La Machine company workshop, old shipyard site.
Samoa/Jean-Dominique Billaud.

une mise en réseau élargie et la construction de partenariats pédagogiques multiples. Pour l'établissement, la biennale Estuaire (encore en gestation) est le levier d'une visibilité et d'une attractivité internationales. Un travail plus large est engagé dès cette époque avec l'université pour préfigurer la structuration d'une recherche en art, réunissant les trois établissements d'enseignement supérieur. Pour le directeur Pierre-Jean Galdin, c'est un véritable « campus des arts » qui peut être imaginé, ouvert sur la ville et moteur de croisements multiples.

Le début des années deux mille marque également l'époque où la Ville de Nantes ouvre un nouvel axe de travail autour de l'économie générée par les activités culturelles et leur déclinaison plus large dans le secteur créatif. Cette réflexion, impulsée par Jean-Louis Bonnin, alors directeur du développement culturel, est conduite au travers le réseau de villes européennes ECCE. Ce programme reçoit le soutien de la commission européenne et s'organise autour d'axes opérationnels, comme l'accès au financement des petites entreprises du secteur, l'insertion professionnelle des jeunes artistes et l'accompagnement vers de nouvelles formes économiques. La création de centres de ressources dédiés dans chaque ville est notamment envisagée. Les travaux engagés impulsent rapidement une prise de conscience quant aux spécificités liées à ces métiers et à leur grande sensibilité à la forme urbaine et aux réseaux sociaux et techniques qui maillent le territoire. Les collaborations avec l'équipe du projet urbain vont donc s'intensifier sur ce thème des capacités de la ville à jouer un rôle de facilitateur.

Une gouvernance informelle s'organise progressivement autour de la Samoa, qui réunit les différentes parties prenantes (écoles, acteurs culturels, direction du développement économique, et direction culturelle).

Site des Chantiers vers 1960.
Chantiers site, 1960.
Ville de Nantes.

Site des Chantiers.
Chantiers site.
Samoa/Vincent Jacques.

Le quartier de la Création.
The "Quartier de la Création".
Samoa.

Quai des Antilles, les Anneaux de Daniel Buren, 2007.
Quai des Antilles, "Les Anneaux", Daniel Buren, 2007.
Samoa/Vincent Jacques.

La Fabrique, maîtrise d'œuvre agence Tetrarc, 2011.
La Fabrique, project managed by Tetrarc architects, 2011.
Samoa/Jean-Dominique Billaud.

École nationale supérieure d'architecture de Nantes, maîtrise d'œuvre Lacaton et Vassal, 2009.
National College of Architecture, Nantes, project managed by Lacaton and Vassal, 2009.
Samoa/Jean-Dominique Billaud.

Manny, siège du groupe de design Coupechoux. Maîtrise d'œuvre agence Tetrarc, 2010.
Manny, Headquarters of the Coupechoux design group. Project managed by Tetrarc architects, 2010.
Samoa/Jean-Dominique Billaud.

La dynamique ouverte sur l'île de Nantes va permettre de fédérer les acteurs du territoire et d'ouvrir la réflexion pour la définition d'une stratégie partagée. Comment favoriser une plus grande porosité entre l'enseignement, la recherche, la production et le grand public dans les domaines créatifs ? Comment faciliter l'hybridation des disciplines dans de nouvelles formations, ou dans des projets de recherche ? Quelles peuvent être les réflexions, les projets et les outils mis en commun à l'échelle du territoire ? Comment tisser des liens avec les secteurs productifs traditionnels ?

Un séminaire sur la recherche est confié au philosophe Bernard Stiegler et à l'association Ars Industrialis pour faire émerger des problématiques communes aux différents établissements. Il permettra la création d'une fédération de recherche regroupant l'Ensan, l'École supérieure des beaux-arts de Nantes Métropole (ESBANM), l'université de Nantes et impliquant également l'université d'Angers.

Bernard Stiegler accompagne également la Samoa pour faire du territoire « un milieu en réseau » qui s'étende des chercheurs aux habitants en impliquant la société civile et les milieux économiques.

L'île de Nantes devient un cadre pour expérimenter, construire des collaborations et imaginer des rapprochements. Un aller-retour est ainsi organisé entre la stratégie des réseaux d'acteurs en train de se structurer et la programmation.

Le projet urbain s'alimente de la dynamique à l'œuvre, de sa capacité à générer de nouveaux projets et engage de nouvelles réalisations. Les acteurs économiques de la filière imaginent des projets pour profiter de la centralité en cours d'émergence, de ses effets d'image, et de la proximité offerte aux écoles et acteurs de la création. Les conditions d'accueil offertes par le projet urbain sont également pour une part importante dans le choix opéré par ces entreprises : la Samoa s'adapte aux besoins de ces acteurs et accompagne chaque initiative de

led to a keener awareness of the specific needs of these professions, as well as their heightened dependence on the urban environment and the social and technical networks that bind the region together. Collaborative work with the urban development team therefore began to focus more intensively on the city's potential to play the role of facilitator.

An informal administration gradually developed around Samoa, bringing together a variety of stakeholders (schools, cultural players and representatives from the local departments of economic development and culture).

The open dynamic taking hold on the Ile de Nantes enabled the area's major players to come together and initiate discussions on the definition of a shared strategy. How could greater integration be achieved in the creative domain between teaching, research, production and the general public? How could the cross-fertilisation of disciplines be encouraged via new training or research projects? Which ideas, projects and resources could be shared at a regional level? How could links be forged with traditional manufacturing sectors?

The philosopher Bernard Stiegler and the cultural activist association Ars Industrialis were entrusted with organising a seminar based on this research, with the aim of exploring the challenges common to the various players involved. This led to the establishment of a joint research group comprising the National College of Architecture, Nantes Metropolitan College of Fine Arts (ESBANM) and the University of Nantes, with the additional involvement of the University of Angers.

Bernard Stiegler also worked with Samoa to shape the region into a "networked environment" by extending this research to the local population through the involvement of civic and economic groups.

The Ile de Nantes became a testing ground for experimentation, for devising new collaborative approaches and for building connections. A two-way exchange was thus established between the collaborative network strategy being developed and the planning and specification process.

The urban development project drew from this flourishing dynamic, and its ability to generate new projects and create new initiatives. The network's economic players designed projects which benefited from this emerging centralisation, the positive image it provided and its proximity to colleges and creative players. The attractive conditions offered by the urban development project played an equally important role in the choices made by these businesses, with Samoa adapting their approach to the profile of each business and supporting every initiative in an individual way. Each business initiative was preceded by a dialogue with project leaders and a detailed discussion regarding methodology. This attitude is exemplified by the experience of the Manny building, the construction of which was project-managed by design group Coupechoux in partnership with a local developer. The design of the building, which hosts exhibitions throughout the "Estuaire" festival, was the result of a collaboration with the creative team behind Métalobil, based since 1994 in a nearby *blockhaus* structure.

In total, the "Quartier de Création", a residential district just a short walk from the city centre, has become home to just over 100,000 square metres of public and private development. Five thousand students, a hundred academics and more than a thousand workers were responsible for bringing new life to Nantes' former industrial stronghold.

Stimulating growth

Experimentation and transitory use of space played a major role within this dynamic. A case in point is the exhibition space at the Banana Warehouse. Occupying an area of 1,600 square metres along the banks of the Loire, the building overlooks the promenade on the Quai des Antilles. During the first "Estuaire" festival, the collections put together by the Regional Fund for Contemporary Art (Frac) drew in over 75,000 visitors, proving a considerable success.

Samoa, who were initially responsible for the creation of this site, retained it for use as a dedicated space for new collaborations between those in the contemporary art field. This collaboration between the Regional Fund for Contemporary Art, the Nantes Metropolitan College of Fine Arts, the Museum of Fine Art and the National Theatre settled into a rhythm of three collaborative exhibitions per year. One exhibition in the College of Fine Arts on the theme of exhibition design was organised in conjunction with the Regional Fund for Contemporary Art with a purely educational remit. Another brought together a research group on abstract art. These exhibitions benefited from the gallery's open-access model, which allowed for a mixture of the non-museum-going public and specialist audiences. The value of the space was validated by the initial series of events held here,

Site Alstom, 2005.
Alstom site, 2005.
Samoa/Vincent Jacques.

manière spécifique. Le dialogue avec les porteurs de projets précède le choix d'un opérateur et la réflexion sur le montage. Emblématique de cette attitude, l'immeuble Manny fut réalisé sous la maîtrise d'ouvrage du groupe de design Coupechoux, en partenariat avec un promoteur local. Le bâtiment qui accueille des œuvres du parcours Estuaire a aussi fait l'objet d'une collaboration avec les concepteurs de Métalobil, installés depuis 1994 dans un blockhaus situé à quelques mètres, pour l'ingénierie design.

Au total, le quartier de la Création prévoit la réalisation d'un peu plus de 100 000 m² d'opérations publiques et privées, dans un quartier habité, à deux pas du centre ville. Cinq mille étudiants, cent enseignants-chercheurs et plus d'un millier de salariés doivent redonner vie à l'ancien bastion industriel nantais.

Encourager le foisonnement

Dans cette dynamique, les expérimentations et usages transitoires vont jouer un rôle majeur. C'est le cas du lieu d'exposition du Hangar à bananes. Cet espace de 1 600 m² en bord de Loire ponctue la promenade sur le quai des Antilles. Lors de la première édition de la biennale, les collections du Fonds régional d'art contemporain (Frac) attirent plus de 75 000 visiteurs et témoignent d'un succès considérable.

La Samoa, à l'origine de la mobilisation de cet espace, va en conserver l'usage comme un lieu dédié à l'émergence de nouvelles collaborations entre acteurs de l'art contemporain. Des expositions réunissant le Frac, l'ESBANM, le musée des Beaux-Arts ou la scène nationale sont produites au rythme de trois rendez-vous par an. Une exposition au sein de l'ESBANM sur la scénographie d'exposition, organisée avec le Frac, sert de support pédagogique. Une autre mobilise un groupe de recherche sur les abstractions. Elles profitent d'un lieu ouvert sur la ville, permettant de mêler spécialistes un public absent des musées. L'intérêt du lieu est validé par les premières réalisations et doit permettre de lui donner un caractère permanent dans le cadre du Voyage à Nantes, suite pérenne donnée à la biennale Estuaire.

Cette logique pragmatique est également à l'œuvre dans la gestion des anciennes halles du site Alstom dès leur rachat par la collectivité en 2003. Au départ pensée comme un moyen d'occuper le site, l'installation d'usages

île de Nantes
>> L'actualité des projets

Île de Nantes, l'actualité des projets, juillet 2011.
Île de Nantes, current events of the project, july 2011.
Samoa.

Halle 6 du site Alstom, hébergement de très petites entreprises, 2010.
Warehouse 6, Alstom site, housing micro-businesses, 2010.
Samoa/Jean-Dominique Billaud.

transitoires dans les halles va s'ouvrir à de petites entreprises et artistes pour devenir une composante centrale du projet.

Le choix opéré par la Samoa a consisté à occuper la halle sans opérer de transformation majeure. Les bureaux créés à l'époque industrielle sont loués de manière autonome à de petites entreprises, en cherchant à être au plus près des besoins. La surface moyenne louée s'établit ainsi autour de 40 m² et de nombreuses entreprises du site occupent moins de 15 m². Les loyers sont au maximum à 140 € le m² par an, charges et électricité inclues (120 à 130 € en moyenne), soit assez proche du marché de l'ancien. Au total, ce sont près de cinquante entreprises créatives qui se regroupent sur le site des halles en quelques mois.

Quelques espaces, dont la typologie présentait un potentiel, sont affectés à des artistes ou à des collectifs pour un usage d'atelier. Le mode d'occupation, toujours organisé sous forme de conventions d'occupation précaire, permet également d'accueillir des créateurs ou collectifs pour la durée d'un projet ou la réalisation d'une œuvre. Les grands espaces libres offerts par l'architecture industrielle du site sont parfois mis à disposition des locataires, sur la base d'un cahier des charges techniques, pour la mise en place de petits événements (expositions d'artistes des halles, événements liés au réseau des entreprises numériques…).

Le succès du dispositif tient à cette capacité à offrir des espaces aux créateurs et à autoriser une certaine forme de liberté et de capacité d'initiatives. L'état du bâtiment et les conditions délicates liées à la sécurité représentent toutefois une limite à la pleine exploitation du lieu.

La recherche d'une adéquation surface-besoin pour les occupants de bureaux est également une des dimensions importantes dans le succès du site. La possibilité de louer un bureau seul permet aux occupants d'optimiser le coût d'hébergement des activités, tout en conservant un loyer proche du marché pour la Samoa propriétaire.

Dernier facteur de succès, le site offre une inscription dans des réseaux sociaux et techniques qui font des halles un écosystème pour les acteurs de la création. En lien avec la Samoa, des chercheurs des universités d'Angers

Accueil de jeunes créateurs dans les halles Alstom en attente de leur transformation, 2010.
Young creators' reception room in the Alstom warehouse during its redevelopment, 2010.
Samoa/Jean-Dominique Billaud.

Installation numérique interactive, festival Scopitone, Halles 4 et 5, Alstom, 2009.
Interactive digital installation, Scopitone festival, Warehouses 4 and 5, Alstom, 2009.
Samoa/Jean-Dominique Billaud.

Le Karting, hébergement de très petites entreprises créatives. Maîtrise d'œuvre Jean-Louis Berthomieu, 2012.
Karting site, housing creative micro-businesses. Project managed by Jean-Louis Berthomieu, 2012.
Samoa/Jean-Dominique Billaud.

et de Nantes [4] ont étudié les coopérations et synergies nées du voisinage créé au sein des halles. L'étude met en évidence ces liens multiples de sous-traitance ou co-traitance. Les compétences d'entreprises spécialisées s'additionnent et se coordonnent en fonction des marchés remportés par chacun. L'étude pointe également l'importance déterminante des échanges non marchands dans la vie du site et de ses occupants. Face à l'isolement induit par le travail en freelance ou dans de très petites entreprises, les halles constituent un lieu producteur de collectif.

Pour Nantes, les halles Alstom ont fait la démonstration de l'intérêt à cultiver des marges de liberté pour la création, et à ne pas opposer disponibilité des espaces et transformation de la ville. François Delarozière, créateur des Machines souligne ainsi la nécessité de conserver des espaces indéterminés, que les artistes peuvent continuer à s'approprier.

[4] Groupe de recherche angevin en économie et management (Granem) et Laboratoire d'économie et de management de Nantes-Atlantique (Lemna), sous la direction de Dominique Sagot-Duvauroux.

earning it a permanent place in the "Voyage à Nantes", the cultural trail which emerged from the success of the "Estuaire" festival.

This pragmatic approach can also be seen in the management of the former market on the Alstom site since it was bought back by the authorities in 2003. Originally conceived as a way of using the site, the short-term leasing of market stalls to small businesses and artists ultimately led to the market becoming a central element of the urban development project as a whole.

Samoa's approach has provided a way to make use of the market without undertaking any major renovations. Offices built in the industrial era are rented out independently to small businesses with the aim of matching requirements as closely as possible. The average rental space is around 40m, with several businesses on the site occupying less than 15m. Rents are capped at 140 euro per square foot per year, inclusive of charges and electricity (120 to 130 euro on average), making them quite similar to those charged in the market during its previous incarnation. In total, almost fifty creative businesses relocated to the market site over the course of just a few months.

Spaces with potential for use as workshops were allocated to artists and collectives. This tenancy arrangement, always offered under a short-term lease agreement, also allowed creators and collectives to be housed either for the full duration of a project or for the time required to complete a single piece of work. On occasion, the large open spaces inherent to the site's industrial architecture were made available to tenants, subject to fixed technical specifications, for the holding of small-scale events (exhibitions by resident artists, digital networking events, etc.)

The success of the system lies in its ability to offer spaces for creators and to allow a certain degree of freedom and flexibility for innovation. However, the condition of the building coupled with sensitive safety considerations limited the extent to which the site could be fully utilised.

The ability to find a balance between the space available and the requirements of individual occupants was another important factor in the success of the site. The possibility of renting a single office enabled occupants to minimise costs while also allowing the proprietor, Samoa, to maintain rents close to market level.

The final factor in its success was that the site offered access to the social and technology networks that essentially transformed the Alstom market into a creative ecosystem. In conjunction with Samoa, researchers at the universities of Angers and Nantes[4] studied the collaborative relationships and synergies that grew from the community spirit instilled by the market. The study highlighted multiple subcontracting and co-contracting relationships. Specialist businesses shared and coordinated their skills and expertise based on mutual commercial needs. The study also pointed to the particular importance of non-commercial interactions in the life of the site and its occupants. In contrast with the isolation generally induced by working on a freelance basis or in very small businesses, Alstom market offered a base for collective enterprise.

For Nantes, Alstom market has been an example of the value of cultivating creative freedom, and of embracing the use of available space and the transformation of the city. François Delarozière, creator of the Machines, stresses the need to preserve flexible spaces which artists can continue to appropriate.

The successful management of this site and the achievement of a certain economic equilibrium encouraged other bodies to take a similar approach. Most notably, the large maritime port of Nantes Saint-Nazaire entered into partnership with Samoa to facilitate creative initiatives in its disused warehouses. A joint entity made up of the port authorities and Samoa was set up to handle the short-term management of these spaces, thereby increasing the ability of urban players to make use of new city spaces.

Now that it had a clearly defined identity, the "Quartier de la Création" had to strike a balance between monetizing the site and maintaining the conditions required to sustain the growth of more vulnerable players and their specific needs. The example of the Front-Populaire mall, like the Coupechoux group's Manny building, is symptomatic of this risk — spaces not already allocated to the project initiator failed to find any takers from among the creative sector as the units were considered too expensive and too big. Legal practices took up the remaining commercial space, making the most of the location's proximity to the law courts.

A study carried out by Samoa in collaboration with Junior-Entreprise d'Audencia, a local non-profit organisation managed by law students, set out to examine the demand for creative premises by means of a survey conducted among just over three hundred businesses and artists. The study, complete with a survey of artists' workshops carried out by regional authorities, confirmed that there was a shortage of suitable low-cost spaces in the metropolitan area.

[4] Groupe de recherche angevin en économie et management (Granem) et Laboratoire d'économie et de management de Nantes-Atlantique (Lemna), sous la direction de Dominique Sagot-Duvauroux.

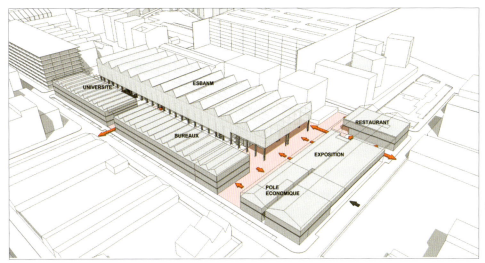

Axonométrie de l'ancien site Alstom.
Axonometric drawing of former Alstom site.
Franklin Azzi Architecture.

Le succès de cette gestion du site et l'obtention d'un certain équilibre économique permet aujourd'hui d'associer d'autres acteurs à ce type de démarche. Le grand port maritime Nantes Saint-Nazaire est notamment partenaire de la Samoa pour faciliter l'installation de démarches créatives dans des hangars portuaires inutilisés. Un montage associant le port et la Samoa organise la gestion transitoire de ces espaces et démultiplie ainsi la capacité des acteurs à mobiliser de nouveaux espaces dans la ville.

Désormais bien identifié, le quartier de la Création doit trouver un équilibre entre valorisation du site et conditions de maintien d'un foisonnement d'acteurs plus fragiles, aux besoins spécifiques. Les opérations du mail du Front-Populaire, à l'image du Manny du groupe Coupechoux, sont emblématiques de ce risque : les espaces non affectés à l'initiateur du projet n'ont pas trouvé de preneur dans le secteur créatif car ils sont jugés trop chers et trop grands. Des professions juridiques en compléteront la commercialisation, profitant de la proximité avec le palais de justice.

Une étude, réalisée par la Samoa avec la Junior-Entreprise d'Audencia Nantes, a tenté de qualifier la demande immobilière des créateurs à partir d'une enquête effectuée auprès d'un peu plus de trois cents entreprises et artistes. Complétée par une enquête sur les ateliers d'artistes menée par la Région, cette étude confirme le déficit d'espaces adaptés et à bas coût dans la métropole.

À l'image des dynamiques observées à Berlin par Ares Kalandides, l'observation a permis de révéler des mécanismes de regroupement des acteurs à l'échelle d'un quartier, d'une rue, ou selon les opportunités à l'échelle d'un bâtiment, la qualité de la vie urbaine environnante devenant une condition de localisation (transports, lieux de vie et d'expression, identité et visibilité du site).

Le parvis des arts, un lien entre les halles et l'ESBANM.
The Parvis des Arts, linking the warehouses and the College of Fine Arts (ESBANM).
Franklin Azzi Architecture.

Le projet urbain cherche à répondre à cette problématique, en impulsant des expérimentations nouvelles, facilitant les regroupements. En lien avec la Samoa, l'architecte Jean-Louis Berthomieu avait imaginé en 2009 un module en ossature bois pour loger son agence de manière transitoire au sein des halles Alstom. Sur la base de ce prototype, le module est repensé pour autoriser un cloisonnement simple de 12 à 96 m² Shon. Le procédé constructif, appuyé sur des panneaux de type Triply, permet de limiter les coûts de construction en dessous de 500 €/m² et de développer une opération dans un calendrier inférieur à huit mois.

La réhabilitation simple d'un ancien Karting sous la forme d'un clos couvert et l'accueil de douze modules est aujourd'hui le levier principal de relogement des locataires du site Alstom à l'approche de sa transformation. Innovante dans son approche, l'opération a obtenue un financement au titre du fonds «Ville de Demain».

Des discussions sont également en cours avec un collectif d'artistes - Mille Feuilles - soutenu par la Région, pour imaginer un lieu collectif dédié à la production artistique. Organisé autour d'un atelier de production équipé et confié à un technicien, le projet prévoit la mise à disposition d'ateliers individuels pour une quinzaine d'artistes ainsi qu'un espace d'accrochage. Le projet est développé dans une économie modeste et s'appuie sur l'adaptation d'un hangar qui est propriété du port. À l'étude, le montage final pourrait prévoir qu'une partie des travaux soit réalisée sous la forme d'un projet d'autoconstruction par le collectif.

En novembre 2010, Nantes a désigné Franklin Azzi architecte de l'opération de transformation du site des halles Alstom. Pour Jean-Luc Charles, directeur général de la Samoa, le site, d'un potentiel d'environ 25 000 m², doit

Le parvis intérieur de l'École des beaux-arts.
Interior square at the College of Fine Arts.
Franklin Azzi Architecture.

incarner le mélange opéré au sein du quartier et « combiner un certain nombre d'activités, de fonctions et d'usages autour de la nouvelle École des beaux-arts ».

Franklin Azzi et la Samoa imaginent un processus de transformation à mi-chemin entre l'aménagement et l'opération immobilière. Dans le respect du site existant, et de manière fidèle aux orientations d'Alexandre Chemetoff, le projet prévoit la démolition de deux halles afin de créer quatre bâtiments connectés par l'espace public. Ce choix permet la réalisation d'opérations autonomes, selon un calendrier et un montage propres. L'université assurera la maîtrise d'ouvrage de son projet et définira son calendrier en lien avec ses partenaires. À quelques mètres, la Samoa travaille à la mise en place d'un partenariat pour la création d'une offre de petits bureaux. Les discussions ont débuté avec un investisseur dans la philosophie du *patient capital* anglo-saxons, le capital à long terme, capable d'imaginer une offre tournée vers la demande et au modèle économique responsable. Ce partenariat s'accompagnera notamment de prescriptions sur le niveau de loyer, la typologie des espaces et le mode d'animation des réseaux d'acteurs. Elle est imaginée à partir de l'expérience acquise lors des précédents projets et du dialogue avec les entreprises déjà locataires de la Samoa.

À l'est du site, la Samoa prévoit la réhabilitation de deux halles pour installer des projets ouverts au grand public, des outils d'animation économique et des espaces de projets pour des créateurs et artistes en résidence. Le programme sur ces deux halles est autant composé d'éléments précis que d'énoncés de « vocations » pour des espaces laissés libres d'appropriation et dont la forme pérenne pourra se consolider progressivement. Une métaphore du quartier et de son processus d'émergence.

Dans la programmation du site des halles, Nantes a privilégié le regroupement d'équipements structurants et de fonctions mises en commun entre les réseaux créatifs du territoire. Ce choix, combiné à la diminution progressive de la maîtrise foncière sur ce périmètre, pose la question des marges de

Mirroring the dynamics observed in Berlin by Ares Kalandides, the results revealed the mechanisms behind the collaboration between creative players at street level, quarter level and indeed building level in some cases, whereby the quality of surrounding urban life became a major factor in location choice (transport, living space, opportunity for self-expression, identity and visibility of site).

The urban development project aimed to respond to this issue by encouraging experimentation with the aim of helping to create collaborative relationships. In 2009, in conjunction with Samoa, architect Jean-Louis Berthomieu designed a timber-framed unit as a temporary location for his office in the heart of the Alstom market buildings. Using this design as a model, the unit was adapted to allow it to be partitioned into twelve workspaces with a net surface area of 96 m each. The construction methods used, based on Triply panels, allowed building costs to be kept below 500 Euro per square metre, and the job to be completed in less than eight months.

The refurbishment of a former karting track to create a covered area housing a dozen units is now the relocation destination of choice for Alstom tenants pending completion of the site's redevelopment. This innovative approach has won funding for the scheme from the "City of Tomorrow" fund.

Discussions are also underway with the artist collective "Mille Feuilles", supported by the regional authority, to design a collective space dedicated to artistic output. Organised around a fully equipped workshop run by a technical expert, the project involves the provision of individual workshops for a dozen or so artists, as well as an exhibition space. The project has been developed on a modest budget and relies on the adaptation of a warehouse owned by port authorities. The final plan, still under consideration, may provide for some of the work to be carried out as a self-build project by the collective.

In November 2010, Nantes appointed Franklin Azzi as the architect to head up the transformation of the Alstom market site. According to Jean-Luc Charles, Managing Director of Samoa, the site, with around 25,000 mof potential space, should reflect the diversity which has taken root in the quarter and should "combine a range of activities, functions and uses around the centre point of the new College of Fine Arts".

Franklin Azzi and Samoa are devising a process of transformation mid-way between conversion and new build. In keeping with the existing site, and in a manner faithful to the views of Alexandre Chemetoff, the project provides for the demolition of two market halls in order to create four buildings interlinked by a public space. This approach will allow autonomous construction projects to be carried out according to individual timescales and schedules. The university will manage its own project and will agree its schedule with its partners. Just a few metres away, Samoa is also working to put a partnership in place to build a development of small offices. Discussions have begun with an investor within the framework of the Anglo-Saxon "patient capital" philosophy, i.e. long-term capital investment capable of delivering a demand-driven, economically responsible development model. The partnership will work according to specific guidelines relating to rent levels, types of space and the ways in which the creative networks intend to use these spaces. It will draw on the experience acquired through previous projects and on ongoing dialogue with Samoa's existing tenants.

In the eastern part of the site, Samoa plans to renovate two market halls to house projects open to the general public, provide resources for promoting business and project space for creators and artists in residence. The plan for the two halls incorporates fixed-purpose elements as well as a "vision statement" for those spaces which have yet to be defined, and which will take on more permanent forms over time — a real-life metaphor for the quarter and its development.

In planning the market site, Nantes has prioritised the pooling of structural facilities and functions shared amongst the area's creative networks. This decision, combined with the gradual reduction in the ownership and control of land in the area, poses questions in relation to the scope of future developments by the city of Nantes in order to cultivate this ongoing dynamic.

Aside from possible developments between the Banana Warehouse and the docklands site, the future of the "Quartier de la Création" may well lie a little further to the east, in the suburbs. In this area, relatively untouched by the first phase of the urban development project, there are a number of unoccupied ground floor premises and small abandoned industrial units suitable for small-scale operations, which would meet the needs of artists, start-up businesses and small collectives.

Samoa started work here several months ago, buying up two small buildings in which they have already set up a number of young creators. This approach, however, depends on

L'observatoire, Tadashi Kawamata, 2007, Lavau-sur-Loire.
"*L'observatoire*", Tadashi Kawamata, 2007, Lavau-sur-Loire.
Le Voyage à Nantes/Stéphane Bellanger.

développement futures dont peut disposer Nantes pour cultiver la dynamique en cours.

Au-delà des développements possibles entre le Hangar à bananes et le site des chantiers, l'avenir du quartier de la Création pourrait bien se trouver un peu plus à l'est, dans le faubourg. Dans ce quartier assez peu concerné par la première phase du projet urbain coexistent rez-de-chaussée inoccupés et petits espaces industriels délaissés, propices à des opérations de faibles dimensions, répondant aux besoins d'artistes, de jeunes entreprises ou de petits collectifs.

La Samoa a amorcé ce travail depuis quelques mois, en rachetant deux petits bâtiments et en y installant de jeunes créateurs. Cette démarche implique toutefois la mise en place d'outils adaptés permettant de repérer les espaces stratégiques et autorisant un portage par la puissance publique dans la durée.

Dans une stratégie visant à ne pas s'enfermer dans un périmètre trop restreint, ce choix présente aussi l'avantage de tisser des liens avec la rive opposée. Face au quartier République-les Ponts, le faubourg des Olivettes a déjà connu une réappropriation par les créateurs au milieu des années quatre-vingt-dix. Des éditeurs, architectes et artistes s'y sont regroupés avec la complicité de Nantes Aménagement, l'homologue de la Samoa sur les autres Zac nantaises.

L'évolution en cours marque ainsi la volonté de Nantes d'affirmer le caractère poreux du quartier de la Création, et d'imaginer son déploiement à une échelle plus large sur le territoire. La réflexion engagée sur les grandes emprises industrielles du sud-ouest par la nouvelle équipe de maîtrise d'œuvre du projet urbain constitue également un potentiel à investir pour de nouveaux projets.

putting suitable mechanisms in place which allow for the identification of strategic spaces and on securing the backing of local authorities in the long term.

Within the context of a strategy which aims to avoid limiting itself to an overly restricted area, this approach may also strengthen ties with those on other side of the river. Facing onto the République-les Ponts district, the Olivettes neighbourhood already experienced a wave of creative reappropriation in the mid-1990s. Publishers, architects and artists have relocated here with the help of "Nantes Aménagement", the counterpart of Samoa in the other Nantes ZACs.

The current advances underline Nantes' desire to nurture cross-pollination in the "Quartier de la Création" and to plan its deployment on a larger scale throughout the region. Discussions by the new urban project management team concerning the big industrial holdings of the south-west also demonstrate the potential for new project investment.

By focusing on clear targets and dynamic teamwork, the strategy of the city of Nantes is founded on a broad remit of projects, and notably on the interaction between urban and cultural projects. As the strategy enters a new phase, an administrative body must be put in place in order to create a structure capable of delivering the end result, without restricting the freedom and innovation which allowed it to emerge in the first place. Since the beginning of 2011, the "Voyage à Nantes" has brought together the Machines, the "Estuaire" festival and the Palace of the Dukes under the single direction of Jean Blaise.

This decision was partly motivated by a desire to strengthen Nantes' leisure tourism offering in relation to culture and heritage. While the concentration effect induced by the creation of this giant on the Nantes landscape may be regrettable, no doubt the need to establish a sustainable operational structure at least partially influenced the decision to take this particular approach. Conscious of the associated risks, Jean Blaise's team are working to broaden the approach and create a blueprint for other projects. For example, the "Mille Feuilles" initiative could be extended into 2012, allowing the organisers the opportunity to see the project through to its conclusion. At a strategic level, the establishment of the "Voyage à Nantes" also marks a refocusing on the city itself, following on from the "Estuaire" festival, which paved the way for greater integration of culture into the development of the area as a whole.

For its part, Samoa, now a publicly owned local company is continuing in its mission to revitalise the "Quartier de la Création", and is working with its principal partners towards the formation of a joint administrative body. However, the need to define an inclusive approach runs the risk of institutionalisation and inertia — elements notoriously incompatible with creative freedom. Keenly aware of this risk, Samoa plans on continuing to promote a free-for-all spirit and to cultivate the conditions necessary to stimulate the flourishing of creative activity in the urban environment.

L'éco-métropole, construire la ville autour du fleuve.
L'éco-métropole, building the city around the river.

Appuyée sur une constance dans les orientations fixées et les équipes en action, la stratégie nantaise s'est construite sur une démarche de projets, et notamment sur l'articulation entre projets urbains et culturels. Une nouvelle étape s'ouvre désormais, au cours de laquelle devra s'imposer une gouvernance à même de structurer dans la durée ce qui a été engagé, sans brider les marges de liberté et d'inventivité qui en ont permis l'émergence. Depuis le début 2011, le Voyage à Nantes regroupe les Machines, Estuaire, et le château des Ducs sous une direction unique confiée à Jean Blaise.

L'objectif de renforcer l'offre nantaise dans le tourisme d'agrément lié à la culture et au patrimoine motive pour partie cette décision. On peut regretter l'effet de concentration induit par la création de ce géant dans le paysage nantais. La nécessité de trouver les conditions d'une pérennisation de ces actions a sans doute partiellement orienté ce choix. Conscient de ce risque, l'équipe de Jean Blaise s'attache à ouvrir la démarche et obtenir un effet d'entraînement sur d'autres projets. L'initiative du collectif Mille Feuilles doit par exemple être intégrée au parcours 2012, et trouve ainsi un relais pour l'aboutissement de leur projet. Sur le plan stratégique, la création de Voyage à Nantes marque aussi le recentrage sur des enjeux plus nantais, là où Estuaire ouvrait la voie à une plus grande intégration de la culture dans la construction du grand territoire.

De son côté, la Samoa, transformée en Société publique locale, étend ses missions à l'animation du quartier de la Création et travaille avec les principaux partenaires à l'organisation d'une gouvernance commune. La nécessité de structurer une démarche qui prend de l'ampleur se confronte dès lors au risque d'institutionnalisation et d'inertie, incompatible avec la liberté créative. Conscient du risque, la Samoa entend « laisser le jeu libre » et continuer à cultiver les conditions d'une activité de création foisonnante dans la ville.

PASCAL LE BRUN-CORDIER

ZAT MONTPELLIER : UNE STRATÉGIE POÉTIQUE POUR STIMULER L'IMAGINAIRE URBAIN

Comment les artistes peuvent-ils produire de nouvelles représentations de la ville ? Dans quelle mesure peuvent-ils susciter une urbanité curieuse et créative ?

Montpellier est considérée depuis les années quatre-vingt comme une ville active en matière culturelle. Toutefois, les principales initiatives datant d'une trentaine d'années — notamment Montpellier Danse et le festival de Radio France —, en 2009, l'adjoint au maire chargé de la culture, Michaël Delafosse, a souhaité que soit créé un nouvel événement artistique, ambitieux, dans l'espace public, un domaine presque inexploré par la politique culturelle de la ville.

Après avoir engagé une réflexion interne et dessiné un cadre général, la direction de la culture de la Ville a fait appel à des responsables culturels et des experts de l'art en espace public pour faire émerger un projet. C'est dans ce contexte que j'ai imaginé et proposé à la Ville de Montpellier le concept des ZAT.

Ce projet vise à créer des Zones artistiques temporaires, entre 2010 et 2020, plusieurs fois par an, dans divers lieux de la ville. Ces rendez-vous artistiques dans l'espace public durent deux, trois ou quatre jours. Gratuits et organisés non loin d'une station de tramway, ils cherchent à toucher la population dans sa diversité sociale, générationnelle et territoriale.

La notion de Zone artistique temporaire fait référence au concept de Zone autonome temporaire théorisé par le poète libertaire américain Hakim Bey, dont elle retient l'énergie utopique et la force que lui confère son caractère éphémère. ZAT signifie également « regarde » en occitan — et c'est précisément ce que se propose de faire cette manifestation : inviter chacun à voir la ville autrement pour en découvrir les singularités.

La ZAT n'est pas un festival au sens classique du terme : elle n'apparaît jamais au même endroit ni à la même période de l'année, et son format varie d'une édition à l'autre. Singulière dans son format, elle mêle également des genres que l'on réunit rarement : arts vivants, arts visuels, performance, *street art*...

Chaque édition s'invente à l'issue d'une enquête menée pendant plusieurs semaines auprès des habitants et usagers du quartier où la ZAT va être organisée, au service des archives de la ville, à la terrasse des cafés ou lors de dérives psycho-géographiques comme les pratiquaient les situationnistes. Une thématique est ensuite définie, ainsi que des objectifs artistiques et culturels autour desquels s'organisera la programmation.

Contextuelle, la ZAT est à chaque fois pensée et mise en œuvre en fonction des spécificités du lieu avec lequel elle entre en dialogue. Entre vingt et trente projets artistiques sont proposés à chaque édition ; plusieurs se conçoivent in situ, ou font l'objet d'une adaptation à l'issue d'un temps de résidence.

À la temporalité verticale et événementielle de la ZAT s'ajoute une dimension horizontale, celle du temps long de l'action culturelle et de la mémoire collective. Des projets impliquant la population sont mis en place, ainsi que des rencontres avec les artistes en amont de la manifestation, des ateliers avec des étudiants de l'école d'architecture, des actions pédagogiques avec les écoles du quartier.

Des films sont également réalisés : des reportages montrant les projets artistiques des ZAT tout autant que le contexte de leur présentation et la manière dont ils sont reçus, ainsi que des petits films baptisés « Points de vue, points de vie », tournés avec des habitants, des artistes et des observateurs de l'urbain — paysagistes, architectes, urbanistes, ethnobotanistes... — qui nous invitent à regarder la ville avec eux, en marchant dans leurs pas. Ces films « Points de vue, points de vie » sont conçus pour être vus sur un smartphone, là où ils ont été tournés. À l'occasion des quatre premières éditions, une soixantaine ont été réalisés, sur un mode documentaire, subjectif, analytique ou fictionnel.

Explorer la ville et la mettre en récit(s)

L'exploration urbaine est le premier objectif des ZAT. Il s'agit de faire découvrir ou redécouvrir Montpellier à ses habitants et usagers. Cet enjeu est crucial dans une ville qui a connu en trente ans un spectaculaire développement démographique et urbanistique et voit sa croissance se poursuivre — mille nouveaux arrivants s'y installent chaque mois. Pour accueillir cette population, souvent jeune (40 %

PASCAL LE BRUN-CORDIER

ZAT MONTPELLIER: A POETIC STRATEGY TO STIMULATE THE URBAN IMAGINATION

How can artists create new representations of the city? To what extent can they generate a unique and creative urban environment? Running from 2010 to 2020, the aim of the project is to create temporary artistic zones in various parts of the city of Montpellier several times each year. These artistic gatherings in the public space last for two, three or four days at a time. Free of charge and located close to tram stops, the aim of the gatherings is to engage the entirety of the public in all of its social, generational and geographical diversity.

The notion of the ZAT references the concept of the Temporary Autonomous Zone theorised by libertarian American poet Hakim Bey, from which it derives the utopian energy and strength that lend it its transitory nature. ZAT also means "look" in the Occitan language, and that is precisely the object of the event; to invite everyone to look at the city differently and, by doing so, to discover its unique qualities.

The ZAT is not a festival in the strictest sense of the word — it never takes place in the same location or during the same time of year, and its format varies from one event to the next. The only project of its type, it fuses genres which rarely come together: live art, visual art, performance, street art, and so on. Each event is devised following surveys carried out over several weeks among residents and workers from the neighbourhood in which the ZAT is to take place. These surveys draw on public archives, street cafés and psycho-geographic meanderings inspired by the situationist movement. A theme is then chosen, along with the artistic and cultural objectives which will act as the framework for the event.

Each ZAT is conceived contextually and implemented in accordance with the particular characteristics of the space that it is engaging in dialogue. Each event includes between twenty and thirty artistic projects; many of which are conceived in situ, or adapted over time.

The vertical, event-based timeframe of the ZAT is enhanced by a horizontal dimension involving more long-term cultural action and collective consciousness. Projects which actively involve the public are included, along with pre-event meetings with artists, workshops with students from the school of architecture, and educational events for local schools.

Films are also made — report pieces explore artistic ZAT projects, their context and how they are received, while short films dubbed "Points of view, points of life", are shot with the aid of residents, artists and observers of urban life — landscapers, architects, urban developers and ethnobotanists — who invite us to look at the city through new eyes, following in their footsteps. These "Points of view, points of life" films are made to be viewed as they were shot; on an average smartphone. During the first four events, about sixty of these films were shot in documentary, narrative, analytical or fictional format.

Exploring and narrating the city

Urban exploration is the primary objective of the ZATs. The idea is for Montpellier to be discovered or rediscovered by its residents and users. This is crucial in a city which, over the last thirty years, has witnessed spectacular demographic and urban growth — one thousand newcomers move to the city each month. In order to accommodate this often young population (40% of residents are under 30), urban development zones (or ZACs) are multiplying. ZAT projects are implemented right across the entire city — the centre, suburbs and peripheral areas — particularly in neighbourhoods where cultural offerings are sparse, or in more recently developed areas which, lacking in history, offer little by way of atmosphere or local colour; such as Port-Marianne, which hosted the third ZAT event in November 2011.

Clairière urbaine, Cie Retouramont, ZAT#1, Montpellier, 2010.
"Clairière urbaine", Retouramont dance company, ZAT#1, Montpellier, 2010.
Agathe Salem et Marc Abed.

des habitants ont moins de trente ans), les Zones d'aménagement concerté (Zac) se multiplient. Des ZAT ont été et seront installées dans toute la ville — centre, faubourgs et périphéries —, notamment dans les quartiers où l'offre culturelle est rare ou dans les plus récents qui n'ont encore ni patine ni fantômes, comme Port-Marianne où s'est tenue la 3e édition en novembre 2011.

Le deuxième objectif des ZAT est la mise en récit(s) de la ville. Alors que l'imaginaire urbain tend à être saturé par les discours politiques ou ceux du marketing territorial, obéissant souvent à une logique de l'éloge ou à une rhétorique de l'affirmation, les ZAT proposent des récits alternatifs, troublant les représentations conventionnelles de la ville, interrogeant les usages établis, créant des frictions entre réalité et fiction et, au final, stimulant l'imaginaire.

Cet article présente les stratégies artistiques mises en œuvres lors des quatre premières ZAT — à Antigone en novembre 2010, au parc Méric en avril 2011, à Port-Marianne en novembre 2011 et dans le quartier de Celleneuve en avril 2012 — et avance quelques hypothèses sur leurs effets.

The second objective of the ZATs is to record the city's narrative. In contrast with generic urban imagery, often steeped in political or regional marketing discourse, and bound by a rationale of praise and positive reinforcement, the ZATs offer alternative narratives which shake up conventional representations of the city, question established uses, create friction between reality and fiction and, ultimately, stimulate the imagination.

This article presents the artistic strategies put into practice during the first four ZATs — at Antigone in November 2010, Parc Méric in April 2011, Port-Marianne in November 2011 and the Celleneuve quarter in April 2012 — and advances a number of hypotheses based on their outcome.

New understandings of space

The Antigone quarter, designed in the early 1980s by the Catalan architect Ricardo Bofill, welcomed its first residents in 1985. As a major architectural and urban development project at the end of the 20th century, Antigone has made its mark on the history of Montpellier via its social housing, pedestrianised public spaces, spectacular neoclassical aesthetic, and by the way in which it opens up the city to the sea. However, the quarter has traditionally been somewhat overlooked. Generally traversed by pedestrians in a rush, the area is rarely noticed by those who do not live here.

The ZAT held in Antigone over four days in November 2010 had two main objectives: to explore the area by encouraging visitors to understand the space and the way in which it has been created by its architecture, and to recount the story of Antigone, the character from Greek tragedy from whom the area derives its name.

Four of the twenty artistic projects devised in Antigone are described here. All have one thing in common — they took place at a height. In order to see them, thousands of passers-by and spectators had to stop and lift their gaze.

Aerial dance company Retouramont's "Urban Clearing" was staged over four days in the heart of the quarter. High wires were erected between several of the area's buildings to create a structure which vividly elongated the surrounding architectural design. Attached to these wires, the dancers literally inhabited the void. Spectators were able to observe and speak to them. It was also possible to join the dancers by being hoisted to the top of a stylite-like pillar, or suspended in the void, thereby seeing the city from an entirely different point of view.

Berlin performance artist Johan Lorbeer also came to inhabit the void. With his feet two metres off the ground, one hand resting against a wall, in a state of suspension, he spent an afternoon casually chatting to hundreds of passers-by who stood enthralled by his simple yet spectacular performance.

Following in the footsteps of the performance artists of the 1960s who took to the streets to criticise dehumanising architecture and to propose a poetic and playful reappropriation of public space, Austrian choreographer Willi Dorner used the occasion to present his performance art trail, "Bodies in Urban Spaces". Members of the public were invited to follow a trail of twenty performers installed in various urban interstices; between the columns of a balustrade, in a doorway, along the handrail of a staircase...

Before arriving in Antigone, the trail passed through two very different urban quarters; first the area around the train station, with its traditional narrow streets of two or three-storey buildings characteristic of 19th-century suburbs, then through Polygone, with its typical 1970s paving slabs and geometric forms, and finally Antigone, the post-modern city with its vast pedestrianised spaces framed by neoclassical facades. Each performer's body, as well as those of the spectators, engaged with the urban environment in a new way to form an eloquent artistic demonstration of the way in which we inhabit the city and the city inhabits us.

Pierre de Mecquenem, from art company La Machine, installed a landscape woven from thousands of candles in the paved heart of Antigone. Dozens of braziers, candelabras and bonfires lent an alternative reading to the public space. Each night, Ricardo Bofill's grand symmetrical urban theatre was brought to life by delicate flames making the architecture shimmer and breathe warmth into the city surroundings. On the Saturday evening, arrows of flame were fired from the top terraces of the Place du Nombre d'Or as part of an immersive pyrotechnic performance, creating a vast dome over the entire square, as suggested by Bofill's architecture.

From inhabiting the void, to hovering in suspended states, squeezing into cracks and bringing fire to the heart of the town — these four artistic endeavours offered a significantly alternative view of the city, while also suggesting that other ways of inhabiting the space were possible.

Tarzan, Johan Lorbeer, ZAT#1, 2010.
"Tarzan", Johan Lorbeer, ZAT#1, 2010.
Agathe Salem et Marc Abed.

Appréhender l'espace autrement

Le quartier Antigone, imaginé au début des années quatre-vingt par l'architecte catalan Ricardo Bofill, a accueilli ses premiers habitants en 1985. Réalisation architecturale et urbanistique majeure de la fin du XXe siècle, Antigone a marqué l'histoire de Montpellier par ses logements sociaux, ses espaces publics piétons, sa spectaculaire esthétique néoclassique, et par l'ouverture qu'il proposait à la ville, vers la mer. Ce quartier est néanmoins peu ou mal connu : traversé par des piétons pressés, il est rarement regardé par ceux qui n'y vivent pas.

La ZAT organisée à Antigone en novembre 2010 pendant quatre jours avait deux objectifs : explorer le quartier en amenant les spectateurs à appréhender l'espace et la manière dont l'architecture le produit, et raconter l'histoire d'Antigone, le personnage de la tragédie grecque qui lui a donné son nom.

Quatre des vingt projets artistiques installés à Antigone seront ici évoqués. Leur point commun : ils se déroulaient en hauteur. Pour les voir, des milliers de passants et de spectateurs se sont arrêtés et ont levé les yeux.

La Clairière urbaine de la compagnie de danse verticale Retouramont a pris place pendant quatre jours au cœur du quartier. Des cordes ont été tendues entre plusieurs immeubles, construisant une structure qui prolongeait graphiquement le dessin de l'architecture. Accrochés à ces cordes, les danseurs ont littéralement habité le vide. Les spectateurs pouvaient les observer et discuter avec eux. Il était aussi possible de les rejoindre en étant hissé en haut d'une colonne tel un stylite ou suspendu dans le vide, et ainsi de voir la ville d'un autre point de vue.

Le performeur berlinois Johan Lorbeer habitait lui aussi le vide : les pieds à deux mètres du sol, une main posée contre un mur, en lévitation, il a passé une après-midi à discuter nonchalamment avec des centaines de passants, fascinés par cette performance simple et spectaculaire.

Héritier des performeurs des années soixante qui descendaient dans les rues pour critiquer l'architecture déshumanisante et proposer une réappropriation poétique et ludique de l'espace public, le chorégraphe autrichien Willi Dorner a présenté dans le cadre de cette ZAT son parcours *Bodies in urban spaces*. Le public était invité à suivre vingt performeurs installés dans des interstices urbains : entre les colonnes d'une balustrade, dans l'embrasure d'une porte, sur la rampe d'un escalier…

Bodies in urban spaces, Cie Willi Dorner, ZAT#1, 2010.
"Bodies in urban spaces", Willi Dorner dance company, ZAT#1, 2010.
Agathe Salem et Marc Abed.

Bodies in urban spaces, Cie Willi Dorner, ZAT#1, 2010.
"Bodies in urban spaces", Willi Dorner dance company, ZAT#1, 2010.
Agathe Salem et Marc Abed.

Avant d'arriver à Antigone, le parcours traversait deux quartiers urbanistiquement très différents : celui de la gare, ses petites rues traditionnelles des faubourgs du XIXe siècle avec ses immeubles de deux ou trois étages, puis le Polygone, sa dalle et ses formes géométriques typiques des années soixante-dix, et enfin Antigone, la ville postmoderne avec ses vastes espaces piétons cernés de façades néoclassiques. À chaque fois, les corps des performeurs comme ceux des spectateurs étaient engagés d'une manière différente dans le décor urbain. Une démonstration artistique éloquente de la manière dont nous habitons la ville et dont la ville nous habite.

Pierre de Mecquenem, de la compagnie La Machine, avait installé au cœur de ce quartier minéral d'Antigone un paysage composé de milliers de bougies, de dizaines de braseros, de candélabres et de bûchers qui donnaient à lire autrement l'espace public. Chaque nuit, le grand théâtre urbain symétrique de Ricardo Bofill était rythmé par ces flammes fragiles qui faisaient vaciller l'architecture et réchauffaient la ville. Le samedi soir, des lignes de feu ont été tirées du haut des terrasses de la place du Nombre d'Or au cours d'une performance

Les Pheuillus, Cie Le Phun, ZAT#2, 2011.
"Les Pheuillus", Le Phun theatre company, ZAT#2, 2011.
Jean-Pierre Estournet.

pyrotechnique immersive qui a permis de recouvrir toute cette place par un vaste dôme comme le suggérait l'architecture de Bofill.

Habiter le vide, être en lévitation, se glisser dans les interstices ou placer du feu au cœur de la cité : les gestes qui sont au fondement de ces quatre projets artistiques nous semblent modifier sensiblement le regard porté sur la ville, tout en suggérant que d'autres manières de la vivre sont possibles.

Vivre en ville au rythme de la nature

La deuxième ZAT a été organisée en avril 2011 en lisière de la ville, à Méric, un parc de douze hectares ayant appartenu au XIXe siècle à la famille du peintre Frédéric Bazille, qui y a peint plusieurs de ses tableaux.

L'enjeu était de faire voir et ressentir le paysage, ses formes et ses couleurs, en suivant les pas de Bazille. Tous les artistes invités jouaient avec cette frontière sensible entre le monde et ses représentations, entre la nature et l'art.

Chaque matin, le public était invité au lever du soleil, peu avant sept heures, pour prendre un petit déjeuner sur la terrasse du mas dominant le parc, voir des performeurs évoluer avec le jour naissant, enveloppés dans des cocons de cellophane accrochés aux arbres, puis suivre une conférence sur les tableaux peints par Bazille à Méric. Plus tard dans la journée, un ethnobotaniste faisait cueillir et goûter des salades sauvages, un chef proposait de déguster des fleurs, des chanteurs ornithologues dialoguaient avec les oiseaux du parc.

Plusieurs projets artistiques répondaient aux recherches picturales de Bazille, qui tentait d'installer ses personnages dans le paysage, de les faire tenir « naturellement » par un jeu de lignes et de formes, par des rapports de couleurs. Ainsi les Pheuillus de la compagnie Le Phun : deux cents sculptures végétales anthropomorphes infiltrées dans l'ensemble du parc — sur les arbres, dans les bosquets, au bord du Lez, le fleuve montpelliérain.

Des comédiens de la compagnie se présentant comme des enquêteurs de « l'observatoire européen des populations migrantes » sillonnaient le parc et demandaient aux promeneurs de les aider à recenser ces curieux Pheuillus. Des centaines d'enfants et d'adultes ont ainsi cherché pendant trois jours à discerner combien de Pheuillus étaient disséminés dans la nature. En scrutant attentivement le paysage, chacun de ces enquêteurs a pu en découvrir l'organisation formelle, les lignes de force, les nuances chromatiques. Face à ces personnages

City living in rhythm with nature

The second ZAT took place in April 2011 in Méric on the outskirts of the city. In the 19th century, this twelve-hectare park belonged to the family of the painter Frédéric Bazille, who also painted many of his canvases here.

The purpose of this ZAT was to encourage people to see and feel the landscape, its shapes and its colours, by following in the footsteps of Bazille. All of the invited artists played with the delicate boundary between the actual world and the way it is represented, between nature and art.

Each morning, the public was invited to rise with the sun, shortly before 7.00 a.m., to have breakfast on the terrace of the grand country home overlooking the park. Here they watched performers enclosed in cellophane cocoons suspended from the trees come to life with the new day. Afterwards they attended a talk on the paintings completed by Bazille while at Méric. Later in the day, people were invited to harvest and sample wild salad under the watchful eye of an ethnobotanist. A chef offered edible flower tasting, and ornithological singers duetted with the birds of the park.

Several of the artistic projects were inspired by the pictorial endeavours of Bazille, who experimented with line and form and the relationship between colours to present people as a natural part of the landscape. Hence the "Pheuillus" installations created by theatre company Le Phun — two hundred sculptures made from natural materials scattered across the whole park — in trees, in thickets, and on the banks of the Lez, the river that runs through Montpellier.

Actors posing as inspectors from the fictitious "European Watchdog on Migrant Populations" wandered the park asking passers-by to help them carry out a census of the strange Pheuillus structures. Over three days, hundreds of children and adults were recruited to determine how many Pheuillus were scattered across the natural environment. By examining the landscape in such close detail, each of the recruits became more aware of its formal layout, strong lines and subtle shades. The presence of these unusual beings formed from dead leaves also raised questions about their (and our) strange otherness; we stare at them and they stare back at us, they look like us but are not us. Are they watching over us or spying on us?

Around fifteen other artistic projects played with the perceptions of the spectator. For example, a court adjacent to Parc Méric played host to a most unusual tennis match. If you listened closely, you could clearly hear the ball bouncing from one end of the court to the other. Yet there was nothing to see; the court was empty. In a nod to "Blow Up", the Antonioni film which concludes with a surrealist tennis match, devoid of balls and racquets, this Eric Hemme installation was called "Blow Off". In an echo of science-fiction writer J. G. Ballard's assertion that "What you see depends on what you're looking for", this work invited the public to approach the city park in the same way they would approach a painting, film or novel; by allowing themselves to be caught up in fiction's spell.

Filling the world with fiction, gradually pushing back the boundaries between nature and culture, drawing the attention of the spectator to uncertain or improbable artistic ideas are all poetic strategies capable of changing the relationship we maintain with our environment, by increasing our awareness and stimulating our imagination.

Exploring the urban imagination

Port-Marianne is a new quarter recently constructed on the banks of the River Lez. This was the location for the third ZAT, held in November 2011. The artistic strategy devised to explore this district — a district with no real history — was to invent one.

In September 2011, an official-looking press release from the City of Montpellier announced that traces of an unidentified underwater creature had just been found not far from the Lez. At a press conference a few days later, it was suggested that this may have been an appearance of the notorious "Loch Lez Monster" which, according to legend, had haunted the depths of the local river for many centuries. Journalists were presented with a recovered parchment featuring a prophetic quatrain by Nostradamus, who lived in Montpellier around 1530, stating that on the day on which eleven number ones were aligned, the monster would rise from the Lez. After consultation, experts suggested that the prophesied event may occur on 11/11/11 at 11 hrs 11 mins 1 second — the first day of the ZAT.

To give substance to the legend, the Loch Lez Monster investigation team established links with a text by Rabelais, a contemporary of Nostradamus, and an ancient mosaic at the archaeological site of Lattara. The population of Montpellier were also called upon, with all interested parties invited to contribute to the investigation by communicating their own accounts in the form of films, drawings, photos, sculptures, and even manga illustrations and haiku poetry.

Miroir, miroir, Cie Happés, ZAT#2, 2011.
"Miroir, miroir", Happés performance art company, ZAT#2, 2011.
Jean-Pierre Estournet.

emplis de feuilles mortes, les uns et les autres se sont aussi interrogés sur leur étrange altérité : nous les voyons et ils nous regardent, ils nous ressemblent sans être nous. Nous veillent-ils ou nous surveillent-ils ?

Une quinzaine d'autres projets artistiques jouaient avec la perception du spectateur. Ainsi, sur un terrain jouxtant le parc Méric se déroulait une étrange partie de tennis. En tendant l'oreille, vous entendiez la balle rebondir d'un bout à l'autre du terrain. Mais il n'y avait rien à voir, le terrain était vide. Comme un clin d'œil à *Blow Up*, le film d'Antonioni qui se termine par une partie de tennis surréaliste, sans balle ni raquette, cette installation d'Eric Hemme s'appelait *Blow Off* (s'évanouir). Comme un écho à ce qu'écrivait l'auteur de science-fiction J. G. Ballard, « Ce que vous voyez dépend de ce que vous cherchez », cette œuvre constituait une invitation à entrer dans ce parc urbain comme on entre dans un tableau, un film ou un roman : en se laissant happer par les sortilèges de la fiction.

Charger le monde de fiction, déplacer imperceptiblement les lignes séparant nature et culture, attirer l'attention des spectateurs sur des intentions artistiques incertaines ou improbables : ces stratégies poétiques sont susceptibles de modifier le rapport que nous entretenons avec notre environnement, en augmentant notre sensibilité et en enrichissant notre imaginaire.

Explorer l'imaginaire urbain

Port-Marianne est un quartier récemment construit au bord du Lez. C'est là que fut organisée la troisième ZAT, en novembre 2011. La stratégie artistique retenue pour explorer ce quartier sans histoire a consisté à en inventer une.

En septembre 2011, un communiqué de presse très officiel de la Ville de Montpellier annonça que des traces d'un animal aquatique inconnu venaient d'être découvertes non loin du Lez. Quelques jours plus tard, lors d'une

Fous de bassin, Cie Ilotopie, ZAT#3, 2011.
"Fous de bassin", Ilotopie performance art company, ZAT#3, 2011.
Marc Ginot.

conférence de presse, fut évoquée l'hypothèse d'une possible apparition du fameux « monstre du Loch Lez » qui, selon la légende, hante les profondeur du fleuve montpelliérain depuis plusieurs siècles. Aux journalistes fut présenté un parchemin retrouvé sur lequel figurait un quatrain prophétique de Nostradamus, résident montpelliérain vers 1530, indiquant que le jour où onze chiffres un seront alignés le monstre surgira du Lez. Consultés, des experts ont suggéré que l'événement pourrait advenir le 11/11/11 à 11 h 11 et 1 seconde, premier jour de la ZAT.

Pour donner corps à la légende, des liens furent établis par la cellule d'enquête « monstre du Loch Lez » avec un texte de Rabelais, contemporain de Nostradamus, et une mosaïque antique du site archéologique de Lattara. Un appel fut également lancé à la population montpelliéraine invitant toutes les personnes susceptibles de contribuer à l'enquête à transmettre leurs témoignages sous forme de films, dessins, photos, sculptures, mais aussi mangas ou haïkus…

Le jour J, à l'heure H, plusieurs centaines de personnes s'étaient rassemblées au bord du Lez, où le monstre était censé apparaître. Son absence fut abondamment commentée : des monstrologues de diverses obédiences, des archéologues de l'Institut national d'archéologie préventive (Inrap), ainsi que des représentants de l'Agence nationale de psychanalyse urbaine (ANPU) se réunirent en public plusieurs fois par jour pendant la ZAT pour tenter de comprendre les raisons de la non apparition du monstre. La nature de cette créature fut aussi discutée : animal aquatique bien vivant, fantôme fabuleux ou fantasme fantastique ?

Dans la plupart des mythes et légendes, le monstre symbolise l'informe, le chaos, la démesure, l'incontrôlable. Que pouvait figurer ce monstre du Loch Lez ? Au fil des débats qui animèrent cette ZAT, chacun se fit son idée. Alors que Montpellier inaugurait pendant la manifestation son nouvel hôtel de ville, près du site où le monstre était attendu, loin du centre historique de l'Écusson, l'ANPU mena une vaste « opération divan » : les spectateurs pouvaient s'allonger

Installation de feu, Pierre de Mecquenem, Cie La Machine, ZAT#3, 2011.
Fire installation, Pierre de Mecquenem, La Machine art company, ZAT#3, 2011.
Marc Ginot.

sur des transats et faire le portrait chinois de leur ville pour explorer son inconscient. Parallèlement, une exposition aussi drôle que sérieusement documentée présentait une série de « névroses urbaines » identifiées dans une trentaine de villes en France et en Europe par les psychanalystes urbains de l'ANPU, accompagnées de préconisations thérapeutiques fantaisistes.

En tirant les fils d'une histoire insolite, en impliquant activement la population dans une vaste enquête participative et en suscitant une multitude de discours décalés, amusants ou grinçants, cette ZAT a tenté de provoquer l'imaginaire d'une ville souvent prompte à l'autocélébration narcissique tout en interrogeant son devenir urbain. De très nombreux Montpelliérains ont apprécié le jeu et y ont participé avec plaisir, d'autres sont restés à distance, et quelques-uns ont cherché à neutraliser le projet — un responsable de la mairie ayant par exemple demandé quelques semaines avant la manifestation que cet animal inconnu dont nous annoncions l'arrivée devienne « un monstre gentil, ou une fée »…

Dériver dans des rêves surréels

C'est à Celleneuve, un ancien village intégré à Montpellier il y a plus d'un siècle, qu'a été organisée la quatrième ZAT, en avril 2012. La direction artistique suivie pour explorer ce quartier et en révéler les singularités fut celle de la poésie surréaliste et du rêve. À l'origine de ce choix, les poèmes d'un écrivain né à Celleneuve, Léo Malet, et la conviction que le surréalisme constitue un viatique intéressant pour rêver la ville et y dériver autrement.

Qu'est-ce que le surréalisme ? La volonté de redonner ses droits à l'imagination, le goût de la déambulation urbaine et l'affirmation de « la toute-puissance du rêve », selon la formule d'André Breton dans le premier Manifeste

On the appointed day and time, several hundred people assembled on the banks of the Lez at the exact point where the monster was expected to appear. Its absence was to be extensively commented on: monstrologists of various persuasions, archaeologists from the National Institute for Preventive Archaeology (INRAP), as well as representatives of the National Agency for Urban Psychoanalysis (ANPU) held public meetings several times a day over the course of the ZAT in an attempt to understand the reasons for the monster's failure to appear. The nature of the creature was also discussed: underwater creature, supernatural apparition or figment of the imagination?

In the majority of myths and legends, the monster symbolises formlessness, chaos, excess and lack of control. How would the Loch Lez Monster be represented? In the course of the discussions prompted by the ZAT, everyone had their own ideas. In parallel to Montpellier inaugurating its new city hall close to the site where the monster had been expected, a long way from the historic centre of l'Écusson, the National Agency for Urban Psychoanalysis launched the large-scale "Operation Sofa". In an attempt to explore the city's unconscious, the initiative encouraged spectators to stretch out on sun loungers and create a Chinese portrait of their city. At the same time, a light-hearted but professionally documented exhibition presented a series on "urban neuroses" which had been identified in around thirty towns across France and Europe by experts from the National Agency for Urban Psychoanalysis, accompanied by fanciful therapeutic recommendations.

By drawing together the strands of an unusual history, actively involving the population in a vast collective investigation and provoking a multitude of reactions ranging from the amused to the downright scathing, this ZAT attempted to stimulate the imagination of Montpellier while also exploring its urban future, by exploiting the innate narcissism of a city only too willing to celebrate itself. A great number of Montpellier residents appreciated the joke and participated wholeheartedly, others kept their distance, with a few trying to tone down the project — for example, a few weeks before its planned arrival, a local government official asked if the unknown creature could become "a gentler creature, or a fairy"...

Drifting into surreal dreams

The fourth ZAT was organised in April 2012 at Celleneuve, a former village integrated into the city of Montpellier over a century ago. The artistic vehicles selected to explore this quarter and reveal its unique qualities were surrealist poetry and the power of dreams. The inspiration behind the choice were the poems of a writer who was born in Celleneuve; Léo Malet, along with the belief that surrealism is a powerful conduit for bringing dreams to the city and revealing new paths of exploration...

So, what exactly is surrealism? Surrealism is a willingness to give in to the imagination, a love of urban wandering, and an assertion of the "almighty power of dreams", as per André Breton's statement in the first Manifesto of Surrealism in 1924. Most of the twenty artistic projects commissioned for this ZAT were firmly rooted in surrealism — in particular the dance performances and the art installations of the G. Bistaki collective, created using hundreds of terracotta tiles such as those found on the rooftops of villages in the south of France.

Cooperatzia, Cie G. Bistaki, ZAT#4, 2012.
"Cooperatzia", G. Bistaki company, ZAT#4, 2012.
Gaël Guyon.

du surréalisme, en 1924. Surréalistes, la plupart des vingt projets artistiques réunis pour cette ZAT l'étaient assurément, en particulier les performances chorégraphiques et les installations plastiques du collectif G. Bistaki, réalisées avec des centaines de tuiles « canal » que l'on trouve sur les toits des villages du Sud.

Parce que le cinéma, notamment à ses débuts, a souvent été défini comme un prolongement du rêve, et que de nombreux artistes surréalistes s'y sont intéressés, il eut une place importante au sein de cette ZAT, et ce d'autant plus qu'une salle de cinéma est installée au cœur de Celleneuve depuis plus de cinquante ans. Plusieurs longs et cours métrages d'inspiration surréaliste, de Jean Cocteau, Alejandro Jodorowsky, Luis Buñuel, Roman Polanski et Adrian Paci, y ont été programmés pendant la manifestation.

Mais le cinéma est aussi sorti de la salle pour envahir la ville et mieux brouiller la frontière entre réalité et fiction : lors de spectacles jouant avec les codes du cinéma, comme Le film du dimanche soir de la compagnie Annibal et ses éléphants, une séance de cinéma forain en plein air où les acteurs entrent et sortent de l'écran, à l'occasion de projections de films dadaïstes et surréalistes réalisées à même les murs de la ville, ou encore lors de ciné-concerts, dans un parc, avec des films muets accompagnés en musique, notamment Sherlock Junior, le film de Buster Keaton où le projectionniste amoureux traverse l'écran pour entrer dans le film qu'il est en train de projeter.

Dans presque tous ces films, un miroir joue un rôle-clé : surface de projection, objet métaphysique où se « réfléchit » une image de soi ou du monde, porte d'entrée vers un ailleurs rêvé... Il était également au cœur d'un projet mené par un collectif de cinéastes documentaristes, REAL, qui invitait les spectateurs de la ZAT à venir s'asseoir une vingtaine de minutes dans le fauteuil d'un salon de coiffure voisin du cinéma. Là, face au miroir, les cinéastes recueillaient leurs confidences sur la manière dont des films s'étaient tressés à leurs vies. Ces récits singuliers étaient ensuite montés et projetés, le lendemain, dans l'espace public : un hommage vivant au cinéma, miroir du monde et nos vies.

Soto, P2BYM, ZAT#4, 2012.
"Soto", P2BYM, ZAT#4, 2012.
Gaël Guyon.

Installation de feu, Pierre de Mecquenem, Cie La Machine, ZAT#3, 2011.
"Fire installation", Pierre de Mecquenem, La Machine art company, ZAT#3, 2011.
Marc Ginot.

Inventer de nouveaux « partages du sensible »

Les ZAT cherchent à enrichir et intensifier l'expérience urbaine, d'une part en aiguisant les singularités de la ville — architecturales, urbanistiques, poétiques —, par des greffes artistiques effectuées dans le quotidien urbain, d'autre part en fabriquant du « commun » : rassemblements festifs réunissant plusieurs milliers de personnes, organisation de rencontres et de discussions entre spectateurs et artistes... Cette double opération, artistique et culturelle, se réalise dans l'espace public, et dans un temps public (une décennie) rarement investi par les politiques culturelles.

Parce qu'elles s'organisent de manière contextuelle, en cherchant à faire résonner projets artistiques et paysages urbains, parce qu'elles ont une dimension utopique, et parce qu'elles veulent toucher la population et pas uniquement des publics, les ZAT stimulent l'imaginaire urbain et favorisent une urbanité curieuse et créative.

Plus encore, elles contribuent à transformer ce que Jacques Rancière nomme le « partage du sensible », c'est-à-dire la manière dont le monde s'agence et se présente à nous, sous la forme de découpages — entre visible et invisible, dicible et indicible, possible et impossible. Des projets artistiques comme ceux de Johan Lorbeer, Retouramont ou Willy Dorner, modifient ce partage du sensible, perturbent l'ordre des évidences et montrent que des réserves de possible sont disponibles : nos corps peuvent s'alléger, la ville est habitable autrement, le vide n'est pas une négativité mais un espace à contempler ou à mettre en jeu. Ces projets démontrent que les ressources de l'imaginaire permettent de faire advenir d'autres agencements du réel, et en premier lieu, une autre ville dans la ville.

Une autre ville dans la ville

Trois valeurs caractérisent cette autre ville dont les contours se dessinent dans l'espace-temps éphémère de la ZAT : la liberté, la mixité et la gratuité. La liberté — dont témoignent les créations des artistes invités comme celle des spectateurs circulant d'un spectacle à l'autre pendant la manifestation en suivant leur bon vouloir — est vécue d'autant plus intensément que l'espace urbain est très normé et que ses usages demeurent majoritairement routinisés et fonctionnels. La mixité : le public de la manifestation est diversifié, sur un plan social et générationnel — ce

Because — especially in its early days — it was often defined as an extension of dreaming, and because it is a subject of particular interest to many surrealist artists, cinema played a core role in this ZAT, not least because Celleneuve has had a cinema in its centre for more than fifty years. Many feature-length and short films by surrealist film-makers such as Jean Cocteau, Alejandro Jodorowsky, Luis BuÑuel, Roman Polanski and Adrian Paci were on the programme during the event.

But cinema also left the screen to invade the city at large, blurring the lines between reality and fiction even further. Some shows played with cinematic conventions, such as The Sunday Night Film by "Annibal et ses éléphants" — an open-air showing of fairground films where the actors entered and exited the screen. Dadaist and surrealist films were projected onto the walls of the city, and cine-concerts were held in the park, featuring silent films accompanied by music, most notably "Sherlock Junior", the Buster Keaton film in which the lovesick projectionist bursts through the screen to enter into the film he is projecting.

In almost all of these films, mirrors played a key role as a projection surface, a metaphysical object *reflecting* an image of the self or of the world, or a gateway to an alternative world of dreams... Another project led by a collective of documentary film-makers, REAL, invited ZAT spectators to sit for twenty minutes or so in a hairdressing salon next door to the cinema. There, facing the mirror, the film-makers gathered personal accounts of the ways in which film had become woven into the spectators' lives. These individual narratives were then edited and shown the following day in a public screening: a living tribute to cinema, mirror of the world and of our lives.

Inventing new "shared sensitivities"

The ZATs seek to enrich and intensify the urban experience, on the one hand by pinpointing the unique character of the city — in architectural, urban and poetic terms — by transplanting art into everyday urban life, and on the other hand by creating a shared experience — festive gatherings uniting thousands of people, meetings of mind and discussions between spectator and artist... This twofold process, both artistic and cultural, takes place in the public space over a period of collective time (a decade) seldom invested in by cultural policies.

Because they are organised in a contextual manner, seeking to link artistic projects with urban landscapes, because they have a utopian dimension, and because they aim to reach the whole population and not just specific audiences, the ZATs stimulate the urban imagination and foster an inquisitive and creative approach to the city.

Furthermore, they help to transform what Jacques Rancière once called "shared sensitivity" — in other words, the way in which the world is constructed and presents itself to us, in the form of cross-cuts — between the visible and the invisible, spoken and unspoken, possible and impossible. By developing this shared sensitivity, artistic projects such as those of Johan Lorbeer, Retouramont or Willy Dorner disturb the natural order of things and demonstrate that there are numerous untapped possibilities at our disposal; our bodies can become less substantial, the city can be inhabited differently, the void is not a negative but a space to be contemplated or played with. The projects demonstrate that the resources of the imagination can open up gateways to other forms of reality and, most significantly, to an alternative city within the city.

The city within the city

The alternative city whose outlines are formed during the transitory space-time of the ZAT is characterised by three values: freedom, diversity and free access.

Freedom — exemplified by the creations of the invited artists, as well as by the spectators wandering at will from one show to the next during the event — is experienced even more intensely when urban space is highly conventional and its uses mainly routine and functional.

Diversity — surveys carried out during the second and third events indicate that the event audience spanned a diverse social and generational range. This diversity is valuable, as urban spaces and timeframes which successfully unite all sectors of the population are rare. It's important to note that this diversity is documented and not simply perceived. During the ZATs, as is the case for many festivals or political demonstrations, an informal social scene develops; one which is pleasant, often friendly, and which helps each person to feel the warmth of the social body, sometimes quite literally as with the braziers and bonfires installed by scenographer Pierre de Mecquenem each evening.

Free access — none of the events at the ZATs require payment, with all costs being covered by local authorities. This free access encourages social diversity and reinforces the general feeling of freedom. This element is even more valuable when one considers that over the

Réflexions urbaines, AL, ZAT#4, 2012.
"Réflexions urbaines", AL, ZAT#4, 2012.
Gaël Guyon.

que confirment les enquêtes réalisées à l'occasion des deuxième et troisième éditions. Cette mixité est précieuse car les espaces urbains ou les temps publics qui parviennent à rassembler la population dans sa diversité s'avèrent rares. Soulignons que cette mixité est éprouvée et pas seulement perçue : dans les ZAT, comme dans nombre de festivals ou de manifestations politiques, une sociabilité informelle se développe, chaleureuse, parfois amicale, qui conduit chacun à sentir le corps social se réchauffer, parfois au sens propre, autour des braseros et des bûchers installés chaque soir par le scénographe Pierre de Mecquenem.

La gratuité : rien n'est payant dans une ZAT, tous les coûts étant pris en charge par la collectivité publique. Cette gratuité favorise la mixité sociale et renforce le sentiment de liberté. Elle paraît d'autant plus appréciée que l'on observe depuis une dizaine d'années une tendance à la marchandisation et la privatisation des espaces publics, notamment à Montpellier où des manifestations commerciales sont très fréquemment organisées sur les grandes places de la ville.

Cette autre ville dans la ville est aussi inventée par les spectateurs de la ZAT qui, en déambulant librement, se façonnent leur espace public singulier. Pierre Sansot rappelait que « la ville se compose et se recompose, à chaque instant, par les pas de ses habitants », et ajoutait : « Quand ils cessent de la marteler, elle cesse de battre pour devenir machine à dormir, à travailler, à obtenir des profits ou à user son existence[1]. »

[1] SANSOT, P., *Poétique de la ville*, Paris, Éditions Payot & Rivages, 2004.

last decade or so there has been a tendency towards the commercialisation and privatisation of public spaces, particularly in Montpellier, where commercial events are frequently held in the city's main public squares.

This city within the city is also created by the ZAT spectators who, by wandering about freely, fashion their own unique public space. Pierre Sansot noted that "the city is constantly composing and recomposing itself, each and every minute, through the footsteps of its inhabitants", adding that, "When they stop pounding, it stops pulsing and becomes a sleeping, working, profit-making, life-sapping machine."[1]

The geopoetics of it all

A ZAT is always an invitation to embark on a stroll, take a situationist-type diversion or indulge in some "poaching", to borrow a term favoured by Michel Certeau. In other words, it is an invitation to reclaim the city, hijack it even — by occupying spaces which are usually out of bounds, by stopping traffic, by opting for locations not generally known for their appeal, by demonstrating peacefully that it is possible to create a transitory micro-society united by a shared aesthetic emotion and the simple pleasure of being, all within an urban environment which is generally organised so as to favour commercial exchange and traffic flow.

By transposing artistic intention to the city and drawing attention to the aesthetic, each ZAT brings the world of geopoetics a little closer. This is not imposed but suggested. The ZAT works towards a gentle shakeup of the "city framework", old landmarks begin to fade a little, and the daily urban routine moves slightly off course. A successful ZAT should ultimately result in spectators losing themselves in their own city, as Walter Benjamin managed to do in Berlin, while noting that "Straying off course in a city, like straying off course in a forest, calls for a whole new education"[2].

---

[1] SANSOT, P., *Poétique de la ville*, Paris, Éditions Payot & Rivages, 2004.

[2] BENJAMIN, W., *Sens unique*, précédé de *Enfance berlinoise*, Paris, 10-18, 2000.

Performance d'Antoine le Ménestrel, ZAT#3, 2011.
Antoine le Ménestrel performance, ZAT#3, 2011.
Marc Ginot.

Géopoétique

Une ZAT est toujours une invitation à marcher, voire à dériver dans un esprit situationniste, et ainsi à « braconner » pour reprendre un terme cher à Michel Certeau, c'est-à-dire à s'approprier la ville, voire à la détourner — par l'occupation d'espaces généralement interdits, par le blocage de la circulation, par l'installation dans des lieux peu ou pas hospitaliers, par la démonstration paisible qu'il est possible de faire exister une micro-société éphémère réunie autour du partage d'émotions esthétiques et du simple plaisir d'être-là, et ce dans une ville plutôt organisée pour favoriser les échanges marchands ou la circulation automobile.

En greffant dans la ville des intentions artistiques et en suscitant des attentions esthétiques, chaque ZAT propose ainsi une géopoétique. Celle-ci n'est pas imposée mais suggérée : la ZAT procède à un léger tremblement du « cadre de ville », les repères habituels s'effacent un peu, le quotidien urbain se décale doucement. Une ZAT réussie devrait même conduire les spectateurs à se perdre dans leur propre ville, comme Walter Benjamin parvenait à le faire dans Berlin — « S'égarer dans une ville, comme s'égarer dans une forêt, demande toute une éducation [2] ».

[2] BENJAMIN, W., *Sens unique*, précédé de *Enfance berlinoise*, Paris, 10-18, 2000.

REGARDS
PERSPECTIVES

CHARLES AMBROSINO

CES ESTHÉTIQUES QUI FABRIQUENT LA VILLE

L'attention portée au rôle des artistes, et plus généralement des créateurs, dans le développement de la ville contemporaine prend une tournure nouvelle qu'il est intéressant de bien appréhender. Les deux séminaires organisés sur ce sujet dans le cadre du programme Popsu Europe ont été l'occasion d'initier un tour d'horizon relativement exhaustif des divers axes problématiques qu'ouvre un tel champ d'exploration. Loin d'en restituer toute la richesse, cette contribution se propose d'exposer quelques-uns de ses aspects les plus saillants.

L'esthétique conduit la fabrique urbaine. D'une ville à l'autre, le recours à l'événementiel conforte les politiques d'images, les actions artistiques dans les espaces publics se multiplient (*street art*, événements accompagnateurs de projets urbains, etc.) et la sollicitation de l'éprouvé émotionnel dans la programmation des ambiances architecturales et urbaines se normalise. Ici et là se développent des initiatives publiques, des mobilisations ponctuelles, des expérimentations qui, toutes, convoquent d'une manière ou d'une autre l'esthétique et des acteurs du champ esthétique.

Précisons d'emblée qu'ici l'esthétique est entendue comme l'expérience sensible, sociale et spatiale que tout individu fait de l'environnement construit dans lequel il se meut, évolue et vit. À l'échelle urbaine, la notion d'esthétique renvoie au moins à deux acceptations : l'expression du beau dans la ville et la réalisation d'actes d'embellissement. La première fait référence à l'ensemble des éléments ornementaux, architecturaux et artistiques qui participent à la construction du paysage urbain mais se détachent de celui-ci par leurs qualités esthétiques intrinsèques. La seconde évoque cette idée que l'on peut renforcer les attributs esthétiques d'une ville par un jeu de composition de ses formes[1] voire par la proposition d'expériences sensitives collectives (d'origine artistique ou non) visant à promouvoir le vécu, le partage et l'appropriation de ses territoires.

Dans le cadre de l'action publique, les édiles locales se saisissent bien souvent de l'idée d'esthétique urbaine sous l'angle étroit de l'attractivité économique et touristique. Il s'agit de soumettre aux publics de la ville une panoplie de dispositifs sensibles qui s'appuient sur la mise en scène de la création culturelle et artistique. Qu'elles soient de grandes envergures ou qu'elles s'incarnent dans des interventions plus ponctuelles, les opérations engagées viennent satisfaire des besoins de communication et de promotion territoriale. À cette fabrique esthétique de la ville s'appose une esthétique de la fabrique urbaine pour laquelle les usages, l'imaginaire et les pratiques ordinaires des individus constituent le fondement de projets artistiques et/ou urbains. Attentifs aux territoires du quotidien, artistes, architectes, urbanistes et autres créateurs invitent à repenser l'espace au gré d'installations temporaires, de flâneries originales et de détournements poétiques œuvrant comme autant de « brèches dans la routine perceptive [2] » qui, tout en exaltant la créativité de chacun, engagent à renouveler les modes d'habiter la ville.

Une fabrique esthétique de la ville qui se répète

L'analyse des initiatives conduites à Lausanne, Lyon, Nantes, Montpellier, Berlin, Birmingham et Montréal révèle bien que la culture tient une place de choix dans les politiques de requalification engagées par les métropoles. Non seulement elle est mobilisée pour mettre en scène leurs qualités, leurs spécialités ainsi que leurs différences, mais elle constitue également le moteur de nombreux projets de régénération d'espaces centraux et péricentraux. Néanmoins, à mesure que se répètent les expériences, ce transfert du développement culturel au profit des impératifs économiques, territoriaux et, plus généralement, esthétiques montre des signes d'essoufflement qui invitent à recomposer les liens entre ville, création et créateurs.

La ville-spectacle

Polariser les mouvements de visiteurs, d'investissements et de capitaux, voilà une stratégie de développement urbain désormais bien ancrée dans les pratiques entrepreneuriales des collectivités.

[1] Tel que le théorisaient par exemple les tenants de « l'art urbain ».
[2] AUGOYARD, J.-F. (dir.), *Médiation artistiques urbaines*, Grenoble, Cresson, 1999.

CHARLES AMBROSINO

AESTHETIC EXPERIENCES THAT BUILD CITIES

The discussion surrounding the role of the artist and, more generally the creator, in the development of the contemporary city is taking a new direction; one which is important to fully comprehend. The two seminars organised under the framework of the Popsu Europe programme have afforded an opportunity to begin drafting a relatively detailed overview of the core issues posed by this new approach. While far from providing a complete picture, the aim of this overview is to identify the most salient aspects of the discussion.

Aesthetic experience has become a driving force for urban development. From one city to the next, there is a move towards the use of public events as branding vehicles, art installations in public spaces are multiplying (street art, events accompanying urban projects, etc.), and the process of encouraging emotional experience through the staging of architectural and urban environments is becoming standard practice. Here and there, we are seeing the development of public initiatives, one-off events and experiments which all, to an extent, draw on aesthetic experience and players from the artistic field.

First, let us clarify what we mean by aesthetic experience. In this context, aesthetic experience refers to the emotional, social and spatial relationship that each individual has with the constructed environment in which they move, evolve and live their lives. In an urban environment, the creation of aesthetic experience involves at least two basic elements — the showcasing of the existing beauty of the city, and the active enhancing of this beauty. The former refers to all ornamental elements, both architectural and artistic, which are part of the urban landscape but stand distinct by virtue of their intrinsic aesthetic value. The latter refers to the idea that the aesthetic attributes of a city can be highlighted by playing with the forms and composition of the city[1], offering collective emotional experiences (whether artistic in origin or not) which foster personal experience, engagement, and ownership of one's surroundings.

In terms of public initiatives, local city councils often approach the idea of urban aesthetics from the limited perspective of what it can offer in terms of money and tourism. At its core, urban aesthetics should offer the people who live in the city an array of emotional experiences which draw on a backdrop of cultural and artistic creation. Whether they consist of large-scale undertakings or smaller individual endeavours, these projects should also serve to help advertise and promote the area. The aesthetics of the city thus become linked with the aesthetics of urban development, where the habits, imagination and daily routines of the individual become sources of inspiration for artistic and/or urban projects. Focusing on the everyday environment, artists, architects, urban planners and other creators invite people to see space in a new way through temporary installations, individual walkways and an artistic appropriation of space; all of which provide "new perspectives on the daily routine"[2] — celebrating individual creativity while also attempting to renew the ways in which the city is inhabited.

Patterns and rhythms of aesthetic experience

An analysis of initiatives carried out in Lausanne, Lyon, Nantes, Montpellier, Berlin, Birmingham and Montreal clearly shows that cultural practices figure prominently in the urban renewal projects of these cities. Not only are cultural practices called upon when displaying the cities' qualities, individual characteristics and differences, they are also a driving force behind numerous projects focusing on the regeneration of inner city and peripheral spaces. However, as patterns begin to form, the use of culture in the furthering of economic, regional and, more generally, aesthetic

Central Library, Birmingham.
Central Library, Birmingham.
Brian Clift.

Nombreuses sont les villes qui multiplient les occasions de se rendre désirable. Prenons le cas des anciens bastions industriels : afin de surmonter la crise économique, les acteurs locaux s'efforcent de reconstruire l'image de leur territoire et n'hésitent pas, s'il le faut, à bousculer les représentations sociales (ville déclinante, ville polluée, ville sans intérêt, etc.) que colporte une histoire dont ils souhaitent se détacher. Aussi les politiques marketing valorisent-elles non plus les lieux pour ce qu'ils sont, mais pour ce qu'ils offrent. Dans ce contexte, la spectacularisation du paysage urbain s'impose là où l'héritage existant ne suffit pas. Mieux, l'exploitation symbolique de la création culturelle fournit le *decorum* nécessaire à la mise en œuvre des politiques urbaines [3]. Dès lors, musées, gestes artistiques prestigieux et événements de rangs internationaux (festivals musicaux ou de théâtre, foires et biennales d'art contemporain et de danse, etc.) deviennent les supports de l'attractivité territoriale.

À Lyon, le musée des Confluences — en cours de réalisation — se définit comme un musée de sciences et de sociétés. Par sa situation géographique, à l'une des entrées de la ville, et sa structure originale, ce bâtiment iconique, relayé par le quartier Confluence (véritable vitrine de l'architecture internationale des années deux mille), vise à signifier que Lyon est une ville de la connaissance et de l'économie cognitive engagée dans la marche du progrès. Outre-Manche, la renaissance urbaine que promeut la ville de Birmingham s'appuie très largement sur le rayonnement de son offre culturelle. Depuis une trentaine d'années, la « ville aux 1000 métiers » a fait place, dans les discours officiels tout du moins, à la « ville mondiale », créative et cosmopolite. Ancienne métropole fordiste, le territoire

[3] Voici quelques références : CHAUDOIR, P., « La ville événementielle : temps de l'éphémère et espace festif », *Géocarrefour*, vol. 82-83, 2007 ; GRAVARI-BARBAS, M., *La ville festive, Espaces, expressions, acteurs*, HDR, Université d'Angers, 2000 ; INGALLINA, P., *L'Attractivité des territoires, regards croisés*, Paris, Puca, 2009 ; PADDISON, R., « City Marketing, Image Reconstruction and Urban Regeneration », *Urban Studies*, 30, 1993, pp. 339-350.

imperatives appears to be losing steam; perhaps suggesting that the links between city, creation and creator require a certain level of restructuring.

Cities on display

Urban development strategies that focus on the movement of visitors, investment and capital are now a firm fixture in the entrepreneurial strategies of most local authorities. There are now plenty of cities inventing an ever-increasing array of occasions on which to render themselves more attractive. Take, for example, the traditional industrial strongholds: in response to the global economic crisis, local players in these cities are attempting to reconstruct their city's image, leaving behind traditional perceptions (in decline, polluted, unappealing) which carry the weight of a history from which they wish to distance themselves. Marketing strategies are moving in the same direction; no longer finding value in cities for what they are, but for what they offer. In this context, events that serve to make the urban landscape more spectacular take on greater importance in those cities where the existing heritage is not deemed sufficient. This symbolic mining of cultural creation provides the foundation required to put urban policy into practice.[3] As such, museums, prestigious art events and internationally recognised celebrations (music or theatre festivals, exhibitions and bi-annual festivals of contemporary art and dance, etc.) become the pillars of a city's aesthetic appeal.

In Lyon, the Confluences museum — currently under construction — defines itself as a museum of science and society. With its position at one of the gateways to the city and its unique architecture, this iconic building inspired by the Confluence quarter (a veritable shop window of twenty-first century international architecture) is an attempt to demonstrate that Lyon is a city of learning; a knowledge economy which is actively engaged in the march towards progress. In the UK, the urban renaissance currently boosting the city of Birmingham relies heavily on the strength of the city's cultural offerings. Over the last thirty years, the "city of a thousand trades" has taken its place (in official discourse at least) on the list of creative, cosmopolitan "international cities". Given its previous incarnation as a manufacturing hub, the urban areas of the West Midlands capital are markedly functionalist. The existing road infrastructure and enduring legacy of big industry enclose a city centre rich in history, a city centre which the powers that be are now attempting to liberate (both physically and psychologically) through a vast array of cultural facilities and artistic institutions (the Symphony Hall, Central Library, Millennium Point, etc.) In the same way, the reclaiming of roads for pedestrian-only access has been accompanied by a sustained policy of promoting public art 4 — sometimes to the point where a stroll through the centre becomes a sort of visual assault.

Cities that entertain

The strategy used to redefine a city in cultural terms can be seen most clearly in the promotion of "cultural quarters". Such projects have the added advantage of serving as vehicles for sustainable urban development. What we're talking about here is mixed-use quarters where a variety of different commercial and business premises co-exist with residential apartment buildings, all in close proximity to a public transport network. It is about offering a residential option right in the heart of the city centre, limiting the use of private vehicles, and cultivating an alternative to suburban living. It is, above all, a return to the lively, warm, sociable streets of the past, and a move in support of alterity which harks back to the days of Jane Jacobs.

Blending business and artistry, these quarters generally occupy a wholly independent segment of the city; an administrative area with clearly defined perimeters.

Most often, they are established close to the city centre and major transport networks, in areas where property is inexpensive and readily available (unused or abandoned spaces, neglected buildings, temporary or improvised parking areas, untended public spaces, etc.)

Often supported by the big entertainment brands (take Sony and Berlin's Potsdamer Platz, for example), or by commercial developers, cultural quarters are a veritable real estate *product*, uniting recreational areas, cultural facilities, cafés, restaurants, shops, and business premises "in such a way as to create an attractive whole, both lively and compact, which, by its very nature, carries the visitor through journeys that inspire new and fresh emotions"[5]

---

[1] As theorised by proponents of the "street art" movement, for example.

[2] AUGOYARD, J.-F. (dir.), *Médiation artistiques urbaines*, Grenoble, Cresson, 1999.

[3] See the following references: CHAUDOIR, P., "La ville événementielle : temps de l'éphémère et espace festif", *Géocarrefour*, vol. 82-83, 2007 ; GRAVARI-BARBAS, M., *La ville festive, Espaces, expressions, acteurs*, HDR, Université d'Angers, 2000 ; INGALLINA, P., *L'Attractivité des territoires, regards croisés*, Paris, Puca, 2009 ; PADDISON, R., "City Marketing, Image Reconstruction and Urban Regeneration", *Urban Studies*, 30, 1993, pp. 339-350.

[4] The city centre is home to some of the finest works of celebrated English sculptor, Antony Gormley.

[5] GRAVARI-BARBAS, M., "Les enclaves ludiques dans la ville contemporaine, Le cas du Navy Pier à Chicago", in GHORRA-GOBIN, C. (dir.), *Réinventer le sens de la ville : les espaces publics à l'heure globale*, Paris, L'Harmattan, 2001, pp. 159-168.

Millennium Point, Birmingham.
Millennium Point, Birmingham.
Source : Millennium Point.

de la capitale des West Midlands est marqué par l'urbanisme fonctionnaliste. Infrastructures routières et grandes emprises industrielles résiduelles engoncent un centre historique exigu qu'aujourd'hui la municipalité s'attache à émanciper (physiquement et psychologiquement) à grand renfort d'équipements culturels et d'institutions artistiques (Symphony Hall, Central Library, Millennium Point). De la même manière, la reconquête des espaces motorisés rendus aux piétons s'est accompagnée d'une politique soutenue de développement de l'art public [4] au risque, parfois, d'une surenchère visuelle.

La ville récréative

Ces stratégies de requalification culturelle de la ville s'incarnent tout particulièrement dans la promotion des « quartiers culturels ». Ces schémas d'aménagement ont l'avantage d'être porteurs des ambitions du développement urbain durable : c'est la figure du quartier aux usages mixtes où se mêlent activités diverses (de production et/ou de consommation, etc.) et logements collectifs, le tout à proximité d'un réseau de transport en commun ; c'est la possibilité de pourvoir une offre résidentielle en ville, de limiter l'usage de la voiture et de développer une alternative au mode de vie suburbain. C'est surtout, pense-t-on, le retour à la rue effervescente, chaleureuse, conviviale et support de l'altérité, qu'appellent de leurs vœux les nostalgiques d'une Jane Jacobs pourfendeuse de l'urbanisme moderne. Mixant activités et fonctions artistiques, ces territoires recouvrent généralement une portion de ville à part entière voire une division administrative au périmètre bien délimité. Ils sont le plus souvent développés à proximité des espaces centraux et des grandes infrastructures de transport, là où le foncier est peu cher et disponible (espaces hors d'usage et abandonnés, immeubles délabrés, zones de stationnement temporaires ou sauvages, espaces publics détériorés, etc.). Promus par les grands opérateurs du divertissement (Sony et la Potsdamer Platz à Berlin par exemple) mais aussi par les développeurs

[4] On retrouve dans le centre ville certaines des plus belles pièces du célèbre sculpteur anglais Antony Gormley.

Le nouveau Flon, Lausanne.
The new Le Flon, Lausanne
Lauren Andres.

commerciaux, les quartiers culturels sont de véritables produits immobiliers réunissant plusieurs pôles récréatifs, des équipements culturels, des cafés et des restaurants, des boutiques et des commerces, « le tout organisé de manière à créer un ensemble attrayant, dense, animé, dans lequel le parcours du visiteur est censé s'inscrire dans une expérience globale lui apportant des sensations inédites [5] ».

Que nous apprend ici l'expérience montréalaise ? Dans le cadre d'un vaste plan de réaménagement de l'est du centre ville, la municipalité est saisie au début des années deux mille par l'influente Association québécoise de l'industrie du disque, du spectacle et de la vidéo (Adisq), afin qu'un partenariat avec les acteurs locaux des industries culturelles soit mis en place dans l'objectif de définir « une vision de développement axée sur la mise en valeur des actifs culturels de ce quartier vivant du centre ville ». Le projet ainsi défendu embrasse un enjeu de société fondamental : enrayer une culture suburbaine de la maison individuelle en promouvant l'idée que vivre, travailler et se divertir en ville est qualitativement supérieur. En juin 2003 est créé le Partenariat du Quartier des Spectacles, lequel aura pour mission de mener à bien sa réalisation. Destiné à accueillir de très grands festivals (le Festival international de jazz, le Festival Juste pour rire, etc.), l'aménagement du site se concentre sur la place des Arts mais également sur un chapelet d'espaces publics contigus au moyen d'un travail fin sur les usages et les cheminements des festivaliers, sur la mise en lumière architecturale et sur la visibilité toponymique du quartier - l'objectif étant de rendre plus visible et de mieux articuler les quatre-vingts lieux de diffusion qui s'y concentrent. Au terme d'un processus de planification qui aura duré près de dix ans, le projet est aujourd'hui en passe d'être achevé. Certainement plus adaptée à la foule qu'au(x) public(s), la mise en place du Quartier des spectacles procède d'une double réappropriation de la centralité et du centre ville de Montréal par un processus de labellisation territoriale et de conquête des espaces publics qu'une mobilisation événementielle, sensationnelle et récréative de la création artistique vient structurer.

La ville travestie

Loin d'être isolée, l'initiative québécoise participe d'un mouvement anglo-saxon, sinon international. D'une certaine manière, le quartier du Flon à Lausanne se positionne sur le même créneau, quand bien même les promoteurs du lieu jouent la carte de la culture alternative en évoquant une séquence relativement courte de l'histoire de ce territoire qui, aujourd'hui, s'apparente plus à un centre commercial à ciel ouvert qu'à l'antichambre de la création suisse. De nombreuses critiques ont été adressées à ce type de développement [6]. Beaucoup d'entres-elles pointent leur incapacité à répondre durablement aux problématiques urbaines. La production de ces nouveaux espaces de consommation culturelle se caractérise généralement par la concentration des investissements sur de petites aires d'attention, parfois même sur quelques objets architecturaux, au détriment d'activités plus confidentielles mais socialement signifiantes.

En plaçant le consommateur au centre de leurs activités, ces territoires misent sur la gratification individuelle et transforment la ville en un réceptacle de marques culturelles. Ces pratiques invitent à calibrer l'esthétique urbaine en s'appuyant sur des actions d'embellissement menées de concert par les autorités locales (municipalité) et les acteurs privés (promoteurs, associations, commerçants). Plateaux piétonniers, revêtements du sol, mobilier urbain et signalétique font ainsi l'objet d'une attention toute particulière. Au bout du compte, cette forme de sémiotisation de l'environnement construit travestit les espaces architecturés et publics (ou devrait-on dire du public) en les adaptant à des normes de délectation visuelle.

[5] GRAVARI-BARBAS, M., « Les enclaves ludiques dans la ville contemporaine, Le cas du Navy Pier à Chicago », in GHORRA-GOBIN, C. (dir.), *Réinventer le sens de la ville : les espaces publics à l'heure globale*, Paris, L'Harmattan, 2001, pp. 159-168.

[6] Pour ne citer qu'elles : EVANS, G., « Hard Branding the Cultural City - From Prado to Prada », in *International Journal of Urban and Regional Research*, vol. 27, n° 2, 2003, pp. 417-440 ; HANNIGAN, J., *Fantasy City : Pleasure and Profit in the Postmodern Metropolis*, Londres, Routledge, 1998 ; JUDD, D.-R., « Constructing the Tourist Bubble », in JUDD, D.-R., FAINSTEIN, S. (ed.), *The Tourist City*, New Haven, Yale University Press, 1999, pp. 35-53 ; ZUKIN, S., *The Cultures of Cities*, Cambridge, Blackwell Publisher, 1995.

In this context, what can we learn from the example of Montreal? As part of a vast redevelopment plan for the eastern area of the city centre initiated at the turn of the millennium, and heavily influenced by the Quebec Music, Entertainment and Video Industry Association (ADISQ), the city council proposed the establishment of a partnership with local players from the cultural sector — the aim being to define "a development plan that focuses on enhancing the cultural assets that this lively city quarter has to offer". The project's main aim was to address one fundamental societal challenge; to move away from suburban culture and its individual housing, through promotion of the notion that living, working and entertaining oneself in the city results in a qualitatively superior way of life. In June of 2003, the Quartier des Spectacles Partnership was established, charged with overseeing the successful achievement of this aim. Intended for the hosting of large festivals, such as the International Jazz Festival and the Just for Laughs comedy festival, the area is seeing concentrated development around the Place des Arts, as well as in a string of adjacent public spaces, as developers look more closely at the habits and routes of festival-goers, the illumination of architectural structures, and the visibility of signage and place names — the objective being to clearly highlight and differentiate the twenty-four performance spaces concentrated in the area. After a planning stage of almost ten years, the project is now nearing completion. Geared more towards the general public than specific audiences, the Quartier des Spectacles is the product of a twofold reclaiming of Montreal's urban core and of the city's central position as a whole, achieved through a combined process of recasting regional identities and creating new public spaces by means of an event-driven, emotion-based and re-inventive surge of artistic endeavour.

Cities in disguise

Far from being an isolated example, the Quebec initiative is part of a larger movement taking place in a number of English-speaking countries, and indeed worldwide. The area of Le Flon in Lausanne is moving in the same direction. Here, the area's developers are playing the alternative culture card by evoking a relatively short period in the history of an area which, today, bears more resemblance to an outdoor shopping complex than the hub of Swiss creativity. Numerous criticisms have been levelled at this type of development[6]. Many of these criticisms point to the inability of such developments to respond to urban issues in the long term. These newly created areas of cultural consumption are generally characterised by concentrated investment in a small number of highly visible areas, often in specific architectural structures, at the expense of activities which are less visible but more socially significant.

By focusing on the consumer, these areas place the emphasis on individual gratification and turn the city into a repository for cultural branding. Such practices invite people to tailor the urban aesthetic to their own needs. This takes the form of active embellishment carried out by local authorities and city councils in association with private players (developers, associations, retailers, etc.) As such, elements such as pedestrian walkways, road resurfacing, street furniture and signage become the focus of careful attention. Ultimately, this emphasis on signs and symbols in the constructed environment disguises public and architectural spaces (or more accurately, the architectural spaces belonging to the public) by adapting them to conform to a standard perception of visual beauty.

Cities with a story to tell

Obviously, this initial overview only partly addresses the relationship that is still growing between creators, creation, and urban development, yet this relationship remains a force to be reckoned with insofar as it continues to monopolise urban policy (and related discussion). Operating in parallel with these developments, a movement towards the refining of cultural offerings is also flourishing. Event calendars no longer focus on one or two key sites; it is now the urban area as a whole which takes the stage during festivals, celebrations and outdoor events. By sharing these events with the local population more overtly, the events grow in authenticity and can help to reinforce a sense of collective identity. Nantes is an enlightening example of this approach in action. Since the end of the 1980s, the city of Nantes has sought to place itself on the cultural map by means of a series of original events aimed at offering an alternative city narrative to that of a past dominated by the shipping industry. Thanks to the work carried out by a number of individuals with privileged positions in national and international networks (such as Jean Blaise or the "Royal de Luxe" marionette company), Nantes is

---

[6] To name but a few: EVANS, G., "Hard Branding the Cultural City - From Prado to Prada", in *International Journal of Urban and Regional Research*, vol. 27, n°2, 2003, pp. 417-440 ; HANNIGAN, J., *Fantasy City : Pleasure and Profit in the Postmodern Metropolis*, Londres, Routledge, 1998 ; JUDD, D.-R., "Constructing the Tourist Bubble", in JUDD, D.-R., FAINSTEIN, S. (ed.), *The Tourist City*, New Haven, Yale University Press, 1999, pp. 35-53 ; ZUKIN, S., *The Cultures of Cities*, Cambridge, Blackwell Publisher, 1995.

La revancha de la fresa, Julien Rémy et le SPP pour Lausanne Jardins, 2009.
"La revancha de la fresa", Julien Rémy and the SPP, Lausanne Jardins, 2009.
Dominique Hugon.

La ville qui se raconte

Bien évidemment, ce premier tour d'horizon ne renseigne que partiellement sur les rapports qui s'établissent entre créateurs, créations et développement urbain mais demeurent cependant incontournables tant ils monopolisent les politiques métropolitaines (et les discours qui les accompagnent). En parallèle de ces expériences, il s'opère un mouvement d'affinement de l'offre culturelle tout aussi foisonnant. L'agenda événementiel ne se concentre plus uniquement sur quelques sites clés, c'est l'espace urbain dans son ensemble qui se met en scène à l'occasion de fêtes, de festivals et de manifestations en plein air. Mieux partagées avec les populations locales, ces prestations gagnent en authenticité et visent à galvaniser l'identité collective. À ce titre, l'exemple de Nantes est édifiant : dès la fin des années quatre-vingt, la municipalité cherche à marquer les esprits grâce à une suite d'interventions culturelles singulières susceptibles de proposer un récit alternatif à celui de son passé imprégné de l'industrie navale. Grâce à la mobilisation de quelques personnalités et acteurs jouissant d'une position privilégiée au sein de réseaux nationaux et internationaux (tel que Jean Blaise ou la compagnie Royal de Luxe), l'image culturelle de Nantes va progressivement se cristalliser autour d'un petit nombre de projets ciblés dans les domaines des musiques actuelles et des arts plastiques. Le Festival des Allumées, la Folle Journée ou encore les biennales d'art contemporain Estuaire sont autant d'événements qui désormais ponctuent un agenda culturel fort d'une notoriété qui déborde sans peine les frontières de la Loire-Atlantique. Capitalisant sur cette rente médiatique et porté par une équipe municipale stable, courageuse et bienveillante, le *made in* Nantes artistique rencontre chaque année l'enthousiasme d'un public converti et très largement local [7].

[7] Sagot-Duvauroux, D., « La scène artistique nantaise, levier de son développement économique », in Grandet, M., Pajot, S., Sagot-Duvauroux, D., Guibert, G., *Nantes, la Belle éveillée, le pari de la culture*, Toulouse, Éditions de l'Attribut, 2010, pp. 95-107.

Cocons, Luisa Pineri, Giovanni Luca Lichen, Cristina Boo, Sedano Kripko Laslo (Milan), Lausanne Jardins 2009.
"Cocons", Luisa Pineri, Giovanni Luca Lichen, Cristina Boo, Sedano Kripko Laslo (Milan), Lausanne Jardins 2009.
Léonore Baud.

Globalement, le portefeuille d'activités proposées par les municipalités s'émancipe du seul souci de divertir. L'intégration des pratiques artistiques alternatives aux politiques culturelles locales en témoigne. L'objectif est d'attirer des résidents et non plus seulement des consommateurs ponctuels ou encore des entreprises. Ces nouvelles stratégies assoient cette idée que les territoires tirent leur accueillance de leur capacité à polariser les créateurs en tous genres. Aussi les stratégies marketing s'adaptent-elles à cette nouvelle donne et se montrent plus attentives aux besoins de certaines franges de la société, lesquelles présenteraient la particularité d'être au cœur du développement économique.

Une esthétique de la fabrique urbaine qui se cherche

Quid des artistes ? Ceux-là ne sont plus observés qu'à l'aune de leur exploitation potentielle comme groupe dans des projets locaux, quand bien même la précarité individuelle est susceptible de demeurer. Leur fine réceptivité aux soubresauts des modes et nouveaux courants culturels, leur capacité à gérer l'incertitude et leurs pratiques socio-spatiales en font les acteurs en même temps que les modèles d'une véritable métamorphose du capitalisme. Flexibilité, goût du risque et esprit rebelle sont autant de qualités imputables au travail artistique que valorisent désormais nombre d'employeurs et, plus généralement, la société dans son ensemble [8]. Ainsi dépossédé de son statut d'exception, l'artiste apparaît comme un entrepreneur créateur, certes singulier, mais affranchi du monopole de la création.

Tous créateurs ? Polyphonies créatives et modes d'habiter la ville

En décalant l'usage du substantif « créatif », un spécialiste du développement local comme Richard Florida [9] finit de déplacer le regard des décideurs, usuellement portés sur les entreprises, vers cette nébuleuse d'habitants susceptibles de déployer tout un arsenal de créativité dans l'exercice de leur métier (les fameux membres de la classe créative). Ceux-là, mus par un rapport esthétisant au quotidien, choisiraient avant tout un lieu de vie, des ambiances, des scènes culturelles. Indifférents aux géo-injonctions du marché de l'emploi, leur parcours résidentiel annoncerait celui des entreprises à forte valeur ajoutée.

Celui qui réside importerait donc plus que celui qui emploie ? C'est faire ici l'hypothèse d'une stabilité territoriale de l'habitant supérieure à celle de l'entreprise. En tout cas, on comprend mieux que des thèmes comme l'habitabilité, l'urbanité ou encore la qualité de vie fassent aujourd'hui florès. Cette idée que chacun puisse être créateur de son quotidien déploie une multitude de perspectives nouvelles qui diffusent la créativité bien au-delà des champs traditionnels des arts et de la culture. Dès lors, ceux qui habitent un territoire (temporairement ou de manière plus pérenne) se font les relais de propositions officielles ou alternatives de modes d'habiter la ville.

Prenons le cas de Lausanne Jardins. Profitant de la période estivale, paysagistes et jardiniers, en créateurs de dispositifs sensoriels, transforment le territoire de la capitale vaudoise en un vaste laboratoire d'expérimentations urbaines. L'objectif est simple : faire découvrir des lieux et des perspectives méconnus, mettre en valeur le patrimoine végétal de la ville et, surtout, promouvoir la flânerie. À l'issue d'un concours international [10], différents jardins s'égrènent le long de promenades thématiques et sont directement installés dans l'espace urbain. L'intérêt de telles propositions réside dans la capacité de ces agencements paysagers à révéler les structures sous-jacentes des territoires qu'ils investissent. Au gré des usages, de nouvelles organisations spatiales apparaissent avec leurs centralités, leurs toponymies, leurs paysages. C'est ainsi qu'en plein cœur du centre ancien une petite place d'origine médiévale saturée de stationnement automobile est (re)découverte grâce à la quiétude qu'instille l'aménagement d'un jardin temporaire. De la même manière, des actions plus ponctuelles, à l'échelle de la rue ou du quartier, viennent souligner des configurations d'intimité que les habitants apprennent à apprécier — parfois même à leur insu. À une autre échelle encore, les scénarios de promenade, loin d'être anecdotiques, soulignent le rôle souvent oublié de la topographie (coteaux, pentes et plateaux) dans la forme urbaine lausannoise

[8] MENGER, P.-M., *Portrait de l'artiste en travailleur, Métamorphoses du capitalisme*, Paris, Seuil, 2002.
[9] Voici quelques-unes de ses références les plus citées : FLORIDA, R., *The Rise of the Creative Class and How It's Transforming Work, Leisure, Community and Everyday Life*, New York, Basic Books, 2002 ; FLORIDA, R., *Cities and the Creative Class*, New York, Routledge, 2005.
[10] Jusqu'ici, quatre éditions ont eu lieu (1997, 2000, 2004 et 2009), la prochaine étant programmée pour l'été 2014.

progressively cementing its image as a cultural hub through a small number of targeted projects on the contemporary music and fine arts scene. Art and music festivals such as the "Festival des Allumées", "Folle Journée" and the bi-annual "Estuaire" contemporary art festival are just a few of the events punctuating an impressive cultural calendar whose reputation now extends far beyond the borders of the Loire-Atlantique. Capitalising on this reputation and led by a strong, audacious and deeply involved team employed by the local council, Nantes, as an artistic brand, is greeted each year by a growing, enthusiastic, and largely local, audience.[7]

As a general trend, the portfolio of activities offered by most cities is beginning to concern itself less and less with the notion of entertainment in its more traditional sense. The integration of alternative artistic events into local cultural strategies is testament to this trend. The goal has become more about attracting residents, rather than occasional consumers or even businesses. These new strategies reinforce the idea that cities are made more appealing by an ability to attract creators from all walks of life. Marketing strategies have also started to adapt to this new order and are becoming more attentive to the needs of certain fringes of society, fringes which can suddenly find themselves major players in new economic development.

An urban aesthetic in search of itself

So, where does this leave the artist? Artists are now seen primarily in terms of their potential use as a group within local projects, although the precarious nature of their own situation seems unlikely to change. Their sensitivity to changes in fashion and new cultural trends, their capacity for managing uncertainty, and their socio-spatial habits make them both objects and agents of a veritable metamorphosis of capitalist norms. Other qualities attributed to artistic workers, such as flexibility, risk-taking and a spirit of rebellion are now valued by a variety of employers and, more generally, by society as a whole[8]. Thus stripped of their exceptional status, artists are increasingly seen as creative entrepreneurs; still unique, but now free to exist independently of the creative process.

Creators one and all? Creative polyphony and ways of inhabiting the city

By changing the way in which the term "creative" is used, urban development experts such as Richard Florida[9] direct the policy-maker's attention away from businesses and towards this amorphous group of individuals with an entire creative arsenal at their disposal (the so-called "creative class"). As people who are motivated by aesthetic experience in their everyday lives, the creative classes will inevitably opt for areas which are vibrant, provide atmosphere and are home to a thriving cultural scene. Indifferent to the geographical dictates of the employment market, their choice of location frequently prompts an influx of high-end business to the area.

As such, has the resident become more influential than the employer? That is to say, does the resident contribute more to their environment than business does? Whether or not this is the case, it is easier to understand why themes such as liveability, urbanism and quality of life are very much in vogue. The idea that everyone can be the creator of their own everyday environment has opened up a panorama of new ways of viewing creativity which extend far beyond the traditional spheres of art and culture. From this standpoint, those who inhabit an area (whether temporarily or on a more long-term basis) become conduits for official or alternative proposals in respect to how the city should be inhabited.

The "Lausanne Jardins" event is an interesting case study in this context. During the summer months, landscape designers and gardeners, in their role as creators of sensory experience, transform the capital of the Vaud canton into a vast laboratory of urban experimentation. The aim is a simple one: to help people to discover little-known parts and perspectives of the city, showcase the city's natural heritage and, above all, encourage people to stroll around. Following an international competition[10], various different gardens are arranged along themed walkways, integrating seamlessly with the urban environment. The value of the event lies in the way these landscaped gardens unveil the surrounding structures within the environment in which they are placed. Through use, new spatial arrangements begin to emerge, with their own centre points, place names and landscapes. In this way, a small medieval square previously used as a car park is (re)discovered in the heart of the old city centre, thanks to the peace and tranquillity instilled by a simple, transient garden. In the same way, more improvised events at ground level, in neighbourhoods and on the streets, emphasise intimate patterns which the

---

[7] Sagot-Duvauroux, D., "La scène artistique nantaise, levier de son développement économique", in Grandet, M., Pajot, S., Sagot-Duvauroux, D., Guibert, G., *Nantes, la Belle éveillée, le pari de la culture*, Toulouse, Éditions de l'Attribut, 2010, pp. 95-107.

[8] Menger, P.-M., *Portrait de l'artiste en travailleur, Métamorphoses du capitalisme*, Paris, Seuil, 2002.

[9] The following are some of his better known works: Florida, R., *The Rise of the Creative Class and How It's Transforming Work, Leisure, Community and Everyday Life*, New York, Basic Books, 2002 ; Florida, R., *Cities and the Creative Class*, New York, Routledge, 2005.

[10] So far, the event has been held four times (in 1997, 2000, 2004 and 2009). The next is planned for summer 2014.

Golden Garden, Atelier le Balto (Berlin), Lausanne Jardins, 2009.
"Golden Garden", Atelier le Balto (Berlin), Lausanne Jardins, 2009.
Léonore Baud.

et n'hésitent pas à questionner les structures imaginaires de son identité métropolitaine. Ici ou là, l'usager participe pleinement à un acte de création collective dans la mesure où ce sont ses pratiques qui sanctionnent la pertinence voire la pérennité de certaines des expériences soumises.

Ainsi, les questions de confort, de bien-être et d'ambiance surviennent comme autant de décalages du regard qui bousculent les injonctions fonctionnelles auxquelles se plient usuellement les acteurs classiques de la conception urbaine. Est-ce à dire que les habitants sont les seuls prescripteurs capables d'apprécier le degré d'habitabilité d'un lieu ? Certainement pas. Il convient au contraire d'accepter que la fabrique de la ville mobilise des compétences qu'il est parfois difficile, mais nécessaire, de solliciter.

L'art d'écouter les territoires

Et s'il est une compétence qui rapproche certains artistes de l'habitant, c'est bien le rapport esthétique — autrement dit l'expérience sensible — qu'ils entretiennent avec les lieux dont ils ont une pratique ordinaire. En effet, ce qui caractérise l'habitant, c'est la richesse et la diversité des liens qui le rattachent à ses environnements : habitation, quartier, ville, grand territoire, etc. Ces liens sont l'objet d'une expérience vécue qui est à la fois sensorielle (elle intègre les émotions), imaginative (elle transfigure la réalité) et signifiante. Armés de leur maîtrise d'usage, les habitants, les usagers, les riverains d'un territoire sont dépositaires des multiples modes d'appropriation qui définissent, composent et recomposent l'atmosphère des lieux.

Interrogée sur son projet artistique, l'équipe de KompleXKapharnaüM décrit son travail comme un exercice de recherche qui

Îlot d'Amaranthes, Lyon, 2007.
Îlot d'Amaranthes, Lyon, 2007.
Conception et réalisation : Emmanuel Louisgrand © Galerie Roger Tator.

s'appuie sur des protocoles de rencontres et de mise en dialogue des habitants centrés sur leurs territoires de vie. Sollicités par le Grand Lyon dans le cadre du vaste projet intercommunal du Carré de Soie (à cheval sur les communes de Vaulx-en-Velin et Villeurbanne), ses membres multiplient les initiatives afin d'impliquer les populations locales et les faire participer à la construction d'un objet commun quitte à remettre en question des fondements même du projet en cours. Dans cette configuration précise, les artistes agissent moins en créateurs qu'en traducteurs capables de « faire parler le lieu », de « faire remonter le récit du territoire » à partir du quotidien de ses habitants.

D'une certaine manière, ces pratiques invitent architectes, urbanistes et autres designers d'espace à engager très en amont des projets urbains une phase d'écoute du territoire visant à faire émerger ses qualités techniques, sociales et sensibles. Seulement, en appelant les citadins à s'emparer de leur environnement, les artistes peuvent également s'imposer en tant qu'acteurs d'un projet et non plus comme seuls médiateurs de la fabrique urbaine.

Mobilisations esthétiques et action collective

On ne compte plus les soulèvements multiples et variés de ces coalitions opportunes composées d'habitants, d'associations, d'artistes et de personnalités venus d'horizons divers opposant leur vision de l'aménagement à celle des instances urbanistiques officielles. Préservation du paysage, lutte contre la densification, valorisation de la nature en ville, bref, autant de débats conflictuels qui se cristallisent bien souvent autour du devenir de délaissés urbains mis à l'écart des projets métropolitains et réinvestis temporairement par des formes d'urbanité plus ou moins spontanées. Souvent, il s'y opère des hybridations originales entre logiques militantes et engagement artistique, entre respiration démocratique et respiration urbaine. L'analyse de ces formes de mobilisation s'avère instructive tant elle renseigne sur la manière dont on peut se saisir de critères esthétiques pour justifier toute une panoplie d'actions qui ont pour particularité de brouiller les frontières entre pratiques culturelles, appropriation territoriale et actions citoyennes.

C'est ce que montre bien l'histoire récente de l'îlot Mazagran à Lyon. Artistes et habitants impliqués plaident pour la mise en place de jardins partagés là où l'acteur public imagine un espace public plus classique et fonctionnel. Fait notable, à l'origine du projet alternatif[11] on retrouve non pas une association de

[11] Ce projet a été financé exclusivement par des fonds Politique de la Ville.

inhabitants begin to see through new eyes — often unconsciously. At another level, street-based events, far from anecdotal, highlight the oft-neglected role of topography (hills, slopes and levels) in the shaping of Lausanne's urban landscape, and actively explore the intangible structures of its identity as a city. All over the city, the user participates fully in a collective creative act, in which it is their habits which decide the relevance and lasting nature of the various experiments attempted.

As a result of this process, the issues of comfort, well-being and atmosphere become obvious as areas which are generally overlooked in favour of the functional imperatives of traditional players in urban planning. Does this mean that residents are the only individuals who understand the degree to which a place is liveable? Far from it. On the contrary, the creation of a city aesthetic requires an expertise which is sometimes difficult, but always necessary, to source and apply.

The art of listening to the city

If there is one area of expertise which certain artists have in common with residents, it is the aesthetic relationship, or emotional connection, that each has with the everyday spaces they inhabit. The resident is characterised by the richness and diversity of the ties which connect them to their environment (home, neighbourhood, city, region, etc.). These connections are the product of a lived experience which is at once sensory (integrating emotional experience), imaginative (transforming reality) and symbolic. Armed with a mastery acquired through use, the residents, users and inhabitants of an area become depositories for multiple methods of appropriation which define, create and recreate the atmosphere of their area.

When questioned about their artistic method, the KompleXKapharnaüM team describe their process as a research exercise based on meeting with residents and initiating dialogue in relation to their living environment. Brought on board by the authorities in the Grand Lyon area as part of the vast intercommunal Carré de Soie project (a project straddling the communes of Vaulx-en-Velin and Villeurbanne), members of the team devised numerous ways of involving the local population and having them participate in the achievement of a common goal, even if that meant questioning the very basis of the project in question. In this particular format, the artists operated less as creators, and more as translators charged with "giving a voice to the area", or "recounting the story of the region", based on the everyday lives of its residents.

In some ways, this kind of approach encourages architects, urban planners and other spatial designers to engage in a preliminary phase before carrying out urban development — one in which they *listen* to the area in an attempt to reveal its technical, social and emotional qualities. The only potential issue here is that, by calling on local populations to claim ownership of their environment, artists may take on a more active role as project players, to the detriment of their role as mediators of the urban aesthetic.

A esthetic engagement and collective action

The number and variety of these opportune alliances composed of residents, groups, artists and individuals, coming together from a variety of different backgrounds to challenge official urban policy with their own vision for development are now too many to name. Preservation of the landscape, the fight against overpopulation, promotion of nature within the city; all controversial subjects for debate; all subjects which are regularly neglected or sidelined in the course of urban projects, but which are now the very issues that are being readdressed (if only temporarily) by forms of urbanism which are essentially spontaneous. This often involves a unique hybrid of militant logic and artistic engagement, between democratic spirit and urban dynamic. An analysis of these forms of engagement can prove instructive in that it shows the way in which aesthetic criteria can be used to underpin an entire range of actions which blur the boundaries between cultural practice, appropriation of space and individual action.

This is particularly evident in the recent history of the Mazagran district in Lyon. Local artists and residents are campaigning for a public garden in an area where the city council wants to construct a more classic, functional public space. What makes this case different is that the body campaigning for the alternative plan[11] is not a residents association, but an art gallery; the "Galerie Tator". The strategy employed by the gallery bears examination. Not only has it positioned itself on the margins of the art market by specialising in contemporary art and design; it also reinforces this interstitial position through its choice of location; combining liminal art with a liminal urban environment. But this is really nothing new — access to their clientele requires a certain *mise en scène* (the purchase of a piece of art has symbolic connotations in which the place of

---

[11] This project was funded exclusively by the *"Politique de la Ville"* city development programme.

Devant la cathédrale de Lausanne, pendant le Festival de la cité, 2007.
In front of Lausanne Cathedral, during the Festival de la cité, 2007.
Cédric Aellen.

riverains mais une galerie d'art : la galerie Tator. La stratégie qu'elle développe est alors significative. Non seulement celle-ci se positionne à la marge du marché de l'art en se spécialisant dans le design et l'art contemporain, mais de surcroît elle double cette posture interstitielle d'une véritable logique territoriale en superposant liminalité urbaine et artistique. Cela n'a finalement rien d'étonnant. L'accès à la clientèle suppose une mise en scène — l'achat d'une œuvre d'art contient en effet une dimension symbolique sur laquelle pèse le lieu de vente — autant qu'elle s'appuie sur toute une série d'intermédiations que facilite l'engagement dans la vie du quartier.

En développant une telle intelligence de la ville, un opérateur culturel comme la galerie Tator mobilise un savoir-faire (la monstration de la création) qui interfère avec la matérialité de son environnement et engendre les conditions nécessaires à une reformulation esthétique de l'espace que relaieront par la suite les habitants du quartier, mobilisés quant à eux pour d'autres motifs. Ensemble, à force de propositions, ils s'imposent progressivement comme acteurs à part entière de la fabrique urbaine, s'emparent de la sphère médiatique en s'invitant dans l'espace public et émettent les signaux fondateurs de nouvelles formes d'action collective.

purchase plays its part). The interesting aspect to their approach is the whole series of interactions which allow the gallery to be highly involved in the life of the neighbourhood.

By developing an understanding of the city, a cultural entity such as the "Galerie Tator" can draw on their area of expertise (the display of creativity) to mould their material environment and create the conditions necessary for an aesthetic reformulation of the space, which is then adopted and adapted by the neighbourhood's residents based on their own considerations. Together, through their own efforts, they are increasingly establishing themselves as fully fledged contributors to the urban aesthetic, taking ownership of the media by moving into the public domain, and heralding the arrival of new forms of collective action.

Conclusion

Rather than opposing each other, the various ways of mobilising aesthetic experience described in this brief outline inform each other and help to establish a movement aimed at rebranding and differentiating urban spaces. Obviously, the sociable environment promoted by spaces devoted to recreation and leisure is different from the private environment which forms the foundation of the inhabited space. However, both are important actors in the creation of the contemporary city. In reality, it is not competition but a lack of aesthetic harmony which poses a threat to the societal unit of the city. Displays of creativity, whether held in public (as part of a festival or street art fest), or in public spaces (a museum, theatre or old industrial warehouse converted into an art gallery for a bi-annual festival), often subscribe to an emotional process which allows only marginal room for unplanned or alternative expression of the collective experience of the space. However, the advent of a society fuelled by diffuse creativity — by validating the idea that aesthetic experience is no longer the sole preserve of the artist — elevates the individual to the status of "artistic landscaper", capable of developing real ways of enhancing their everyday space. There is always a looming risk that the exclusive appropriation of these neglected urban interstices will flourish at the expense of quality of life and cultural domination. But, for all that, these sporadic initiatives remind us that, though overshadowed by those larger narratives which always dominate a city's quest for fame; artistic and cultural practices represent a repository of emotions which we must learn to draw upon if we are to create the city of tomorrow. It falls to the part of local authorities to ensure that the everyday can exist side by side with the spectacular, in a spirit of sharing and openness which endures long after the curtain has fallen.

Conclusion

Loin de s'opposer, les différentes manières de mobiliser l'esthétique présentées au cours de ce bref exposé s'incrémentent et organisent les phénomènes de marquage et de distinction des territoires urbains. Certes, l'ambiance conviviale que promeuvent les enclaves récréatives et ludiques se distingue de l'atmosphère confidentielle dont se réclament les territoires de l'habitant. Néanmoins, toutes deux participent pleinement au projet de la ville contemporaine. Ce n'est finalement pas tant la concurrence que la désynchronisation de ces esthétiques qui met en péril l'unité des sociétés urbaines. Le spectacle de la création, qu'il investisse l'espace public (à l'occasion d'un festival ou d'une exposition hors les murs) ou les espaces du public (un musée, un théâtre, une ancienne halle industrielle reconvertie en centre d'art le temps d'une biennale), s'inscrit bien souvent dans un régime d'enchantement des émotions qui n'autorise qu'à la marge les expressions collectives imprévues ou tout simplement alternatives de la perception des espaces urbains. À l'inverse, l'avènement d'une société mue par une créativité diffuse, en validant cette idée que l'expérience esthétique n'est plus l'apanage de l'artiste, érige l'individu en un créateur « territoriant » capable de développer de véritables stratégies de mise en ambiance des espaces de son quotidien. Plane alors le risque que se multiplient les appropriations exclusives de ces interstices urbains sacrifiés sur l'autel de la qualité de vie et de la domination culturelle. Au demeurant, ces initiatives sporadiques nous rappellent qu'à l'ombre des grands récits qui ne cessent de monopoliser la quête de notoriété des métropoles, les pratiques artistiques et culturelles représentent un réservoir de sens dont il faut savoir se saisir pour construire la ville de demain. Reste aux responsables locaux le soin de veiller à ce que l'ordinaire siège sans complexe aux côtés du spectaculaire dans un esprit permanent de partage et d'ouverture.

PAUL ARDENNE

UNE FICTION COMPLAISANTE ?

La « ville des créateurs », jusqu'à nouvel ordre, n'existe pas. Du moins, pas sous cette espèce achevée que représenterait une ville étant en bloc celle de « créateurs ». Il y a, en toute ville, des créateurs, en tous genres : artistes, décorateurs, cinéastes, architectes, publicistes, graphistes, metteurs en scène, dramaturges, poètes, auteurs... Aussi éminents soient-ils, ceux-ci ne « font » pas leur ville. Heureux encore s'ils ne la subissent pas, tout bonnement.

La « ville des créateurs », la « ville créative » sont des notions riches aujourd'hui de plus-value symbolique. En évoquer l'être, c'est raviver immédiatement les pouvoirs supérieurs de la science urbanistique, dans le bon sens. Fi cette fois des villes inhumaines pondues par les cerveaux carrés des urbanistes post-Charte d'Athènes. Fi aussi de l'*urban planning* historiciste des urbanistes postmodernes. Cette fois, c'est bien une nouvelle ville qui se constitue, la ville des cerveaux, l'équivalent d'une Silicon Valley peuplée d'individus toujours en quête de re-symbolisation du monde. Une vue de l'esprit ?

Oui, hélas ! Pour l'essentiel, la « ville créative » demeure en effet une fiction. Ou, s'il s'agit d'une réalité — mais alors en gésine, à l'état encore de parturition, avant l'avortement programmé —, celle-ci repose tout au plus sur quelques maigres indices, un corpus à l'évidence pas assez nourri pour faire exister à la hauteur du désir ce qui serait une parfaite « ville créative » — une ville qui soit celle de créateurs uniquement. On en doute ? Il est peu de dire pourtant combien le souci de favoriser l'émergence de « villes créatives » ou de rêver qu'elles puissent ne serait-ce qu'exister n'est pas universel. Il suffit de parcourir Bangkok, Bamako, Mexico ou Minsk pour mesurer à quel point le concept même de « ville créative » ne saurait prendre corps partout, en toute unité urbaine que ce soit soumise à évolution. La ville tentaculaire, la cité au développement non programmé ou mal programmé sont ici l'antithèse de la « ville créative », son tombeau. Si tant est que l'on puisse être l'antithèse ou le tombeau d'une réalité présumée, qui dans les faits n'advient qu'imparfaitement, voire nullement.

De quoi parle-t-on ?

Le concept de « ville créative », déjà, est un concept flou. On arguera même volontiers à son propos, avec humour, que cet excès de flou interdit d'en faire un concept.

Par excellence et par définition, la « ville créative » serait cette entité urbaine regroupant en son sein, de manière nodale, inclusive et agrégative, cette fameuse « classe créative » mise sous les sunlights par l'américain Richard Florida (université Columbia) voici quelques décennies. La « classe créative », que Florida qualifie comme « urbaine, mobile, qualifiée et connectée », se définit par son « talent », sa compétence en matière « technologique », son esprit de « tolérance ». Qui la constitue ? À minima, tous ceux qui font métier d'inventer, dans des domaines aussi divers que les arts, les arts appliqués, l'architecture, les médias, la publicité, la conception informatique. Cette middle class supérieure (*upper middle class*, en vertu de la classification de Warner) représenterait à ce jour, aux États-Unis, ce tiers de la population active qui concentre à lui seul les trois quarts du pouvoir d'achat national. La « classe créative » aurait son équivalent en Europe et dans l'ensemble des périmètres les plus développés de la planète (Japon, Australie), toutes zones où le secteur « quaternaire » — celui des médias, de la publicité, du *high tech*, de la conception pure et expérimentale — est florissant.

Comment et où la « ville créative », topographiquement parlant, s'établit-elle ? Pas de manière programmée, à l'origine. Du fait, plutôt, d'un déplacement circonstanciel de certains acteurs de la vie sociale vers des zones urbaines le plus souvent à l'écart : périmètres périurbains plus ou moins délaissés, zones en réaménagement. Maintes études d'urbanisme, depuis les années soixante, 1970, en Europe comme aux États-Unis, pointent ce phénomène de relocalisation, marié à l'ère post-industrielle qui se profile alors : d'immenses espaces anciennement industrialisés devenus en large part des friches, des « zones », libèrent bâtiments ou sites et permettent de concert l'implantation de communautés à la marge, le plus souvent des groupes ou des individus engagés dans le mouvement de la création (gens du spectacle et circassiens, plasticiens, jeunes architectes, chercheurs). Cette répartition nouvelle d'acteurs mariés au

PAUL ARDENNE

A CONVENIENT FICTION?

Until further notice, the "city of creators" does not exist. At least, not in the way of a complete entity which a city might represent if it was owned en bloc by "creators". There are creators of all kinds in all cities, artists, interior designers, film-makers, architects, publicists, graphic designers, directors, playwrights, poets, writers, etc. Regardless of how eminent they may be, they do not "create" their city. Even worse, the city takes no account of them.

The "city of creators", the "creative city" — notions which today are rich in symbolic added-value. The very evoking of the existence of these concepts immediately rekindles the higher powers of urban science, in the positive sense. Down with inhuman cities churned out by the rigid brains of post-Athens Charter urbanists! Down with the backward-looking urban planning of the postmodernists! This time, a new city really will emerge, an intellectual city, the equivalent of a Silicon Valley peopled with individuals on a constant quest to re-imagine the symbols of their world. An impossible dream? Sadly, yes. For all intents and purposes, the "creative city" remains a fiction. Even if we were to view it as a reality — albeit one in gestation, in labour or awaiting a planned termination — it continues to rely on a few meagre clues, on a body of evidence insufficiently nourished to bring to life a perfect "creative city" which belongs to creators exclusively. Still not convinced? The intention behind promoting the emergence of "creative cities" and the very fact of dreaming that they could even exist are not universally shared, to say the least. If you take a stroll around Bangkok, Bamako, Mexico or Minsk, you will see the extent to which it is impossible for the concept to take shape everywhere; it will not work in every urban conurbation, even in those which are required to evolve and adapt. The far-reaching tentacles of urban sprawl and stark reality of the unplanned or badly planned city are the antithesis of the "creative city", its metaphorical grave. Is it even possible for something to be the antithesis or metaphorical grave of a presumed reality which, factually speaking, has emerged only partially — and in some cases, not at all?

So what are we talking about?

The concept of the "creative city" is already vague in itself. It could even be argued — with a touch of humour — that it is this excessive vagueness which prevents it from being a concept in the first place.

In essence, the definition of a "creative city" can be viewed as that of an urban conurbation incorporating — in a way that is nodal, inclusive and aggregative — the famous "creative class" brought under the spotlight by the American Richard Florida (Columbia University) some decades ago. The "creative class", which Florida identifies as "urban, mobile, qualified and connected", is defined by its talent, its technology skills, its spirit of tolerance. Who exactly is included in this class? At the very least, all individuals whose profession it is to invent, drawing from areas as diverse as the performing arts, applied arts, architecture, the media, advertising or information technology. This upper middle class (as classified by Warner) is said to represent one third of the active population in the US today, and accounts for three-quarters of the country's domestic purchasing power. The "creative class" is said to have an equivalent in Europe and in every corner of the developed world (Japan, Australia), regions in which the "quaternary" sector — the media, advertising, high tech as well as pure and experimental design — is flourishing.

How and where did the "creative city" originate, topographically speaking? Not in a planned way, at least not initially. Rather it grew out of the circumstantial relocation of a number of socially active citizens towards the often neglected fringes of the city and its redevelopment zones. Numerous studies of urban planning carried out in Europe and the US since the 1960s and 1970s have highlighted this phenomenon of relocation. Closely aligned with the emerging post-industrial

Montréal, *FrancoFolies*, spectacle sur la place des Festivals, juin 2011.
Montreal, "The FrancoFolies", Place des Festivals, June 2011.
Ville de Montréal, Stéphan Poulin Photographe.

« culturel », serait-elle parfois spectaculaire (nouveaux quartiers « arty » et genèse des écoquartiers de banlieue), reste cependant partielle. Ne ferait-elle en aucun cas de la marge une « ville créative » regroupant de manière dominante les *creative class members*, elle contribue en revanche à asseoir dans les têtes technocratiques une nouvelle représentation mentale de la situation urbaine et périurbaine. Dorénavant les « créateurs », ceux dont la fonction est en rapport avec l'accroissement direct de la culture vivante, qu'elle soit plastique, graphique ou ludique, créeraient d'une certaine manière leur propre espace d'expansion. Un urbanisme fait sans le savoir, de manière volontariste et contextuelle, mais lui redonnant au passage un second souffle. La vitalité, l'énergie, le dynamisme existentiel qui émanent des « créateurs » ayant le pouvoir de redessiner le territoire et de faire du délaissé urbain un espace « désirable », le reste du processus est appelé à s'enchaîner en toute logique : après l'afflux, en ces lieux de renouveau urbain, des créateurs, ce sera l'afflux de la bourgeoise branchée, puis l'implantation de nouvelles activités, des délocalisations heureuses et attractives. À terme, un nouveau quartier, une nouvelle ville.

Par une de ces ruses dont la raison est coutumière, la marge que représente la « ville créative » en cours de constitution serait à ce point rendue éclatante que le centre voudra en quelque sorte l'assimiler, voire s'y assimiler. L'extérieur devient, sinon l'intérieur, du moins un espace lié de plus en plus puissamment à l'intérieur, le *fringe* et le *in* rêvent de se conjuguer ensemble, de s'unir. La « ville créative », qui n'était au départ qu'un aggloméra disparate de pôles culturels et d'individus œuvrant dans le champ de la culture disposés de manière hiérarchique en fonction de leurs pouvoirs (les établis au centre, les émergents sur les franges), devient dans les têtes une unité possible perçue comme la potentielle réalisation d'une utopie : enfin tous créateurs, du centre à la périphérie, dans un milieu géographiquement solidaire et fédérateur.

era, it brought with it vast industrial strongholds which had become wastelands or disadvantaged areas, the freeing up of buildings or sites where marginal communities often comprising groups or individuals engaged in the creative movement (theatre and circus performers, visual artists, young architects, researchers) were able to put down roots. This new distribution of cultural practitioners, although certainly spectacular (bringing on the emergence of new "arty" quarters and the birth of suburban ecotowns), is nevertheless incomplete. In no way does it transform the fringe into a creative city made up predominantly of members of the creative class. However, the phenomenon does at least inspire a mental picture of the urban and peri-urban situation in the minds of technocrats. Creators whose work is in harmony with the direct evolution of living culture, whether relating to visual and plastic arts, graphics or forms of public entertainment, would now, to a certain extent, create their own spaces in which to proliferate. Born out of this context, a new form of urban planning took shape subconsciously, and acquired a new lease of life. The vitality, energy and existential dynamism which emanated from the "creators" empowered them to redesign the location and transform it from an urban wasteland to a very desirable space. The process then unfolded in logical sequence — after the initial influx of creators into these areas of urban renewal, the trendy middle classes followed, bringing new activities and attractive, harmonious relocation experiences — ultimately resulting in a new quarter, a new city.

By a twist of fate, the marginal zone that the nascent "creative city" exemplified became so vibrant that the centre tried to assimilate it somehow, to the point of assuming its identity. The exterior became, if not the interior, at least a space connected more and more powerfully to the interior, with the fringe and the inner core aspiring to join together, to form a single whole. The "creative city", which at the outset was nothing more than a disparate jumble of cultural hubs and individuals working in the cultural field, arranged along hierarchical lines dictated by status (established creators at the centre, emerging creators on the periphery), began to take shape in people's minds as a possible entity, the potential achievement of a utopian state — one in which all creators, from the centre to the periphery, would finally be united in one environment, an environment which, geographically speaking, would connect and unify them.

"Creative city" or organised chaos?

The misfortune of urban planning lies in its tendency to assume that the act of creating the space is enough to fulfil the desire. Even worse, urban planning and its philosophy now began to react to the legacy it had inherited, fixing the limits, shapes and configuration of a so-called creative city — after the event this time.

More often than not, the zones that were appropriated by emerging creators — outlying areas abandoned by the economy — were soon united by city planners under the banner of "new space". But the planners, rallying to the cause of unity, unanimously declared that the city was not this organic whole that traditionally locates the organs of power at its centre, leaving environmentally harmful activities and the working classes (always considered somewhat dangerous) isolated on the fringes. This form of urban planning was now focused on renovation. Its firm intention was to shatter the old configuration inherited from the pattern of the original city — a historic pattern that had actually been established in the days of Antiquity, reaching its pinnacle during the industrial revolution. In planning terms, it now became possible to envisage a new city, an urban agglomeration reclassified and eager to integrate and develop areas which had been stigmatised by their unfortunate economic fate, so that these semi-locations could become places of excellence in which a social elite would join together with creators already installed there. Property development resulting from this type of unhoped-for urban zoning therefore created a middle-class habitat within these new spaces, conforming in appearance to the perfect urban environment as envisaged by today's citizens of the world — no blocks of buildings, just small units, and relatively easy access to property ownership, bringing benefits to an environmentally sound environment, and often designed by young trendy architectural firms whose services were acknowledged for their uniqueness. Here, green space would reign supreme, cycle lanes would replace the tarmac usually given over to the automobile, and many of the vehicles parked by the residents in their little courtyards would run on hybrid or electric power. These new areas were intended to be undeniably "distinctive", as defined by Pierre Bourdieu. For Bourdieu, distinction is not just an ideology of difference, but also a form of superiority acquired by the individual through the fact of mastering his/her lifestyle — and not the other way round: the working classes put up with their surroundings, while the middle classes shaped them. This allowed a new utopia of sorts to emerge from the fringes of the city, an attractive perimeter where bold planning initiatives were permitted and drew no criticism. Within this space, heterogeneity became homogeneity. Given that

La « ville créative » ou le chaos organisé

Le drame de l'urbanisme réside dans sa propension à croire qu'il suffit de structurer l'espace pour accomplir le désir. Or que dire de l'urbanisme et de son esprit quand il va s'appliquer bientôt à rebondir sur le legs de la circonstance, pour figer après coup, cette fois, les limites, les formes, la configuration d'une ville dite « créative » ?

Le plus souvent, les zones nouvellement investies par les créateurs émergents — ces zones périphériques disgraciées par l'économie — sont bientôt unifiées par les urbanistes sous l'emblème d'espaces nouveaux. Non, la ville n'est pas cet ensemble organique qui traditionnellement met en son centre les organes de pouvoir tout en isolant à sa périphérie activités nocives écologiquement et classes laborieuses toujours peu ou prou dangereuses, disent alors en chœur les urbanistes ralliés à la cause de la Fédération. L'urbanisme rénovateur, à présent, entend bien briser cette vieille configuration héritée du schéma de la ville première, schéma historique fixé en fait dès l'Antiquité et parachevé avec la révolution industrielle. Urbanistiquement parlant, une nouvelle ville est possible, une *urbs* requalifiée prompte à intégrer et à valoriser des espaces que leur destin économique malheureux a stigmatisés, et ce, pour en faire ces semi-lieux bientôt présentés comme ceux de l'excellence où une élite sociale vient rejoindre les créateurs déjà installés dans la place. La promotion immobilière qui résulte de ce type inespéré d'*urban zonage* privilégiera en conséquence, dans ces nouveaux espaces, un habitat de *middle class*, à l'apparence conforme à la représentation de l'optimum urbain que forme l'actuel citoyen du monde : pas de barres, uniquement des petites unités, une accession à la propriété relativement facilitée, profitant à un habitat considéré comme écologique, dont le maître d'œuvre est souvent un jeune cabinet d'architectes branché dont les prestations sont publiables du fait de leur singularité affichée. Ici l'espace vert va régner en maître, la piste cyclable chassera le bitume d'ordinaire dévolu aux automobiles, nombre de véhicules parqués dans les courettes par les résidents adopteront une motorisation hybride ou électrique. Ces nouveaux sites se voudront indéniablement « distinctifs » au sens de Pierre Bourdieu, qui définit la distinction non seulement comme l'idéologie de la différence, mais aussi comme une forme de supériorité acquise par la maîtrise de l'individu sur l'habitus — et non pas l'inverse : le prolétaire subit son milieu, l'homme distingué l'ouvrage. Un petit paradis nouveau peut dès lors naître aux marges de la ville, périmètre attractif où toutes les audaces urbanistiques sont permises sans qu'au demeurant on y trouve à redire. Où l'hétérogénéité devient homogénéité, une sorte de miracle advenant, en prime, celui du foutoir urbanistique et environnemental érigé en Unité. Le nouveau nombre d'Or de l'urbanisme contemporain : avec du multiple, faire de l'Un ; avec du dépareillé créer des osmoses sympathiques ; faire passer un chaos plus ou moins maîtrisé pour la forme ultime de l'organisation.

La « ville créative » comme vecteur idéologique

La « ville créative », ou plutôt le fragment de ville « créatif » dont nous venons de brosser à larges traits la typologie, est-elle réellement l'agglomérat de tous les créateurs d'une zone urbaine ? La réponse est évidemment non. D'une part, un secteur créatif, dans le meilleur des cas, ne regroupera qu'un petit nombre de créateurs et non pas tous ceux que compte une ville ; d'autre part, les TIC (Technologies de l'Information et de la Communication) entrées dans les mœurs de l'économie coutumière depuis vingt ans à présent, permettent une délocalisation croissante de l'espace même de la création. Un cirque, pour ses répétitions, pour roder ses numéros, pour stocker le matériel nécessaire à la bonne conduite de ceux-ci, a besoin d'un espace polaire. Un écrivain, un graphiste ou même un architecte n'en ont plus forcément besoin.

En fait, la « ville créative » n'est pas tant une réalité physique et sociale que l'occasion de déployer, à hauteur de concept, une stratégie technocratique désireuse de faire valoir combien est nécessaire pour l'équilibre de la société le communautarisme culturel, un des éléments clés, voudrait-on, du lien social (ce lien social recherché par tous, prétendument, dans la société démocratique, et qui serait la condition sine qua non de la perpétuation de cette dernière). Quand tout s'éparpille, quand la miniaturisation des conduites menace le système total, et c'est le cas aujourd'hui, tous les moyens sont bons pour faire croire qu'il n'en est rien, et qu'il existe un lien social fort, lien social que sont à même de substantifier de nouveaux modes de vie et d'être-ensemble, les nouveaux quartiers par exemple.

Ce culte dévot de la « ville créative » renvoie à cette question : pourquoi veut-on à tout prix qu'existent des « villes créatives » ? Pourquoi le veut-on lors même que celles-ci sont, soit des élaborations de bric et de broc, soit le résultat de programmes où l'aspect « créatif » du secteur urbain considéré, très vite, est remplacé par la donnée spéculative (étant entendu que ce qui est « désirable » fait toujours monter la cote et attire les vautours de la finance) ? Répondre à cette question n'est pas aisé. Relevons du moins cette donnée évoquée en filigrane un peu plus haut déjà, celle du désir. Plus qu'elle n'existe en soi, la « ville créative » est un fantasme. Car il est clair qu'aucune « ville créative » ne se constitue au hasard des implantations. Si tant est qu'une zone agglomérant des créateurs en vienne à exister, il appert que celle-ci est en premier lieu le résultat d'avantages locaux que ces derniers vont tirer de leur implantation sur le site. Ces avantages peuvent être le bas coût de l'implantation, la commodité sociale, le fait de travailler avec des gens, vos voisins, dont les préoccupations sont proches des vôtres ou identiques. Il y a peu de chances, ceci posé, que naisse de cette conjonction une ville en tout « créative » : il restera toujours des interstices marqués par des activités plus traditionnelles, des poches de non-créativité. Le nouveau périmètre ne peut pas être créatif en tout et pour tous ses occupants. Alors pourquoi tant tenir à ce qu'existe, technocratiquement parlant, une « ville créative » ?

La réponse se trouve sans doute dans ce que le philosophe contemporain Bernard Stiegler a étiqueté comme étant la « misère symbolique » de nos sociétés occidentales. De quoi s'agit-il ? Le destin de l'*homo occidentalis* a subi avec la modernité un revers inattendu. L'« homme nouveau » chéri des modernes, ce conquérant du bonheur, ce réalisateur d'utopies, ce descendant de l'homme cartésien « maître et possesseur de toutes choses », échoue en réalité à parachever son projet d'une perfection mise par l'homme dans l'ordre des choses. On voit bien, tout au contraire, que le projet moderniste de l'organisation reine et de la nature maîtrisée accouche d'une morne tragédie, celle qui fait muter le destin moderne de l'homme de celui de conquérant invétéré à celui, devenu postmoderne, de consommateur invétéré. La « misère symbolique » advient non pas tant quand les valeurs s'écrasent, s'annulent et s'identifient (comprendre, quand le haut égale le bas ou, comme le disait naguère Alain Finkielkraut dans La défaite de la pensée, quand « une paire de bottes vaut Shakespeare ») mais quand toutes les valeurs, qu'elles soient hautes ou basses, quelconques ou sublimes, sont vouées à la commercialisation et à cette marchandisation qui constitue dorénavant la pesée même de la valeur : le plus consommé est le plus haut. Dans cette atmosphère décevante où nous est seulement demandé à nous, citoyens postmodernes, de prouver une compétence à consommer, et donc à ne plus pouvoir

unity had evolved from a state of urban and environmental chaos, this homogeneity was in itself a miracle of sorts. The new "golden ratio" for contemporary planning was now obtained by creating a unified whole from disparate entities, producing a supportive osmosis from ad hoc fragments, giving controlled chaos the appearance of organisation of the highest form.

The "creative city" as an ideological vector

Is the "creative city", or rather the "creative" fragment of the city which we have just described in broad brushstrokes, actually the agglomeration of all creators in an urban zone? The answer is clearly no. On the one hand, a creative sector, at best, comprises only a small number of the creators in a city; and not all creators. On the other hand, information and communication technologies, which have become an integral part of everyday economic life over the past twenty years, enable an increasing relocation of the very space devoted to creation. In order to rehearse, practice routines and store the equipment it needs in order to function properly, a circus requires a centralised space. In the case of writers, graphic designers, and indeed architects, this is no longer the case necessarily.

In fact, the "creative city" is not so much a physical and social reality as an opportunity to implement a technocratic strategy intent on proving just how much cultural communality is necessary to achieving a well-balanced society. It is one of the key elements of social cohesion (the social cohesion which is supposedly sought by all members of a democratic society, and which is purported to be the *sine qua non* condition of the latter's perpetuation). In a time of fragmentation, when the smallest of acts threaten the entire system, which is the case today, anything goes when it comes to making us believe that on the contrary, this is not the case; that a strong social cohesion does exist, and makes the case for new ways of living and interacting — in and with the new districts, for example.

The sanctimonious cult of the "creative city" prompts the following question: why should "creative cities" exist at all cost? Why should we be in need of creative cities at all, when they are either the result of ad hoc developments or the consequence of programmes in which the "creative" aspect of a particular urban sector is quickly replaced by a speculative aspect (bearing in mind that what is "desirable" always increases land value and attracts financial vultures)? Providing a meaningful response to this question is no easy feat. Let us at least return to the point touched on briefly above, that of desire. Beyond the fact that it does exist in itself, the "creative city" is a figment of the imagination. For it is clear that a "creative city" cannot be formed by chance relocations. If a zone that brought together creators were to exist, it would obviously be the result, first and foremost, of local conditions attractive to those relocating to the site. These benefits could be low relocation costs, social convenience, the fact of working with other people, neighbours with similar or identical concerns to those of your own. This being said, it is unlikely that a totally "creative" city will emerge from this confluence — pockets of non-creativity, marked by more traditional activities, will always remain. The new perimeter cannot be creative in every aspects, nor for all of its occupants. So why cling to the notion of a "creative city", technocratically speaking?

The answer probably lies in what the contemporary philosopher Bernard Stiegler has labelled the "symbolic poverty" of our western societies. What does this mean? Modernism has dealt an unexpected blow to *homo occidentalis*. Beloved of the modernists, this "new man", this conqueror of happiness, this achiever of utopias, this descendant of Cartesian Man, "master and owner of all things", has in fact failed to achieve perfection in the man-made order of things. Quite to the contrary, it is clear that the modernist ideal of organisational rule and control of the natural world produces a tragic dullness that has turned the fate of modern man from an inveterate all-conqueror into a — now post-modern — inveterate consumer. "Symbolic poverty" occurs not so much when values are crushed, or cancel each other out or merge as one (such as when high equals low or, as Alain Finkielkraut recently said in "La défaite de la pensée", when "a pair of boots has the same value as Shakespeare"; it occurs when all values, whether high or low, base or sublime, are subjugated to commercial goals and the type of commodification that has now become the very essence of value — that which is consumed most is attributed the highest value. In this disillusioned atmosphere where we, as post-modern citizens, are simply required to prove our ability to consume, and are therefore forbidden from seeing value for what it ought to be (our true existential reference points), our first instinct is to attach symbolic value to whatever we can lay our hands on. This is where branding comes in, the art which communication agencies have mastered to perfection. Their powers of fulfilment are validated by their ability to pull the wool over our eyes and make us believe that new petit-bourgeois quarters are "creative cities".

penser les valeurs pour ce qu'elles devraient être (nos véritables repères existentiels), se rattacher à n'importe quelle plus value symbolique potentielle est de la première urgence. C'est ici qu'intervient la labellisation, cet art que génèrent en maître les agences de communication, et dont la puissance de concrétisation se vérifie dans leur pouvoir à faire passer des vessies pour des lanternes —de nouveaux quartiers petits-bourgeois pour des « villes créatives ».

Politiques du désir

En fait, les meilleures approches du concept de « ville créative » ne sont pas celles que soclent les analyses urbanistiques micro-économiques ou sociales, mais bien celles qui évaluent cette dernière à l'aune de la psychologie du désir. L'important n'est pas, à cette entrée, que la « ville créative » existe. Autrement plus important est de faire croire qu'elle existe. Car imposer cette croyance permet, par rebond et chaînage épistémologique, de convoquer un grand nombre de problématiques actuelles, problématiques dont on peut penser à bon escient que la « ville créative » en nourrit essence et teneur d'une manière à la fois riche et argumentative. Au regard de la constitution d'une « ville créative » réelle ou supposée, il est ainsi loisible d'interroger la question de la mobilité (qui bouge dans le territoire, pourquoi ?), celle de l'ascenseur social (la « ville créative » permet-elle l'ascension matérielle ?), celle, encore, de la mixité (quelle nouvelle société s'y constitue-t-elle ?). Par extension, on en vient à solliciter un questionnement sur l'organisation politique rénovée ou prétendument rénovée de la ville et, ce faisant, à donner une grande importance aux acteurs municipaux, aux « politiques » (les individus, pas les lignes décisionnelles). Ceux-ci, de manière opportune, peuvent se présenter en retour comme des agents de la requalification sociale locale dans le sens proclamé d'un réaménagement qui vise harmonie publique, concorde entre les habitants et accomplissement de l'idéal républicain. On reste ainsi à la fois émerveillé et interdit lorsque on nous entretient, dans la bonne ville de Lyon, de la mise en œuvre municipale d'un jardin collectif en cœur de ville. Cette opération ne concerne pas même un pour cent des habitants de l'ancienne capitale des Gaules. Mais qu'à cela ne tienne. La voici présentée pourtant comme un modèle d'intégration, comme la légitimité de l'intronisation du « culturel » — ici, soit dit en passant, plutôt le « cultural », puisqu'il s'agit d'un jardin — dans la vie citadine.

Ne nous voilons pas la face : l'arbre du jardin collectif cache ici la forêt du marigot urbain. Le forcing mis sur l'économie culturelle comme nouvelle forme de régulation de la programmation urbanistique est en fait, le plus clair du temps, moins payant qu'attendu. Non pas que des efforts ne soient faits pour homogénéiser et harmoniser les rapports entre les citadins, efforts sans doute plus que jamais nécessaires en un moment où inégalités sociales et donc urbaines s'accroissent à l'excès, segmentant à la machette les périmètres urbains en y isolant ghettos de rupins et ghettos d'apaches. Simplement, on ne voit pas qu'en l'état actuel des choses, les mises en forme urbaines de type «ville créative» soient de nature à rédimer les réels problèmes de cohabitation urbaine enregistrés à ce jour dans la plupart des cités de ce monde. Moins la «ville créative» existe et plus on prétend qu'elle existe.

La labellisation « créative »

Les deux dernières décennies ont vu de nombreuses reconfigurations urbaines s'appuyer sur le principe de l'«Espace culturel nodal» (ECN). Prenez un centre ville où se trouvent un musée des Beaux-Arts, un conservatoire de musique, une galerie municipale d'art et de design plus quelques autres de ces officines normatives consacrées à la mise en valeur de la culture : une bibliothèque-médiathèque, une artothèque, un service d'archives publiques, un théâtre, un opéra... La stratégie de l'ECN ? Elle va consister, à des fins de prestige, d'enchérissement symbolique, à transformer une conventionnelle géographie vouée à la diffusion de la culture en un nouvel espace de socialité dynamique, attractif, magnétique, où l'on vient non seulement profiter de biens culturels mais aussi flatter son ego : s'y rendant, on arpente un lieu de haute qualité «distinctive».

On le sait bien, le label «ville créative» sert avant tout des fins économiques et touristiques. Cela en une époque, la nôtre, où le plus «attractif» à cet égard, s'il ne possède pas des kilomètres de plage de sable fin ou des remonte-pentes par centaines, est celui qui peut se prévaloir de posséder le statut envié de détenteur de «parcs à thèmes» spécialisés. La France, de ce point de vue là, n'est pas par hasard le pays le plus touristique au monde. Le pays de Vercingétorix, de Montaigne et de Pasteur ? Voyons-le aussi pour ce qu'il est par le fondement, et non de manière subsidiaire : un «parc à thème total», pourrait-on dire à la façon de Marcel Mauss quand il parlait de «fait social total» (pour

Mauss, à propos de la société archaïque unifiée au politique, au religieux et au cosmique). La France, de la sorte, c'est l'unification par le pré-jacobinisme des Capétiens puis par le jacobinisme tout court mais aussi l'unification par le parc à thème. Parc à thème préhistorique (Lascaux, Mas d'Azil...), parc à thème gallo-romain (Nîmes, Orange...), parc à thème médiéval (Mont-Saint-Michel, Carcassonne...), parc à thème Renaissance (Fontainebleau, Chambord...), parc à thème classique (Versailles, Le Marais...), parc à thème du premier âge industriel (Halles Baltard, Tour Eiffel...), parc à thème colonial et postcolonial (Cité dorée, Quai Branly...), parc à thèmes architecture moderne et contemporaine (villas de Le Corbusier, Centre Pompidou...), parc à thème art moderne et contemporain (Orsay, Beaubourg, Palais de Tokyo). N'en jetez plus !

Se prévaloir du label « ville créative », comme de celui de « pays culturel », n'est pas malvenu. Créer, dans ce contexte, de la « ville créative » comme on crée de la « parc à thématisation » devient dès lors un challenge, que va prendre en charge la stratégie de l'« Espace culturel nodal » évoquée à l'instant. S'appliquant au relooking de la zone des lieux de culture éminents de la ville ancienne, l'urbaniste-décorateur-architecte, en maître d'orchestre de la resymbolisation par le haut (par le spectaculaire, en l'occurrence), cherchera à en unifier par un programme architectural et décoratif spécifique les différents éléments, de manière à créer un tout cohérent et synthétique. À grands renforts de passerelles, de parcours prédéfinis, d'accompagnement visuels thématiques, de jeux de lumière, de perspectives karavanesques... (Dani Karavan, Axe majeur, Cergy Pontoise), il aura soin de réaliser à bon compte un espace valorisant la haute représentativité du culturel local en utilisant la stratégie du cosmétique. En réalité, une fois le chantier terminé (au centre ville de Birmingham, ou encore Place des Arts à Montréal, par exemple), la culture n'irradiera pas plus qu'auparavant, mais peu importe : l'essentiel aura été de croire l'inverse, même l'espace d'un instant.

The politics of desire

In fact, the best approaches to the concept of "creative city" are not those based on planning analyses, whether micro-economic or social, but rather those which measure the "creative city" against the yardstick of the psychology of desire. By this reckoning, what is important here is not that the "creative city" should exist. On the contrary, it is much more important to make us believe that it exists. Indeed, by imposing this belief, through logic and knowledge, a vast array of very real questions come to the fore. One would be correct in thinking that the concept of the "creative city" feeds into these questions in a rich and compelling way. If one considers the way in which a "creative city", real or imaginary, is constructed, it is perfectly acceptable to raise questions of mobility (who is moving within the area, and why?), social advancement (does the "creative city" facilitate material improvement?) and diversity (what kind of new society is being created?). By extension, this leads us to question the real or alleged political reorganisation of the city, and thereby attribute a great deal of importance to municipal representatives, or "politicos" (individuals, not chains of command). These representatives may in return claim to be agents of social change in the local community — under the alleged guise of redevelopment plans aimed at achieving public harmony, agreement between residents and accomplishment of the republican ideal. So when one hears about the authorities implementing a collective garden in the centre of the good city of Lyon, we are at once awed and dumbstruck. The initiative is of interest to less than one per cent of the inhabitants of the former capital of the Gauls. But this has little relevance. In spite of all, the initiative has been presented as a model of integration, a legitimisation of the sacrament of "culture" in urban life.

Let's be perfectly honest here: the tree of the collective garden is obscuring the forest of the urban backwater. The pressure placed on the cultural economy as a new way of regulating the urban programme is in fact, in most cases, delivering a lower return than expected. Not that efforts are not being made to harmonise relations between citizens, efforts that are without doubt needed now more than ever, at a time when social and therefore urban inequality is rising excessively and hacking up the urban hinterland to create isolated ghettos of haves and have-nots. Quite simply, as things stand, urban models of the "creative city" kind cannot claim to be naturally capable of resolving the real problems of urban cohabitation which most of the cities of the world are experiencing. The less the "creative city" exists, the more we pretend it does.

"Creative" branding

The last two decades have seen numerous urban reconfigurations based on the principle of the "Espace culturel nodal" [integrated cultural space](ECN). Take a city centre with a fine art museum, a music conservatory, a municipal gallery of art and design, plus a few other institutions charged with the noble task of standardising the cultural offering, such as a multimedia library, an art library, a public records office, a theatre, an opera house, and so on. What form does the ECN strategy take here? The imparting of prestige and symbolic largesse by transforming a conventional geography devoted to cultural dissemination into a new socialising space which is dynamic, attractive, magnetic, where people converge not only to benefit from cultural riches but also to flatter their egos — by simply being there, they can experience a "distinctive" high quality location.

It is well known that the "creative city" label serves an economic and touristic purpose above all else. This is in an era, our own era, in which the most "attractive" area, when it is not offering miles of sandy beaches or hundreds of ski-lifts, is the area which can boast an enviable share of specialised "theme parks". In this respect, it is not by chance that France is the most visited country in the world. The land of Vercingétorix, Montaigne and Pasteur? Let's take a look at its true essence; a "total theme park", in the manner of Marcel Mauss when he spoke of "total social solidarity" (referring to ancient society which was unified around political, religious and cosmic dimensions). In this way, France is unified by the pre-Jacobinism of the Capetians, then by Jacobinism itself, but also by the theme park. The prehistoric theme park (Lascaux, Mas d'Azil...), the Gallo-Roman theme park (Nîmes, Orange...), the medieval theme park (Mont Saint-Michel, Carcassonne...), the Renaissance theme park (Fontainebleau, Chambord...), the classical theme park (Versailles, Le Marais...), the Industrial Revolution theme park (Les Halles, Eiffel Tower...), the colonial and post-colonial theme park (Cité dorée, Quai Branly...), the modernist and contemporary architecture theme park (the villas by Le Corbusier, Pompidou Centre...), the modern art theme park (Orsay, Beaubourg, Palais de Tokyo...). Need one go on?

Claiming the "creative city" label, like that of "cultural country", is not seen as inappropriate. The creation of a "creative city" in this context, in the same way one creates a "theme-park culture", therefore becomes a challenge which is supported by the ECN strategy

Où est la vraie création ?

L'observateur averti, de cette évolution du fait culturel, ne s'inquiète guère. Il sait fort bien, pour pratiquer lui-même ces nouveaux territoires, que la culture et la création proliférantes d'aujourd'hui ne prennent pas en tout racine dans les lieux du carnaval touristico-consumériste que l'on voudrait leur assigner. La culture, la création contemporaines sont en réalité dépolarisées et il y a de fortes chances qu'elles le soient plus encore dans les années à venir. Après les villes classiques, caractérisées par leur espace culturel situé au centre, après les villes dites « créatives », avec leurs espaces culturels en marge, on arrive aujourd'hui à l'« espace culturel explosé », à l'état de dissémination totale. Dissémination géographique d'abord : les « créatifs », sans relâche, sont en quête de lieux mieux adaptés à leurs besoins, des lieux dont ils seront sans doute chassés lorsque la spéculation immobilière aura eu pour effet d'en rendre le coût excessif. Dissémination symbolique ensuite, à laquelle la culture Internet contribue maximalement.

Toutes les politiques culturelles urbaines, créatives ou non, subissent ainsi de plein fouet la concurrence de l'Internet, dont les conséquences « polaires » sont immenses. Avec l'Internet, tout un chacun peut programmer à la demande et faire circuler ses choix dans une communauté à même d'être élargie infiniment, à la mesure sans mesure de la géographie des réseaux numériques. Internet induit une révolution de l'usage de la culture qui échappe forcément en grande partie aux municipalités et à leurs décideurs en matière culturelle et « créative ». Tout un chacun, grâce à l'Internet, télécharge ses données, partage, transfère et se crée une culture qui lui est propre. Les populations connectées peuvent faire librement leur marché culturel, en modifier le contenu, l'amender, l'orienter. Elles peuvent créer une communauté solidaire autour de leurs choix en allant sur Twitter ou Facebook et déplacer ainsi leur « territoire culturel », qu'elles impulseront le cas échéant dans l'espace polaire de la ville où l'on trouve aussi des programmations culturelles, du spectacle vivant, de l'art public, mais aussi autre part, dans le grand « nulle part quelque part » qui qualifie la géographie du Web. Au vrai, nous sommes à présent entrés dans l'ère des cultures portatives et nomades, un phénomène qui ne fera que s'amplifier. Cette donnée ne manque déjà pas de poser un problème considérable aux gens qui ont en charge de définir les politiques culturelles et leur devenir. À terme, peu ou prou, toute politique culturelle est inadaptée, décontextualisée, sinon vaine. Le « sujet » vivant que

mentioned above. By creating a new look for the eminent cultural institutions of the old city, the planner-designer-architect, as overall orchestrator of this symbolic reconstruction from the top down (by spectacular means, on this occasion), will look for ways of unifying the various elements by means of a specific programme of architecture and design aimed at creating a coherent, synthetic whole. Making extensive use of footbridges, predefined routes, accompanying visual themes, lighting effects, Karavan-esque perspectives (Dani Karavan, Axe Majeur, Cergy Pontoise), he will carefully devise a cost-effective way of creating a space which enhances the highest representation of local culture by means of a cosmetic strategy. In reality, once the construction work has finished (in Birmingham city centre, or Place des Arts in Montreal, for example), the culture will not spread much further than before, but this is not what is important: what is key here is that we should believe the opposite, even if just for a moment.

Where is the true creativity?

The informed observer is not too concerned by this evolution in cultural activity. As someone who actively plays a role in these new areas himself, he knows all too well that the culture and creativity proliferating today will not take complete hold of the circus that is the tourism-driven consumerism to which some would like to consign them. Contemporary culture and creativity have in fact been depolarised and there is a good chance that they will become even more so in the years to come. Moving on from the traditional cities in which the cultural space was located at the centre, and from the so-called "creative" cities in which the cultural space was located on the fringes, we are now arriving at the "exploded cultural space", a state of complete dissemination. This involves geographic dissemination in the first instance — "creatives" are constantly on the lookout for places which are better suited to their needs, places from which they will no doubt be chased once real estate speculation brings about an excessive hike in prices. But it also involves symbolic dissemination, to which the culture of the Internet is contributing the most.

All urban cultural policies, creative or otherwise, are thus subjected to the full force of competition from the Internet, the "polarising" consequences of which are immense. With the Internet, each individual is free to create their own cultural programme, one which they can share with a community that can grow infinitely — a reflection of the borderless landscape of digital networks. The Internet is bringing about a revolution in the use of culture, a phenomenon which invariably escapes the municipalities and their cultural and "creative" decision-makers to a large extent. Thanks to the Internet, everyone is downloading data, sharing, transferring and creating a culture of their own. Connected communities can freely create their own cultural marketplace, modify its content, amend it and direct it. They are free to create a shared community around their own preferences using Twitter or Facebook, thereby shifting their "cultural territory", which they can extend if necessary into the polarising space of the city, with its cultural programmes, live performances and public art events, but also into the vast "Ethernet void" which typifies the geography of the web. It is true to say that we are currently entering an era dominated by portable, nomadic cultures, a phenomenon which can only become more extensive. This fact is already posing a considerable problem for those in charge of defining cultural policies and their future. In the end, all cultural policy is, to a degree, inadequate, decontextualised, pointless. The live "subject" — of which we are all examples — has either already escaped or moved on, and does not care, as imposed by the "democratic age" of art that we have just entered. In this context, the depletion of "creative cities" (which is not the same as the depletion of creativity) is inevitable. This process is already underway or still unfolding in places which, in retrospect, clearly represented just a moment in time in the grand scheme of the traditional configuration of the city.

In a video entitled "The Walking Building", Greek net-artist "art-chitect" Andreas Angelidakis defined the museum as the very essence of a cultural space, as perceived by today's creators, one which is neither at the centre nor on the fringes, but a virtual entity. The contemporary creator's museum is the screen and mobile phone, ever present, and always open for business. Their creative base? Clouds of ideas floating wirelessly over networks. According to Angelidakis, "The Walking Building does not want to become another static museum." The museum is the city itself, and by extension the world: "To reanimate this building, we insert the city, cars, buses, parks, housing, museum, shopping, transit and empty spaces — a building animated by the everyday city line: a city animated by a hybrid hyperbuilding."

Let us revel in this newfound configuration, whether or not it be the champion of immateriality. Is the concept of the "creative city" already outmoded? The question has little relevance. Creation will go on, without end.

chacun de nous est, soit lui a déjà échappé, soit est ailleurs, et n'en a cure, comme le veut l'«âge démocratique» de l'art dans lequel nous sommes entrés dorénavant. Dans ce contexte, l'épuisement des «villes créatives» (qui n'est pas celui de la création!) est programmée, d'ores et déjà en gésine dans ces lieux dont on voit bien, avec le recul du temps, que pour l'essentiel ils n'auront été qu'un moment et rien de plus dans le cycle de la configuration historique des villes.

Le net-artiste «art-chitecte» grec Andreas Angelidakis, dans une vidéo intitulée The Walking Building, définit ainsi le musée, lieu culturel par excellence, tel que ceux qui créent aujourd'hui le conçoivent : ni au centre ni à la marge mais virtuel. Le musée des créateurs, ce sont leurs écrans, mobiles, les accompagnant partout et sans cesse, sans heures d'ouverture limitant la fréquentation. Leur base créative ? Ce sont des nuages de données flottant dans des réseaux sans fil. « *The Walking Building does not want to become another static museum* [The Walking Building n'entend pas devenir un autre musée statique) », dit Angelidakis. Le musée, c'est la ville elle-même, le monde, par extension : « *To reanimate this building we insert the city, cars, buses, parks, housing, museum, shopping, transit and empty spaces — a building animated by the everyday city line : a city animated by a hybrid hyperbuilding* [Pour réanimer ce bâtiment, nous engloutissons la ville, les voitures, les bus, les parcs, les logements, le musée, les commerces, les espaces vides et de transit — le quotidien d'une ville qui anime un bâtiment, un hyper-bâtiment hybride qui vient animer une ville]. »

Réjouissons-nous de cette configuration nouvelle, serait-elle championne d'immatérialité. Le concept de «ville créative» est d'ores et déjà dépassé ? Peu importe. La création, elle, est sans fin.

ELSA VIVANT

FAIRE LA VILLE AVEC LES CRÉATEURS ?

Création, créateur, créatif, créativité... Ces termes se sont imposés ces dernières années dans les discours urbains, au risque de devenir des concepts vides, des effets de manche et de mode comme le monde de l'urbanisme en compte tant. Popularisé par divers auteurs controversés, le terme d'économie créative marque le dévoiement de l'idée de créativité au service d'un projet politique et économique. La construction d'une nouvelle catégorie d'activités - les industries créatives - par le Department for Culture, Media and Sport (DCMS), a permis de souligner et de mettre en évidence le poids économique de ce secteur dans l'économie britannique, afin de positionner le pays dans un contexte concurrentiel globalisé et de produire une image de marque dans une logique de distinction et de *branding* territorial (« Cool Britannia »). La construction politique de la notion d'économie créative répond également aux intérêts des industriels de ces secteurs dits créatifs (comme la publicité ou le logiciel), qui s'approprient le prestige associé à la création (artistique) et revendiquent des aménagements législatifs ou des aides spécifiques, notamment en ce qui concerne la reconnaissance du droit d'auteur ou d'aménagement du code du travail [1]. Dans le même temps, le succès et la vulgarisation des discours et approches sur la créativité et la ville rendent compte d'une préoccupation opérationnelle et recèlent une promesse : comment faire la ville aujourd'hui sans reproduire des modèles qui ignorent la dimension idiosyncrasique de l'action urbaine ? Comment faire la ville dans un monde complexe et incertain où l'urbanisme et la planification deviennent davantage stratégiques que réglementaires ? Certains simplifieraient ces questionnements sous le mot d'ordre « comment être créatifs ? ». Il s'agit plutôt ici de se saisir de cette notion de créativité pour en faire (ou refaire) un concept opératoire. Dans un contexte d'incertitudes, l'action urbaine par projet inscrit les pratiques de l'urbanisme dans des processus d'innovation [2]. La notion de créativité porte alors un enjeu important : celui de la production d'idées nouvelles, de l'adaptation et de l'anticipation des changements. En quoi les créateurs peuvent-ils contribuer à ces processus d'innovation ?

Le créateur au service d'un projet de développement économique

Le créateur est aujourd'hui considéré comme un professionnel des industries créatives, auquel il convient de prêter attention de par sa contribution au développement local. Or, à cause des contraintes économiques qu'entraîne l'organisation du travail par projet dans ces milieux, le créateur est souvent la première victime de la valorisation économique de la ville à laquelle, volontairement ou non, il contribue. Dans ce contexte, quelle place offrir aux créateurs dans la ville ? Comme le rappelle Ares Kalandides, la principale préoccupation des créateurs/ifs, lorsqu'ils s'installent en ville, demeure le coût financier de l'installation pour trouver des locaux à des prix abordables. Jusqu'alors, les créateurs s'installaient, investissaient, transformaient des lieux selon leurs contraintes et besoins, généralement en marge des préoccupations des acteurs de la production de la ville, voire dans l'illégalité [3]. Aujourd'hui, des opérateurs de la production urbaine portent une attention nouvelle aux besoins de ces professionnels. Inspirés par les discours de valorisation des industries créatives dans l'espace urbain et de leur possible apport dans le développement économique local, des opérateurs publics ou privés ont identifié un marché de niche pour une offre de locaux d'activités à moindre coût. Différentes expériences immobilières montrent qu'il est possible d'inventer une offre financièrement adaptée aux besoins des créateurs tout en étant réaliste du point de vue des objectifs de rentabilité de l'opérateur, en jouant sur les modèles architecturaux ou organisationnels. Pour un promoteur immobilier, comme Space à Birmingham, la réhabilitation *a minima* de locaux

[1] TREMBLAY, G., « Industries culturelles, économie créative et société de l'information », *Global Media Journal - Canadian edition 1*, n° 1, 2008, pp. 65-88.

[2] ARAB, N., *L'activité de projet dans l'aménagement urbain, processus d'élaboration et modes de pilotage, Les cas de la ligne B du tramway strasbourgeois et d'Odysseum à Montpellier*, thèse de doctorat en urbanisme et aménagement, École nationale des ponts et chaussées, Paris, 2004, multig.

[3] RAFFIN, F., *La mise en culture des friches industrielles, Poitiers, Genève, Berlin : de l'épreuve locale au développement de dispositifs transnationaux*, rapport de recherche, Ariese, université Lyon II, ministère de l'Équipement, Lyon, 1998, multig. LEXTRAIT, F., *Friches, laboratoires, fabriques, squats, projets pluridisciplinaires, une nouvelle époque de l'action culturelle*, rapport remis à Michel Duffour, Secrétaire d'État au Patrimoine et à la décentralisation culturelle, ministère de la Culture, janvier 2002, Paris. GRÉSILLON, B., *Berlin, Métropole culturelle*, Belin, Paris, 2002.

ELSA VIVANT

INVOLVING CREATORS IN THE DEVELOPMENT OF CITIES

Creation, creator, creative, creativity... these words have become so commonly used in the discourse on urban development over the last few years that they are now in danger of becoming empty concepts, like so many urban buzzwords gone before. The term "creative economy", popularised by a variety of controversial theorists, describes the subversion of the concept of creativity to political and economic aims. The creation of a new category of economic activity by the Department for Culture, Media and Sport (DCMS) — the so-called creative industry — has served to underline the economic importance of this sector in the British economy, positioning the country competitively on the global market and distinguishing it through its "Cool Britannia" brand image. The notion of the creative economy is also structured in a way that benefits the professionals operating within these "creative" sectors (such as advertising or software companies). These companies acquire the prestige associated with (artistic) creation, while also benefiting from special legal provisions and support measures, particularly in relation to copyright law or amendments to employment law[1]. The success and popularisation of discourse and discussion on the subject of creativity and its relationship to the city underlines a major practical concern, but one which harbours hope for the future: How can we construct the contemporary city without reproducing models that make no allowance for the idiosyncrasies of urban activity? How do we build a city in a complex, unpredictable environment where urban development and planning are becoming more about strategy and less about regulation? For many, these questions fall under the catch-all phrase, "how can we be creative?" The task here is to adapt the notion of creativity and mould (or remould) it for practical use. In our constantly changing environment, urban initiatives are drawing on urban development processes in new innovative ways[2]. This means that creativity has an important role to play — in the production of new ideas, the adaption of old ideas, and in the anticipation of future change. How exactly can the creator contribute to these innovations?

The creator's contribution to economic development

Today, the creator is seen as a creative industry professional inhabiting a role which is worth exploring from the point of view of its contribution to local development. However, given the economic constraints associated with project work in this sector, the creator often becomes the first victim of the very economic surge that, voluntarily or otherwise, they helped to create. In this context, what place can we offer creators in the urban environment? As Ares Kalandides says, the creator's principal concern when putting down roots in a city is the availability and location of affordable housing. In the past, creators moved into a new area, settled there, and moulded the area to fit their needs. This usually took place, if not illegally, then at least outside the realm of those officially involved in city development[3]. Nowadays, those involved in urban development are starting to pay closer attention to the desires of these particular professionals. Inspired by the discourse surrounding the value of creative industries in the urban environment and their potential contribution to local economic development, both public and private players have identified a niche market for inexpensive living and working spaces. Various building projects have shown that, by playing with architectural and organisational models, it is possible to formulate a space which is financially viable for creators while also remaining realistic in terms of the developer's financial goals. For some property developers, such as *Space* in Birmingham, the relatively insignificant costs involved in restoring spaces in less attractive areas makes it possible to carry out property development projects in which minimal returns are balanced out by the corresponding low investment required, with the potential for greater returns in the long term. For others, it's an opportunity to create a new urban amenity. The presence

L'usine Tase, Lyon.
Tase factory, Lyon.
Nicolas Nova.

dans des zones peu attractives permet de réaliser une opération immobilière dont la faiblesse des recettes est compensée par celle des investissements nécessaires, tout en entretenant l'espoir d'une valorisation plus importante à long terme. Pour d'autres, il s'agira de créer une nouvelle aménité urbaine : la proximité de créateurs et les services (culturels ou de loisirs) qu'ils offrent contribuent à l'animation d'un site en amont d'une opération urbaine. Ainsi, dans un autre contexte, à Saint-Denis, le promoteur Brémond soutient financièrement les créateurs du 6B, lieu de travail pour des entrepreneurs créatifs, dans l'organisation d'événements festifs (Fabrique à Rêves), voire envisage de maintenir ce lieu (actuellement occupé dans le cadre d'un bail précaire) et de modifier la programmation du quartier en cours de réalisation [4]. Enfin, pour un opérateur public, inventer une offre immobilière adaptée aux contraintes des entreprises de l'économie créative s'inscrit dans une stratégie de développement économique d'ancrage local des industries créatives. L'exemple du Karting à Nantes donne à voir ce que pourrait être une offre immobilière *low cost*. Derrière leur singularité, ces expériences déclinent des pratiques généralisées d'instrumentalisation des artistes dans la production de la ville.

La spécificité du régime d'économie symbolique, qui structure les économies occidentales depuis un demi-siècle, est l'incorporation par le capitalisme de la culture et des valeurs symboliques générées par les actes de création [5]. Dans l'espace urbain, ces processus sont devenus des éléments majeurs de production d'un projet urbain. L'instrumentalisation

[4] AUBRY, A., *Politiques locales et politiques dominantes, la ceinture rouge de la métropole post-industrielle, implantation du cluster de la création dans le Nord-Est parisien*, mémoire de master en urbanisme, aménagements et transports, Institut français d'urbanisme, université Paris-Est Marne-la-Vallée, 2011, multig.

[5] LASH, S., URRY, J., *Économies of Signs and Space*, Londres, Sage, 1994.

of creators and the cultural or recreational services that they provide contributes to the vitality of an area, well before any physical development takes place. Take Saint-Denis for example; here, the Brémond development company is collaborating with 6B, a workspace for creative entrepreneurs. One of the ways in which they are helping is by offering financial assistance for the creation of events and festivals (such as the "*Fabrique à Rêves*" event). The hope here is that these creative entrepreneurs will eventually be able to buy the space (currently occupied under the terms of a tenuous lease agreement) and change the face of the neighbourhood's event calendar in the process[4].

For public developers, the offer of a space adapted to the needs of creative businesses is thus part of a larger economic development strategy aimed at anchoring creative industries in the local area. The experience of karting in Nantes provides another good example of how a low-cost development can work. Behind each individual project, as singular as they may seem, the same basic methods of utilising the artist for the development of the city are at play.

The specific feature of the symbolic economy, which has been used as a template for Western economies for the last half-century, is the incorporation of the symbolic value generated by creative acts into the capitalist unit[5]. In the urban environment, this process has become an integral part of all development projects. The value of creators and artists in the city (that is to say, the symbolic value of their presence and the economic value of the ways in which they are deployed) is being increasingly capitalised upon by various different players, often with quite different objectives in mind. During the 19th century, property developers invented a new class of residential space in order to promote apartments in less desirable locations — the so-called "artist's loft". Over time, members of the growing bourgeois class began to emulate this trend in order to create their own bohemian-style bachelor pads, thus elevating the artist to very incarnation of elegance[6]. In her numerous writings, Sharon Zukin describes how the cultural and symbolic landscape of cities reflects the social and political struggles that are ongoing within the larger urban environment, and how the norms and cultural tastes of the upper-middle classes are imposed as the standards of a (new) urban authenticity[7]. In fact, a number of writers have examined the ways in which urban developers have used the symbolic value of cultural and artistic neighbourhoods to bolster the economic value of property developments[8]. Le Flon, in Lausanne, is an example of how a private developer exploited the narrative that had been constructed for the area through artists' enclaves and largely marginal activities in order to create a symbolic foundation for the construction of a new retail district. The modest financial contribution made by developers Bouwfonds Marignan to a fresco for the Tase factory in the Carré de Soie neighbourhood, for example, can be seen as the action of a developer who understands that within the context of a development project, the process of creating meaning is an integral part of the process of creating value,

---

[1] TREMBLAY, G., "Industries culturelles, économie créative et société de l'information", *Global Media Journal - Canadian edition 1*, n°1, 2008, pp. 65-88.

[2] ARAB, N., *L'activité de projet dans l'aménagement urbain, processus d'élaboration et modes de pilotage, Les cas de la ligne B du tramway strasbourgeois et d'Odysseum à Montpellier*, thèse de doctorat en urbanisme et aménagement, École nationale des ponts et chaussées, Paris, 2004, multig.

[3] RAFFIN, F., *La mise en culture des friches industrielles, Poitiers, Genève, Berlin : de l'épreuve locale au développement de dispositifs transnationaux*, rapport de recherche, Ariese, université Lyon II, ministère de l'Équipement, Lyon, 1998, multig. LEXTRAIT, F., *Friches, laboratoires, fabriques, squats, projets pluridisciplinaires, une nouvelle époque de l'action culturelle*, rapport remis à Michel Duffour, Secrétaire d'État au Patrimoine et à la décentralisation culturelle, ministère de la Culture, janvier 2002, Paris. GRÉSILLON, B., *Berlin, Métropole culturelle*, Belin, Paris, 2002.

[4] AUBRY, A., *Politiques locales et politiques dominantes, la ceinture rouge de la métropole post-industrielle, implantation du cluster de la création dans le Nord-Est parisien*, mémoire de master en urbanisme, aménagements et transports, Institut français d'urbanisme, université Paris-Est Marne-la-Vallée, 2011, multig.

[5] LASH, S., URRY, J., *Économies of Signs and Space*, Londres, Sage, 1994.

[6] CHARPY, M., "Les ateliers d'artistes et leurs voisinages, Espaces et scènes urbaines des modes bourgeoises à Paris entre 1830 et 1914", *Histoire urbaine*, n°26, 2009, pp. 43-68.

[7] ZUKIN, S., *Loft Living, Culture and Capital in Urban Change*, New Brunswick, Rutger's University Press, 1982. ZUKIN, S., *Landscapes of Power, From Detroit to Disney World*, Berkeley, University of California Press, 1991. ZUKIN, S., *The Cultures of Cities*, Cambridge, Blackwell Publisher, 1995. ZUKIN, S., "Consuming Authenticity, From Outpost of Difference to Means of Exclusion", *Cultural Studies*, 22, n°5, 2008, pp. 724-48.

[8] COLE, D. B., "Artists and Urban Redevelopment", *The Geographical Review*, 77, n°4, 1987, pp. 391-407. BANIOTOPOULOU, E., "Art for Whose Sake ? Modern Art Museums and their Role in Transforming Societies : The Case of the Guggenheim Bilbao", *Journal of Conservation and Museum Studies*, n°7, 2001, pp. 1-15. LLOYD, R., "Neo-Bohemia : Art and Neighborhood Redevelopment in Chicago", *Journal of Urban Affairs*, 24, n°5, 2002, pp. 517-32. STROM, E., "Converting Pork into Porcelain, Cultural Institutions and Downtown Development", *Urban Affairs Review*, 38, n°1, 2002, pp. 3-21. LEY, D., "Artists, Aestheticisation and the Field of Gentrification", *Urban Studies*, 40, n°12, 2003, pp. 2527-2544. KEATING, M., de FRANTZ, M., Culture-led Strategies for Urban Regeneration : a Comparative Perspective on Bilbao, *International Journal of Iberian Studies*, 16, n°3, 2004, pp. 187-194. MILES, M., "Interruptions : Testing the Rhetoric of Culturally Led Urban Development", *Urban Studies*, 42, n°5-6, 2005, pp. 889-911. VIVANT, E., CHARMES, E., "La gentrification et ses pionniers : le rôle des artistes *off* en question", *Métropoles*, 3, 2008.

de la présence des créateurs et artistes en ville, c'est-à-dire la valorisation économique de la valeur d'usage et la valeur symbolique d'un quartier d'artistes, se produit progressivement par l'implication de divers acteurs, aux intérêts parfois divergents. Au XIXe siècle, les promoteurs immobiliers ont inventé le produit « atelier d'artistes » pour valoriser les appartements les moins bien orientés ; progressivement, les bourgeois, représentants de la classe de loisirs naissante, ont aménagé dans les combles de leurs hôtels particuliers des garçonnières aux allures bohèmes, faisant de l'artiste l'arbitre des élégances [6]. Sharon Zukin, dans ses nombreux travaux, montre comment le paysage culturel et symbolique des villes rend compte des luttes sociales et politiques en cours dans les espaces métropolitains, par lesquelles les classes moyennes supérieures imposent leur normes et goûts culturels devenus les garants d'une (nouvelle) authenticité urbaine [7]. Enfin, de nombreux auteurs se sont intéressés à l'instrumentalisation de la valeur symbolique des lieux artistiques culturels par les acteurs de la production urbaine pour asseoir la valeur économique d'opérations immobilières [8]. Ainsi le Flon, à Lausanne, où un promoteur privé a su habilement exploiter le récit construit sur le quartier par l'installation d'artistes et d'activités plus ou moins marginales, pour en faire le support imaginaire d'un nouveau quartier commercial. La modeste contribution du promoteur Bouwfonds Marignan à la réalisation d'une fresque sur l'usine Tase dans le quartier du Carré de Soie s'explique par les intérêts bien compris d'un promoteur pour qui la production de sens participe de la production de valeur sur son opération, et non pas d'un soudain engagement en faveur du mécénat artistique. À Nantes, ce qui semblait symboliser une volonté forte d'engagement artistique dans l'espace public, la réalisation des Éléphants et de la Galerie des machines sur l'île

[6] CHARPY, M., « Les ateliers d'artistes et leurs voisinages, Espaces et scènes urbaines des modes bourgeoises à Paris entre 1830 et 1914 », *Histoire urbaine*, nº 26, 2009, pp. 43-68.
[7] ZUKIN, S., *Loft Living, Culture and Capital in Urban Change*, New Brunswick, Rutger's University Press, 1982. ZUKIN, S., *Landscapes of Power, From Detroit to Disney World*, Berkeley, University of California Press, 1991. ZUKIN, S., *The Cultures of Cities*, Cambridge, Blackwell Publisher, 1995. ZUKIN, S., « Consuming Authenticity, From Outpost of Difference to Means of Exclusion », *Cultural Studies*, 22, nº 5, 2008, pp. 724-48.
[8] COLE, D. B., « Artists and Urban Redevelopment », *The Geographical Review*, 77, nº 4, 1987, pp. 391-407. BANIOTOPOULOU, E., « Art for Whose Sake ? Modern Art Museums and their Role in Transforming Societies : The Case of the Guggenheim Bilbao », *Journal of Conservation and Museum Studies*, nº 7, 2001, pp. 1-15. LLOYD, R., « Neo-Bohemia : Art and Neighborhood Redevelopment in Chicago », *Journal of Urban Affairs*, 24, nº 5, 2002, pp. 517-32. STROM, E., « Converting Pork into Porcelain, Cultural Institutions and Downtown Development », *Urban Affairs Review*, 38, nº 1, 2002, pp. 3-21. LEY, D., « Artists, Aestheticisation and the Field of Gentrification », *Urban Studies*, 40, nº 12, 2003, pp. 2527-2544. KEATING, M., de FRANTZ, M., Culture-led Strategies for Urban Regeneration : a Comparative Perspective on Bilbao, *International Journal of Iberian Studies*, 16, nº 3, 2004, pp. 187-194. MILES, M., « Interruptions : Testing the Rhetoric of Culturally Led Urban Development », *Urban Studies*, 42, nº 5-6, 2005, pp. 889-911. VIVANT, E., CHARMES, E., « La gentrification et ses pionniers : le rôle des artistes *off* en question », *Métropoles*, 3, 2008.

Misconceivable, œuvre d'Erwin Wurm au Pellerin.
"Misconceivable", work by Erwin Wurm, Le Pellerin.
Le Voyage à Nantes/Stéphane Bellanger.

de Nantes, s'avère aujourd'hui être des instruments d'un projet économique de valorisation touristique de la ville au détriment de leur inscription dans le cadre des politiques culturelles locales. Ainsi, les Éléphants et la Galerie sont confiés, dans le cadre d'une délégation de service public, à la société publique locale Le Voyage à Nantes, en charge du développement touristique de la métropole et dont la politique de billetterie n'est pas pensée comme une action de démocratisation culturelle mais dans le cadre d'un projet économique. Qu'en est-il alors du statut de l'œuvre ? Est-on toujours dans le domaine de l'art ou est-on passé à celui du divertissement ? Tout projet urbain semble aujourd'hui inclure un volet culturel et artistique. Comment faire de ce volet autre chose que le cache-sexe d'un projet néolibéral pour lequel le rôle des créateurs dans la ville se réduirait à sa dimension économique ? Comment ne pas se laisser gagner par une certaine lassitude face à des propositions dont les enjeux artistiques et esthétiques sont minimisés face à d'autres finalités ?

Pour reprendre les propos de Paul Ardenne (lors du séminaire de Lausanne) s'inspirant de Walter Benjamin, « toute réalité construite par l'homme qui se présente comme un instrument de culture peut se transformer en un instrument de barbarie ». Pour lui, cette instrumentalisation documente « ce qu'est la barbarie néolibérale avec une esthétique de la gentillesse ». Elle éteint également toute possibilité de conflictualité, la culture étant un outil consensuel au service de la mise en récit des opérations urbaines, occultant les conflits et les revendications locales. Or, cette quête d'un urbanisme consensuel oublie que la ville est l'espace des conflits socio-politiques, l'espace où se rencontrent des intérêts divergents, où le consensus traduit l'imposition de normes et intérêts des dominants sur les plus fragiles. Le propre et la force du capitalisme est de se réapproprier la « critique artiste » pour en faire une valeur marchande [9]. Il en est de même pour la « critique artiste » de la ville néolibérale, réinterprétée et incorporée par les producteurs de la ville. C'est là tout le paradoxe, le cynisme ou la grande intelligence de ces processus : ceux qui, par leur position sociale, sont les plus à même de les critiquer (les artistes, les chercheurs), contribuent à leur émergence et à leur médiatisation. Les chercheurs, par l'analyse critique de ces phénomènes, participent à leur médiatisation, à leur diffusion et à leur reproduction. De même, la valeur symbolique produite par la présence ou l'intervention d'artistes sur un territoire, conduit *in fine* à une valorisation économique qui les exclut de l'espace urbain. Or, la critique est délicate dès qu'elle concerne des

formes de soutien public à la culture : toute critique de cette instrumentalisation peut être interprétée comme une remise en cause de la légitimité d'une politique artistique et culturelle. Les acteurs culturels, inscrits dans une économie à l'équilibre précaire, sont perpétuellement à la recherche de nouveaux financements et entretiennent des rapports ambigus avec ceux qui les financent. De nombreux opérateurs artistiques (à l'image de KompleXKapharnaüM) s'inventent un modèle économique bicéphale : une partie de leurs activités, financée sur commande (le rôle de la compagnie s'apparente alors à celui d'un prestataire de service dans un dispositif alternatif de concertation), permet de soutenir le déploiement de projets artistiques plus engagés. Cette nouvelle organisation du travail artistique dans et hors du champ artistique est rendue possible par la demande croissante d'intervention artistique dans les dispositifs d'action socioculturelle par lesquels les artistes et producteurs culturels diversifient leurs activités et leurs marchés [10]. Comment le créateur peut-il, par son intervention, rejouer et redonner le goût de la conflictualité, ou du moins du débat contradictoire, considérée comme un élément normal, si ce n'est moteur, du projet urbain ?

[9] BOLTANSKI, L., CHIAPELLO, E., *Le nouvel esprit du capitalisme*, Paris, Gallimard, 1999.
[10] BUREAU, M.-C., PERRENOUD, M., SHAPIRO, R. (dir.), *L'artiste pluriel, Démultiplier l'activité pour vivre de son art*, Villeneuve-d'Ascq, Presses universitaires du Septentrion, 2009.

and not as the action of a developer with a newfound interest in artistic patronage. Meanwhile, in Nantes, what originally seemed a symbolic display of the city's commitment to bringing art into the public arena — the construction of the Great Elephant and the "Galerie des machines" on the Ile de Nantes — has proved to be more a manifestation of the city's attempt to market itself to tourists than a foundation for local cultural policy. The Elephant and the "Galerie" have thus been entrusted as a public amenity to the "Voyage à Nantes" initiative; a local public venture which manages the development of tourism for the city, and whose main interest in selling tickets is less about cultural democratisation and more about economic development. So where do we draw the line? Are we still dealing with a work of art? Or have we moved into the realm of public entertainment? These days, every urban project seems to include an element of art and culture. Is there a way of turning this into something more than a neoliberal agenda reducing the role of the creator to little more than the sum of its economic parts? Is there a way to avoid the inevitable languor which accompanies a situation where artistic and aesthetic considerations are consistently undermined in favour of other aims?

In his seminar on Lausanne, Paul Ardenne echoed the words of Walter Benjamin: "any man-made reality presented as an instrument of culture can be transformed into an instrument of barbarism". For Ardenne, this exploitation of art and culture documents a process which involves marrying "neoliberal barbarism with an appealing cultural veneer". It also eliminates any possibility for conflict, given that culture is used as a consensual tool tasked with constructing a narrative for urban development which masks any instances of local conflict or dispute. As such, the attempt to create urbanism by consensus ignores the fact that cities are the hub of socio-political conflict, environments where divergent objectives collide, and where consensus in real terms amounts to imposing the norms and interests of those in power on those who are more vulnerable. The nature and strength of capitalism is the ability to re-appropriate the "artist's critique" for its own economic ends[9]. The same applies to the way in which this "artist's critique" is reinterpreted and incorporated into the neoliberal city by urban developers. And therein lies the paradox, the irony and the genius of the process; those who, given their social position, most criticise the process (artists and researchers), are the very people who contribute to its success and exposure in the media. Through critical analysis, researchers actively participate in the exposure, dissemination and proliferation of these phenomena. In the same way, the symbolic value created by the actions or mere presence of artists in a city eventually leads to an economic upsurge, an economic upsurge which ultimately excludes them from this urban space. However, the debate becomes more delicate once the issue of public supports for culture enters the frame. Any criticism of the process could potentially be interpreted as a questioning of the legitimacy of artistic and cultural policy as a fundamental concept. Given the precarious economic equilibrium of their chosen sector, players in the cultural sector are constantly in search of new sources of funding, and maintain a highly ambiguous relationship with those that do fund them. Numerous artistic companies (such as KompleXKapharnaüM) are therefore taking a two-strand approach to their activities. The income earned by this company in return for paid work (where their role is similar to that of an alternative service provider within a cooperative framework) allows them to fund the artistic projects which form their primary focus. This new approach to artistic work within and outside the artistic field is made possible by the growing demand for artistic talent in the socio-cultural sphere. In light of this demand, artists and cultural producers have been able to diversify and grow their activities as well as their markets[10]. Is there a way for creators to reinstate and revive a sense of conflict, or at least an alternative discourse, via their actions — such conflict being a normal part, if not the driving force of all urban development?

The creator: laying the foundations for urban development

There have been many examples where, rather than being called on to design or add a human touch to a project through their work, creators have been brought on board during the early stages of urban projects at a time when the intentions of the architects and contractors are as yet undefined. Through their artistic intervention, the creator becomes an active player in the project, capable of acting, feeling, expressing and recounting their own personal interpretation of the urban reality. Such cases pose a number of questions in relation to artistic work, and the position and social role of the artist. How can creators reinvent standard practices and methods, and not be bound by conventional rules and expectations? And is this a fleeting trend, or a radical innovation in the working process?

[9] BOLTANSKI, L., CHIAPELLO, E., *Le nouvel esprit du capitalisme*, Paris, Gallimard, 1999.
[10] BUREAU, M.-C., PERRENOUD, M., SHAPIRO, R. (dir.), *L'artiste pluriel, Démultiplier l'activité pour vivre de son art*, Villeneuve-d'Ascq, Presses universitaires du Septentrion, 2009.

Le créateur, acteur en amont du projet urbain ?

Plusieurs expériences font intervenir des créateurs dans le projet urbain, non plus comme ceux qui apportent, par leurs œuvres, un supplément d'âme à une opération, ou en tant que concepteur, mais dans les phases amont du projet, alors même que les intentions du maître d'ouvrage sont indécises. Par l'intervention artistique, le créateur devient un acteur du processus de projet qui agit, ressent, exprime et rend compte de *sa* réalité du territoire. Ces expériences sous-entendent un certain nombre de présupposés sur le travail artistique, la posture et le rôle social de l'artiste. En quoi les créateurs permettraient-ils de renouveler les pratiques et méthodes de travail, de sortir des routines ? Assiste-t-on à une nouvelle mode, plus ou moins éphémère, ou à une innovation radicale dans les processus de travail ?

Le créateur bénéficie d'une position particulière dans le monde social. Le prestige de l'artiste, hérité de la figure romantique, se construit par la valorisation de sa singularité, expliquant un choix en apparence irrationnel, c'est-à-dire celui d'une carrière risquée pour la réalisation d'une vocation [11]. Certains indices révèlent le statut privilégié de l'artiste : son héroïsation (dans la littérature), les droits et avantages spécifiques (législation sur les droits d'auteur), l'origine sociale des artistes (souvent des catégories supérieures), l'aspiration d'autres professions au statut de créateur (comme les commissaires d'exposition ou les tatoueurs), la démographie (croissance numérique de la population artiste), la généralisation du modèle artiste (par l'usage de vocabulaire propre à la création dans les milieux entrepreneuriaux), les spécificités administratives accordées aux artistes, la clémence de la justice vis-à-vis de délits commis au nom de l'art ... Le créateur, non engoncé dans des routines, des conventions et des micro-censures propres à chaque monde professionnel, apporterait un point de vue singulier, provoquant une rupture par rapport à des modes de pensée habituels. La maîtrise d'ouvrage ou les autres acteurs du projet autoriseraient ce héros singulier à se libérer des conventions du monde de l'urbanisme. L'intervention du créateur dans le projet urbain rendrait alors possible le dissensus, la mise en évidence des divergences, des éléments de conflits. À la suite de Nadia Arab, on peut se

[11] HEINICH, N., *L'élite artiste, Excellence et singularité en régime démocratique*, Paris, Gallimard, 2005.

Visualisation du Sentier Pédestre Périphérique de KompleXKapharnaüM.
View of KompleXKapharnaüM's pedestrian walkway.
Magalie Rastello, KompleXKapharnaüM.

demander si cette intervention peut devenir un instrument de la discussion, de la négociation, et donc de l'action collective, mais aussi comment et à quelles conditions elle peut l'être [12].

L'autre présupposé majeur s'appuie sur les compétences propres à l'artiste, à savoir sa capacité à exprimer des émotions, des sensibilités, un rapport au monde, là où l'urbaniste ne maîtrise que peu d'outils de représentation et dont l'expertise des territoires se doit d'être objectivée. Le regard de l'artiste, marqué par une approche engagée du sensible, serait différent de celui de l'expert-technicien. L'intervention urbaine aujourd'hui se fait sur la ville existante, renouvelant des espaces vécus, habités et marqués par la mémoire et les expériences de leurs usagers. Conscient des limites des compétences habituelles des urbanistes, certains maîtres d'ouvrage ou opérateurs font appel à des artistes en tant que professionnels du sensible pour révéler une autre réalité du territoire. Dans ces expériences, par son intervention, le créateur saurait identifier et représenter différemment les problèmes du territoire, révéler les usages et les perceptions de l'espace, participant d'un diagnostic local sensible et non plus à la programmation et à la conception du projet.

Produire la ville avec les créateurs, renouveler la créativité des professionnels de l'urbain par une mise en présence et en tension avec l'acte artistique sont des propositions, certes séduisantes, mais qui, à travers les interventions observées, soulèvent de nombreux enjeux et questions pour rendre opératoire la rencontre entre les créateurs et les urbanistes et autres producteurs de la ville. Comment faire accepter cette innovation par les agents sociaux concernés ? À quelles conditions ces innovations organisationnelles et méthodologiques contribuent-elles à l'amélioration de la production de la ville ?

Les propositions d'artistes ou de paysagistes dans le cadre de Lausanne Jardins ont permis de révéler des faces cachées du territoire (comme la présence des prostituées) ou d'expérimenter de nouveaux usages de l'espace public. Ainsi, la transformation d'un carrefour routier en espace public apaisé, le temps d'un événement temporaire, a contribué à la réflexion en amont sur le devenir de cet espace public. Le détournement temporaire de l'espace en a révélé les enjeux tout en testant des dispositifs de limitation de la circulation, contribuant ainsi aux discussions avec les riverains et commerçants concernés. L'intervention des créateurs remet la question des

[12] ARAB, N., « L'intervention artistique : levier d'innovation dans les projets urbains ? » projet de recherche présenté lors de la conférence SmartCity (Im)mobilités urbaines, organisée par Dédale à Paris en 2011.

Creators have always occupied a special position within society. The artist's prestige is founded on a longstanding romantic perception of who they are. Their unique individuality serves as a justification for the seemingly irrational decision to pursue a highly precarious career path[11]. The privileged position of the artist is evidenced in numerous ways: the heroic status consistently bestowed to artists (in literature), special laws and benefits (copyright law), their social origins (often from amongst the upper classes), the aspiration of other professions to gain artistic status (such as curators or tattoo artists), demographic trends (growth in the artistic population), the dissemination of the artistic model (through the use of creation-specific vocabulary in new business environments), government support accorded to artists, leniency in the courts for offences committed in the name of art, etc. As an individual not shackled by the same routines, conventions and micro-censorship as the rest of the working world, the creator provides a unique perspective which breaks from the accepted line of thought. Architects and commissioners of projects give these unique heroic figures licence to disregard all conventions associated with the field of urban development. The creator's involvement in urban development thus opens up the possibility of embracing dissent, divergence and conflict. Following on from Nadia Arab, we can postulate whether this involvement could become a tool for use in discussion, negotiation, and hence collective action, as well as examining the conditions under which this could be the case[12].

Another major issue relates to those skills which are specific to the artist, namely their ability to express emotion, their sensitivity and their way of relating to the world. Urban developers are lacking in this area, having but few discursive tools at their disposal and being bound by a goal-oriented approach. The artist's approach, marked as it is by an engagement with all things sensory, will differ from that of the technical expert. Contemporary urban development deals largely with the city in its existing state, renewing inhabited space — space which is defined by the memories and experiences of the people who use it.

Conscious of the limitations of the average urban developer's skill set, some architects and contractors are calling on artists in their capacity as sensory professionals to uncover an alternate narrative for the city. In this role, creators learn to identify the issues faced by the city and represent these in an alternative way. They unveil new uses and perceptions of space, and become participants in a sensory evaluation process, rather than the practical planning and design aspects of the project.

Using creators to build cities, and refreshing the creativity of urban developers through contact and conflict with the artistic act, may seem like enticing propositions but, as seen in numerous examples, many questions and challenges arise when bringing together creators, developers and other urban players in a real-life context. How can the process be adapted to win the support of all parties involved? How can these innovations in the areas of planning and methodology contribute to improvements in the development of cities?

In an example such as the "Lausanne Jardins" event, the work carried out by artists and landscapers allowed the uncovering of hidden aspects of the city (such as the city's prostitute population), giving people the freedom to experiment with new ways of using public space. In this way, the transformation of an inner city junction into a sanctuary of tranquillity, though only temporary in nature, contributed towards rumination on the future of this public space. The temporary re-appropriation of the space revealed a number of challenges, while also testing mechanisms for managing traffic flow, thereby acting as a catalyst for discussion amongst the residents and retailers involved. By highlighting existing usage and proposing new alternatives, the creator makes the use of space the central focus of urban action. In Saint-Étienne, the work completed by a group of design students to reclaim a former motorway allowed them the opportunity to rethink standard concepts of usage in infrastructure, something that had not been possible up to then due to the predominance of a technical standards approach. Usage had previously been viewed as the logical result of how the infrastructure functioned and how conventional standards were applied. The role of design in this instance was not to embellish the space, but rather to rethink the overall approach, by placing usage and users at the centre of the planning and/or design process[13]. The pedestrian walkway "rediscovered" by KompleXKapharnaüM on the Carré de Soie served to create a neighbourhood narrative founded on myth and memory. For those driving urban development, such artistic projects are above all a tool for communication and dialogue, and are budgeted for as such. However, many of those partaking in this discourse seem convinced that such processes could and should be integrated into the overall project-based

[11] HEINICH, N., *L'élite artiste, Excellence et singularité en régime démocratique*, Paris, Gallimard, 2005.
[12] ARAB, N., "L'intervention artistique : levier d'innovation dans les projets urbains ?" projet de recherche présenté lors de la conférence SmartCity (Im)mobilités urbaines, organisée par Dédale à Paris en 2011.
[13] FRÉROT, O., GUILLOUX, T., "Autoroute design, le design comme méthode de requalification d'une infrastructure", *Flux*, n°66-67, 2007, pp. 140-148.

Badeschiff, à Berlin, est à la fois un bar, une plage, une piscine, une boite de nuit.
Badeschiff, Berlin, is at the same time a bar, a beach, a pool and a nightclub.
Photographie : Pierre Bosquet.

usages de l'espace au centre de l'action urbaine, en les révélant ou en en proposant de nouveaux. À Saint-Étienne, l'intervention d'étudiants en design sur la requalification d'une autoroute a permis de renverser la place des usages dans la conception de l'infrastructure que l'approche par les normes techniques avait occultée : les usages étaient considérés comme ce qui résulte du fonctionnement de l'infrastructure et de l'application des normes. Le recours au design ne visait pas à mettre au cœur de la démarche l'embellissement de l'espace, mais à repenser les méthodes de travail, en plaçant les usages et usagers au centre de la démarche de diagnostic et/ou de conception [13]. Le Sentier pédestre périphérique « redécouvert » par KompleXKapharnaüM sur le Carré de soie produit un récit à la fois mythique et mémoriel sur le quartier. Pour le maître d'ouvrage, un tel projet artistique est avant tout un outil de communication et de concertation qu'il finance sur ces lignes budgétaires. Pourtant, durant le temps de la discussion, plusieurs intervenants semblaient convaincus qu'une telle démarche peut être intégrée à la démarche de projet. La rencontre entre les créateurs et les autres acteurs de la production urbaine, notamment le maître d'ouvrage, suppose l'invention d'un vocabulaire commun ou d'une interface grâce auxquels des professionnels aux langages, pratiques et conventions différents pourront communiquer, se comprendre et coopérer.

Le déploiement de l'expertise sensible suppose également d'être accepté par les autres professionnels. L'intervention des artistes et créateurs dans la production urbaine bouleverse les routines professionnelles, remet en question les compétences et savoir-faire, et déstabilisent les positions acquises dans le champ de la production urbaine. Afin

[13] Frérot, O., Guilloux, T., « Autoroute design, le design comme méthode de requalification d'une infrastructure », *Flux*, n° 66-67, 2007, pp. 140-148.

approach. The coming together of creators and other urban development players, particularly those who commission urban development projects, would of course require the creation of a common vocabulary or means of dialogue that would enable individuals with different languages, practices and conventions to communicate and cooperate with each other.

For this to work properly, the value of sensory expertise would need to be acknowledged by all parties involved. The inclusion of artists and creators in the urban development process turns standard industry practice on its head; it questions existing knowledge and skill sets, and destabilises the established urban development hierarchy. To rise above the competition that emerges as a result of new players entering the field, the cost of innovation (the cost of cultivating it and rendering it acceptable) must be offset against the ways in which it contributes to the overall process. The main issue surrounding the artist's involvement in urban development is less the production of an end product, and more the consequences of this involvement for the urban development process, if not for the Grand Lyon area itself. In light of this, the authorities here organised a series of internal seminars in order to clearly define their own approach to matters of artistic and cultural action. One of the seminars dealt with the role of the artist in a knowledge-based society, and concluded that the artist's role can no longer be limited to the closed confines of the art world. Such statements may suggest that — rather than simply delivering the urban area's umpteenth cultural event — art and culture could in fact become indispensable tools in the administration of the Grand Lyon area. The publication of a regional review popularising research in human and social sciences ("*M3, société urbaine et action publique*") underlined the importance, both from a forward-looking perspective and from the perspective of current administrative practice, of being able to cultivate the qualities of detachment and interest in the way that art and research does. In the same vein, the creation of an artistic garden in Lyon, in the Mazagran district, forced the authorities to re-evaluate their approach to the creation of public spaces, turning inherited ideas and received views on their head. This new exploratory way of thinking invites us to invent and imagine other forms of experimentation, to formulate other ways of testing, identifying and evaluating the contribution of creators to the construction and development of the city.

de dépasser la mise en concurrence des savoirs et savoir-faire professionnels, révélée par l'entrée dans le champ de nouveaux opérateurs, le coût de l'innovation (ce qu'il faut mettre en œuvre pour la générer et la faire accepter) doit être compensé par ses apports au processus de production. Derrière l'intervention de l'artiste, ce qui est en jeu, ce n'est pas tant la production d'une œuvre mais ce que cette intervention provoque dans l'organisation de l'action urbaine voire dans l'institution elle-même. Ainsi, afin d'aider à positionner le rôle du Grand Lyon en matière d'action artistique et culturelle, sans prise de compétences, la mission prospective du Grand Lyon a organisé un cycle de séminaires interne. L'un d'entre eux, intitulé « Quelle peut être la place de l'artiste dans une société du savoir ? », souligne que la place de l'artiste n'est plus uniquement cantonnée au monde de l'art. Plutôt que de déployer une énième animation culturelle sur le territoire métropolitain, ces réflexions laissent imaginer comment l'art et la culture pourraient devenir des outils de management de l'institution du Grand Lyon. L'édition en interne d'un magazine de vulgarisation de la recherche en sciences humaines et sociales (*M3, société urbaine et action publique*) met en exergue l'importance, dans une vision prospective mais aussi dans l'organisation et le management des institutions, de la mise à distance et de l'action par la réflexivité qu'offrent l'art et la recherche. Dans un autre registre, la création d'un jardin artistique à Lyon, dans le quartier Mazagran, oblige la collectivité (le Grand Lyon) à repenser son mode opératoire en matière de création d'espaces publics, bouleversant des savoir-faire acquis et reconnus. Ces pratiques exploratoires invitent à imaginer d'autres dispositifs pour expérimenter, tester, identifier et évaluer l'apport des créateurs au processus de production de la ville.

BIBLIOGRAPHIE

« L'art, le territoire : art, espace public, urbain », *Veduta*, Biennale d'art contemporain de Lyon, Lyon, Certu, décembre 2008.

« L'art contemporain, l'homme, la ville, histoire méthodes observatoire », collectif CAUE des Hauts-de-Seine, *Topos* n° 16, 1995.

ABADIE, D., DAVAL, J. L., DELLOYE, C. (et al.), *L'art et la ville, urbanisme et art contemporain*, Genève, Skira, 1990.

Agence D'urbanisme et de développement de la région Flandre-Dunkerque, « Visions : ces territoires qui se fabriquent avec les artistes », Dunkerque, Agur, 2007.

AMBROSINO, C., « L'artiste et ses territoires », *Métropolitiques*, 14 janvier 2011.

ARAB, N., « L'intervention artistique : levier d'innovation dans les projets urbains ? », projet de recherche présenté lors de la conférence SmartCity (Im)mobilités urbaines, organisée par Dédale à Paris en 2011.

ARDENNE, P., *Art, le présent : La création plasticienne au tournant du XXIe siècle*, Paris, Éditions du Regard, 2009.

ATLAN, G., « Culture et territoire : les conditions d'émergence des espaces culturels en Île-de-France », rapport, Ile-de-France, Conseil économique et social, Paris, 2009.

AUBRY, A., *Politiques locales et politiques dominantes, la ceinture rouge de la métropole post-industrielle, implantation du cluster de la création dans le Nord-Est parisien*, mémoire de master en urbanisme, aménagements et transports, Institut français d'urbanisme, université Paris-Est Marne-la-Vallée, 2011, multig.

AUGOYARD, J.-F. (dir.), *Médiation artistiques urbaines*, Grenoble, Cresson, 1999.

BANIOTOPOULOU, E., « Art for Whose Sake ? Modern Art Museums and their Role in Transforming Societies : The Case of the Guggenheim Bilbao », *Journal of Conservation and Museum Studies*, n° 7, 2001, pp. 1-15.

BOLTANSKI, L., CHIAPELLO, E., *Le nouvel esprit du capitalisme*, Paris, Gallimard, 1999.

BRANDELLERO, A., CALENGE, P., DAVOULT, C., HALBERT, L., ; WAELLISCH, U., *Paris, métropole créative : clusters, milieux d'innovation et industries culturelles en Ile-de-France*, Marne-la-Vallée, LATTS, 2008.

BUREAU, M.-C., PERRENOUD, M., SHAPIRO, R. (dir.), *L'artiste pluriel, Démultiplier l'activité pour vivre de son art*, Villeneuve-d'Ascq, Presses universitaires du Septentrion, 2009.

CHALUMEAU, J.-L., *L'art dans la ville*, Paris, Éditions du Cercle d'art, 2000.

CHARBONNEAU, J.-P., *Arts de ville*, Lyon, Horvath, 1994.

CHARPY, M., « Les ateliers d'artistes et leurs voisinages, Espaces et scènes urbaines des modes bourgeoises à Paris entre 1830 et 1914 », *Histoire urbaine*, n° 26, 2009, pp. 43-68.

CHAUDOIR, P., « La ville événementielle : temps de l'éphémère et espace festif », *Géocarrefour*, vol. 82-83, 2007.

COLE, D. B., « Artists and Urban Redevelopment », *The Geographical Review*, 77, n° 4, 1987, pp. 391-407.

EVANS, G., « Hard Branding the Cultural City - From Prado to Prada », in *International Journal of Urban and Regional Research*, vol. 27, n° 2, 2003, pp. 417-440.

FLEURY, A. (dir.), *L'œil de la nuit, Nuit blanche 2003, parcours Paris rive gauche*, Paris, Paris-Musées, 2004.

Florida, R., *The Rise of the Creative Class and How It's Transforming Work, Leisure, Community and Everyday Life*, New York, Basic Books, 2002.

Florida, R., *Cities and the Creative Class*, New York, Routledge, 2005.

Frérot, O., Guilloux, T., « Autoroute design, le design comme méthode de requalification d'une infrastructure », *Flux*, n° 66-67, 2007, pp. 140-148.

Gravari-Barbas, M., « Les enclaves ludiques dans la ville contemporaine, Le cas du Navy Pier à Chicago », in Ghorra-Gobin, C. (dir.), *Réinventer le sens de la ville : les espaces publics à l'heure globale*, Paris, L'Harmattan, 2001, pp. 159-168.

Gravari-Barbas, M., *La ville festive, espaces, expressions, acteurs*, HDR, Université d'Angers, 2000.

Grésillon, B., *Berlin, Métropole culturelle*, Belin, Paris, 2002.

Hannigan, J., *Fantasy City : Pleasure and Profit in the Postmodern Metropolis*, Londres, Routledge, 1998.

Grésillon, B., « Ville et création artistique, Pour une autre approche de la géographie culturelle », *Annales de géographie*, n° 660-661, mars-juin 2008, pp. 179-198.

Heinich, N., *L'élite artiste, Excellence et singularité en régime démocratique*, Paris, Gallimard, 2005.

Ingallina, P., *L'Attractivité des territoires, regards croisés*, Paris, Puca, 2009.

Judd, D.-R., « Constructing the Tourist Bubble », in Judd, D.-R., Fainstein, S. (ed.), *The Tourist City*, New Haven, Yale University Press, 1999, pp. 35-53.

Keating, M., de Frantz, M., Culture-led Strategies for Urban Regeneration : a Comparative Perspective on Bilbao, *International Journal of Iberian Studies*, 16, n° 3, 2004, pp. 187-194.

Kerros, A. de, *L'art caché, les dissidents de l'art contemporain*, Paris, Eyrolles, 2007.

Lamarche-Vadel, G., *De ville en ville, l'art au présent*, La Tour d'Aigues, Éditions de l'Aube, 2001.

Lash, S., Urry, J., *Économies of Signs and Space*, Londres, Sage, 1994.

Lextrait, F., *Friches, laboratoires, fabriques, squats, projets pluridisciplinaires, une nouvelle époque de l'action culturelle*, rapport remis à Michel Duffour, Secrétaire d'État au Patrimoine et à la décentralisation culturelle, ministère de la Culture, janvier 2002, Paris.

Lextrait, F., Kahn, F., *Nouveaux territoires de l'art*, Paris, Éditions Jean-Michel Place, 2005.

Ley, D., « Artists, Aestheticisation and the Field of Gentrification », *Urban Studies*, 40, n° 12, 2003, pp. 2527-2544.

Lloyd, R., « Neo-Bohemia : Art and Neighborhood Redevelopment in Chicago », *Journal of Urban Affairs*, 24, n° 5, 2002, pp. 517-532.

Masboungi, A. (dir.), *Penser la ville par la lumière*, Éditions de la Villette, 2003.

Masboungi, A. (dir.), *Penser la ville par l'art contemporain*, Éditions de la Villette, 2004.

Miles, M., « Interruptions : Testing the Rhetoric of Culturally Led Urban Development », *Urban Studies*, 42, n° 5-6, 2005, pp. 889-911.

Paddison, R., « City Marketing, Image Reconstruction and Urban Regeneration », *Urban Studies*, 30, 1993, pp. 339-350.

Paquot, T., « Villes créatives ? », Urbanisme, n° 373, juillet-août 2010.

Quincerot, R., « Créativité de l'urbanisme : de nouveaux arts de ville ? », *Urbanisme*, Hors série, n° 31, mars 2007.

Raffin, F., *La mise en culture des friches industrielles, Poitiers, Genève, Berlin : de l'épreuve locale au développement de dispositifs transnationaux*, rapport de recherche, Ariese, université Lyon II, ministère de l'Équipement, Lyon, 1998, multig.

Renard-Chapiro, C., Castany, L., *Nouveaux territoires de l'art, Parole d'élus*, Éditions Jean-Michel Place, 2006.

Ruby, C., *L'art public, un art de vivre la ville*, Bruxelles, La Lettre Volée, 2001.

Sanson, P., *Les arts de la ville dans le projet urbain, débat public et médiation*, Tours, Presses universitaires François-Rabelais, 2011.

Sagot-Duvauroux, D., « La scène artistique nantaise, levier de son développement économique », in Grandet, M., Pajot, S., Sagot-Duvauroux, D., Guibert, G., *Nantes, la Belle éveillée, le pari de la culture*, Toulouse, Éditions de l'Attribut, 2010, pp. 95-107.

Smith, N., *The New Urban Frontier : Gentrification and the Revanchist City*, London, New York, Routledge, 1996.

Strom, E., « Converting Pork into Porcelain, Cultural Institutions and Downtown Development », *Urban Affairs Review*, 38, n° 1, 2002, pp. 3-21.

Tremblay, D. G., Tremblay, R., *La classe créative selon Richard Florida, un paradigme urbain plausible ?* Québec, Presses de l'université du Québec, 2010.

Vivant, E., Charmes, E., « La gentrification et ses pionniers : le rôle des artistes *off* en question », *Métropoles*, 3, 2008.

Vivant, E., *Qu'est-ce que la ville créative ?* Paris, Puf, 2009.

Zukin, S., *Loft Living, Culture and Capital in Urban Change*, New Brunswick, Rutger's University Press, 1982.

Zukin, S., *The Cultures of Cities*, Cambridge, Blackwell Publisher, 1995.

LES AUTEURS

AMBROSINO Charles, est historien et urbaniste de formation, maître de conférences à l'Institut d'Urbanisme de Grenoble (université Grenoble 2) et chercheur à l'UMR Pacte Territoires. Ses recherches portent sur les liens qu'entretiennent art, économie culturelle et transformations urbaines. De même, il s'intéresse à la planification stratégique et au processus de conception du projet urbain.

> AMBROSINO Charles, is a trained historian and urban planner, senior lecturer at the Grenoble School of Planning (Grenoble 2) and researcher with the joint research group "UMR Pacte Territoires" (Land, environment, remote sensing, and spatial information). His research focuses on the interplay between art, the cultural economy and urban transformation. He is also interested in strategic planning, and the conception and design of urban development projects.

ANDRES Lauren, enseigne à l'université de Birmingham (School of Geography, Centre for Urban and Regional Studies) depuis 2009 et est chercheuse associée à l'UMR Telemme à Aix-en-Provence. Géographe-urbaniste, docteure en urbanisme (Institut d'Urbanisme de Grenoble, 2008), elle s'intéresse aux questions de régénération urbaine et culturelle, de ville créative et de résilience urbaine en Europe (France, Grande Bretagne, Suisse, Allemagne).

> ANDRES Lauren, has been teaching at the University of Birmingham (School of Geography, Centre for Urban and Regional Studies) since 2009 and is an associate researcher with the CNRS research group "UMR Telemme" (Time, space, languages in Mediterranean and southern Europe) based in Aix-en-Provence. An urban planner and geographer with a PhD in urban planning from the Grenoble School of Planning (2008), Lauren's fields of interest include urban and cultural regeneration, the creative city and urban resilience in Europe (France, the UK, Switzerland, Germany).

ARDENNE Paul, est écrivain, universitaire (faculté des arts, université de Picardie Jules-Verne, Amiens) et globe-trotter. Il collabore, entre autres, aux revues Art press et Archistorm. Il est l'auteur de plusieurs ouvrages ayant trait à l'esthétique actuelle : *Art, l'âge contemporain* (1997), *L'Art dans son moment politique* (2000), *L'Image Corps* (2001), *Un Art contextuel* (2002), *Portraiturés* (2003), *Terre habitée* (2005, rééd. augmentée 2010). Autres publications : *Extrême, Esthétiques de la limite dépassée* (2006) ; *Images-Monde, De l'événement au documentaire* (avec Régis Durand, 2007) ; *Art, le présent : La création plasticienne au tournant du XXIe siècle* (2009). Site : http://paulardenne.wordpress.com.

> ARDENNE Paul, is a writer, academic (Faculty of Arts, University of Picardie Jules-Verne, Amiens) and globe trotter. He has contributed to a number of publications, including Art press et Archistorm. He has also authored a number of works on contemporary aesthetics: *Art, l'âge contemporain* (1997), *L'Art dans son moment politique* (2000), *L'Image Corps* (2001), *Un Art contextuel* (2002), *Portraiturés* (2003), *Terre habitée* (2005, 2nd extended ed. 2010). Other publications: *Extrême, Esthétiques de la limite dépassée* (2006); *Images-Monde, De l'événement au documentaire* (with Régis Durand, 2007); *Art, le présent: La création plasticienne au tournant du XXIe siècle* (2009). Website: http://paulardenne.wordpress.com.

Caro Olivier, est ancien chef de projet à la Samoa. Il a coordonné le projet de Quartier de la Création jusqu'en 2011. Aujourd'hui consultant en ingénierie culturelle et urbaine, il travaille pour divers maîtres d'ouvrage en France.

> Caro Olivier, worked as a former project manager with Samoa. He coordinated the Nantes-based "Quartier de la Création" project until 2011. He now works as a consultant in the area of urban and cultural engineering, and collaborates with numerous architects and developers throughout France.

Chaudoir Philippe, est professeur des universités en sociologie des politiques urbaines à l'Institut d'Urbanisme de Lyon. Chercheur dans le cadre du laboratoire CNRS Triangle, il mène des recherches sur la relation entre culture et espace public et sur la ville créative. Il anime également le groupe de recherche « Arts de Ville » sur les questions des dynamiques urbaines et du développement culturel.

> Chaudoir Philippe, lectures in urban policy and sociology at the Lyon School of Planning. A researcher with the CNRS Triangle laboratory, Philippe heads up research into the relationship between culture and public space in the creative city. He also coordinates the work carried out by research group "Arts de Ville" on the issues of urban dynamics and cultural development.

Kalandides Ares, diplômé de littérature et en urbanisme, Ares Kalandides travaille en tant que chercheur et praticien à Athènes, où il est né et à grandi, ainsi qu'à Berlin, où il réside aujourd'hui. Il est directeur général de la société Inpolis, à Berlin, et directeur de l'institut de gestion des espaces IPM, Institute of Place Management, à Manchester.

> Kalandides Ares, holds a degree in literature and one in spatial planning. He works as a researcher and a practitioner in Athens where he was born and raised, and in Berlin, where he currently lives. He is the managing director of INPOLIS, Berlin and director of the Institute of Place Management, Manchester.

Le Brun-Cordier Pascal, est directeur artistique de la ZAT – Zone Artistique Temporaire, projet qu'il développe avec la ville de Montpellier depuis 2010. Membre du collectif FMI – Fabrique des Mondes Invisibles, il est également directeur du master Projets culturels dans l'espace public et du cycle de rencontres art [espace] public, qu'il a créés en 2005 à la Sorbonne. Il est l'auteur de nombreuses publications dont les références sont sur son site : plbc.blogspirit.com.

> Le Brun-Cordier Pascal, is artistic director of the ZAT project which he has been running in coordination with the city of Montpellier since 2010. A member of the FMI collective ("Fabrique des Mondes Invisibles"), he is also director of the Masters programme on Cultural projects in the public space and the "art [espace] public" series which he established in the Sorbonne in 2005. He is the author of numerous publications, the titles of which are available on his website: plbc.blogspirit.com.

Ross David, détenteur de maîtrises en urbanisme et en montage et gestion de projets d'aménagement (université de Montréal), travaille pour la Ville de Montréal depuis 2002. Il est l'un des gestionnaires du projet d'aménagement du Quartier des spectacles. Il contribue aussi au programme de la maîtrise en gestion de projets d'aménagement de l'université de Montréal depuis 2008.

> Ross David, holds a Masters degree in planning and one in the development and management of urban projects (University of Montreal). He has been working with the City of Montreal since 2002 as one of the managers of the "Quartier des spectacles" urban development project. Since 2008, David has also been contributing to the Masters programme in urban project management run by the University of Montreal.

Sozzi Christian, directeur d'études à l'agence d'urbanisme pour le développement de l'agglomération lyonnaise est en charge du développement culturel. Il conduit des observations, des réflexions et des démarches liant les approches de l'urbanisme aux enjeux de la représentation des territoires ainsi qu'aux pratiques artistiques en milieu urbain.

> Sozzi Christian, is director of studies at the planning agency for the development of the city of Lyon and its surrounding areas with personal responsibility for cultural development. His role is to promote discussion, research and methodologies which connect planning strategies with the issues of regional representation and artistic practice.

Terrin Jean-Jacques, architecte, docteur en architecture, professeur à l'École nationale supérieure d'architecture de Versailles depuis 2003, directeur du Laboratoire de l'ENSA Versailles depuis 2009 ; membre associé du Lab'Urba, université Paris-Est depuis 2003 ; responsable scientifique du programme Popsu Europe ; membre du conseil d'administration d'Europan France ; membre du conseil scientifique de Médiaconstruct.

> Terrin Jean-Jacques, is an architect with a PhD in architecture and has been lecturing at the National College of Architecture in Versailles since 2003. He has been director of the ENSA Versailles research laboratory since 2009 and an associate member of the joint research laboratory Lab'URBA at University of Paris-Est since 2003. He is scientific director of the Popsu Europe programme, a member of the governing council of Europan France and member of the Médiaconstruct scientific council.

LISTE DES ACRONYMES

Ademe : Agence de l'environnement et de la maîtrise de l'énergie
AEU : Approche environnementale de l'urbanisme
AMO : Area Management Organisation
ANAH : Agence nationale de l'habitat
Anru : Agence nationale pour la rénovation urbaine
AOT : Autorités organisatrices des transports
APIM : Agence pour la promotion internationale de la métropole
Apur : Atelier parisien d'urbanisme
CAUE : Conseils d'architecture, d'urbanisme et d'environnement
CCCP : Cahier des charges de consultation des promoteurs
CCCT : Cahier des charges de cession de terrain
CCI : chambre de commerce et d'industrie
CCQ : Comités consultatifs de quartier
CDT : Contrats de développement territoriaux
CEEI : Centre européen d'entreprise et d'innovation
Certu : Centre d'études sur les réseaux, les transports, l'urbanisme et les constructions publiques
CETE : Centre d'études techniques du ministère de l'Équipement
CIADT : Comité interministériel pour l'aménagement et le développement du territoire
CITE : Mission citoyenneté et territoires
Copil : Comité de pilotage politique du Palm
Copit : Conférence permanente intercommunale transfrontalière
COS : Coefficient d'occupation des sols
CPA : Convention publique d'aménagement
CPC : Cahier des prescriptions de chantier
CUCS : Contrat urbain de cohésion sociale
CUSAP : Copenhagen Urban Space Action Plan
CVDU : Centre de valorisation des déchets urbains
DAU : Direction de l'architecture et de l'urbanisme
DEVE : Direction des espaces verts et de l'environnement
DGST : Direction générale de services techniques

DGUHC : Direction générale de l'urbanisme, de l'habitat et de la construction
Diact : Délégation interministérielle à l'aménagement et à la compétitivité des territoires
DIV : Direction interministérielle à la ville
DOG : Document d'orientations générales
DPE : Direction de la propreté et de l'eau
DPU : Droit de préemption urbain
DSQ : Développement social des quartiers
DSU : Développement social urbain
DTA : Directive territoriale d'aménagement
DUP : Déclaration d'utilité publique
DVA : Dossier de voirie d'agglomération
DVD : Direction de la voirie et des déplacements
EPAEM : Établissement public d'aménagement Euroméditerranée
EPCI : Établissement public de coopération intercommunale
ESH : Entreprises sociales de l'habitat et responsabilités des universités
FPH : Fonds de participation des habitants
GIP : Groupement d'intérêt public
GLCT : Groupement local de coopération transfrontalière
GPRU : Grand projet de renouvellement urbain
GPU : Grand projet urbain
GPV : Grand projet de ville
GTC : Groupes techniques de coordination
GUP : Gestion urbaine de proximité
HQE : Haute qualité environnementale
IGH : Immeuble grande hauteur
IVF : Ingénieurs des villes de France
KSI : Killed or Serious Injury
LEB : Ligne Lausanne-Echallens-Bercher
MOD : Maîtrise d'ouvrage directe
NFC : Near Field Communication
OIN : Opération d'intérêt national
Opac : Offices publics d'aménagement et de construction
OPAH : Opération programmée d'amélioration de l'habitat
OPair : Ordonnance sur la protection de l'air
OPB : Protection contre le bruit

oph : Offices publics de l'habitat

ophlm : Offices publics d'habitations à loyer modéré

padd : Projet d'aménagement et de développement durable

pae : Plans d'aménagement d'ensemble

Palm : Projet d'agglomération Lausanne-Morges

pce : Plan climat énergie

pcet : Plan climat énergie territorial

pct : Plan climat territorial

pde : Plan de déplacement d'entreprise

pdu : Plan de déplacement urbain

pduif : Plan des déplacements urbains d'Ile-de-France

peb : Plan d'exposition au bruit

pev : Politique européenne de voisinage

plh : Programme local de l'habitat

plu : Plan d'urbanisme local

pmr (loi) : Personnes à mobilité réduite

pmu : Plans d'amélioration urbaine

Popsu : Plate-forme d'observation des projets et stratégies urbaines

pos : Plan d'occupation des sols

ppa : Plan de protection de l'atmosphère

ppp : Partenariat public-privé

pprn : Plan de prévention des risques naturels

pres : Pôle de recherche et d'enseignement supérieur

pri : Périmètre de restauration immobilière

Puca : Plan urbanisme construction et architecture

ratp : Régie autonome des transports parisiens

Real : Réseau express de l'aire urbaine lyonnaise

rhi : Résorption de l'habitat insalubre

saem : Société anonyme d'économie mixte

scet : Société centrale pour l'équipement du territoire

Scot : Schéma de cohérence territoriale

sdau : Schéma directeur d'aménagement et d'urbanisme

sduc : Schéma directeur d'urbanisme commercial

sem : Société d'économie mixte

seml : Société d'économie mixte locale

sncf : Société nationale des chemins de fer français

Sraddt : Schéma régional d'aménagement et de développement durable du territoire

Sytral : Syndicat mixte des transports pour le Rhône et l'agglomération lyonnaise

tcl : Transports en commun lyonnais

tcsp : Transport en commun en site propre

ter : Transport Express régional

tfl : Transport for London

tgv : Train à grande vitesse

thpe : Très haute performance énergétique

val : métro automatique léger

Zac : Zone d'aménagement concerté

Zad : Zone d'aménagement différé

zi : Zone industrielle

Zip : Zone industrialo-portuaire

Znieff : Zones naturelles d'intérêt écologique, faunistique et floristique

zppaup : Zone de protection du patrimoine architectural, urbain et paysager

zru : Zone de redynamisation urbaine

Zup : Zone à urbaniser en priorité

Zus : Zone urbaine sensible

SOMMAIRE / *CONTENTS*

Jean-Jacques Terrin
LA VILLE ET SES CRÉATEURS 12
THE CITY AND ITS CREATORS 14

PROJETS DE VILLES / *CITY PROJECTS*

Ares Kalandides
BERLIN : LES INDUSTRIES CRÉATIVES ET L'AMÉNAGEMENT URBAIN 30
CREATIVE INDUSTRIES AND URBAN DEVELOPMENT IN BERLIN 32

Lauren Andres
BIRMINGHAM : UNE CITÉ EN TRANSITION 50
BIRMINGHAM : A CITY IN TRANSITION 52

Lauren Andres
LAUSANNE : ESPACES DE CRÉATION ET PROFILS DES CRÉATEURS 72
LAUSANNE: SPACES OF CREATION AND CREATORS' PROFILES 74

Philippe Chaudoir, Christian Sozzi
LA MÉTROPOLE LYONNAISE, DES ACTIONS CULTURELLES CONNECTÉES 90
THE CITY OF LYON AND CONNECTED CULTURAL ACTION 92

David Ross
LE QUARTIER DES SPECTACLES DE MONTRÉAL 110
THE QUARTIER DES SPECTACLES IN MONTREAL 112

Olivier Caro
NANTES, LE GRAND MIX 134
NANTES: A MIXED APPROACH 136

PASCAL LE BRUN-CORDIER
**ZAT MONTPELLIER : UNE STRATÉGIE POÉTIQUE
POUR STIMULER L'IMAGINAIRE URBAIN** 158
*ZAT MONTPELLIER: A POETIC STRATEGY
TO STIMULATE THE URBAN IMAGINATION* 160

REGARDS / *PERSPECTIVES*

CHARLES AMBROSINO
CES ESTHÉTIQUES QUI FABRIQUENT LA VILLE 180
AESTHETIC EXPERIENCES THAT BUILD CITIES 182

PAUL ARDENNE
UNE FICTION COMPLAISANTE ? 200
A CONVENIENT FICTION? 202

ELSA VIVANT
FAIRE LA VILLE AVEC LES CRÉATEURS ? 216
INVOLVING CREATORS IN THE DEVELOPMENT OF CITIES 218

BIBLIOGRAPHIE 233
LES AUTEURS 239
LISTE DES ACRONYMES 244

collection la ville en train de se faire

sous la direction de Alain Bourdin et Robert Prost
**Projets et stratégies urbaines,
regards comparatifs**
16,5 × 24 cm, 288 p., 2009
ISBN 978-2-86364-220-7

sous la direction de Laurent Devisme
Nantes, petite et grande fabrique urbaine
16,5 × 24 cm, 272 p., illustrations en couleurs, 2009,
ISBN 978-2-86364-221-4
Textes de : Pierre-Arnaud Barthel, Célia Dèbre, Laurent Devisme, Marc Dumont, Élise Roy.

sous la direction de Patrice Godier, Claude Sorbets
et Guy Tapie
**Bordeaux métropole,
un futur sans rupture**
16,5 × 24 cm, 288 p., nombreuses illustrations en couleurs, 2009
ISBN 978-2-86364-222-1
Textes de : Michel Bergeron, Patrice Godier, Jenny Ibars, Jean Marieu, Lise Monneraud, Claire Parin, Peggy Rouland, Sébastien Ségas, Claude Sorbets, Guy Tapie.

sous la direction de Didier Paris et Dominique Mons
**Lille métropole,
laboratoire du renouveau urbain**
16,5 × 24 cm, 288 p., nombreuses illustrations en couleurs, 2009
ISBN 978-2-86364-223-8
Textes de : Elsa Escudié, Isabelle Estienne, Marie-Thérèse Grégoris, Christine Liefooghe, Philippe Louguet, Catherine Martos, Philippe Menerault, Dominique Mons, Didier Paris, Maryvonne Prévot, Frank Vermandel.

sous la direction de Paul Boino
Lyon, la production de la ville
16,5 × 24 cm, 276 p., nombreuses illustrations en couleurs, 2009
ISBN 978-2-86364-224-5
Textes de : Paul Boino, Bernard Jouve, Rachel Linossier, Roelof Verhage.

Sous la direction de Jean-Paul Volle, Laurent Viala, Emmanuel Négrier, Catherine Bernié-Boissard
Montpellier, la ville inventée
16,5 × 24 cm, 264 p., nombreuses illustrations en couleurs, 2010
ISBN 978-2-86364-226-9

Brigitte Bertoncello, Jérôme Dubois
Marseille Euroméditerranée, accélérateur de métropole
16,5 × 24 cm, 272 p., nombreuses illustrations en couleurs, 2010
ISBN 978-2-86364-225-2

Sous la direction de Jean-Jacques Terrin
Gares et dynamiques urbaines, les enjeux de la grande vitesse
16,5 × 24 cm, 224 p., nombreuses illustrations en couleurs, 2011
ISBN 978-2-86364-227-6

Sous la direction de Jean-Jacques Terrin
Le piéton dans la ville
16,5 × 24 cm, 288 p., nombreuses illustrations en couleurs, 2012
ISBN 978-2-86364-228-3

CET OUVRAGE A ÉTÉ COMPOSÉ EN UTOPIA CORPS 10 [ROBERT SLIMBACH, 1987]
ET TRADE GOTHIC [JACKSON BURKE, 1948]
ET MIS EN PAGES PAR L'ATELIER GRAPHITHÈSES (MARSEILLE).
ACHEVÉ D'IMPRIMER LE 24 AOÛT 2012
SUR LES PRESSES DE VASTI-DUMAS À SAINT-ÉTIENNE
POUR LE COMPTE DES ÉDITIONS PARENTHÈSES À MARSEILLE.

NUMÉRO D'IMPRIMEUR : V011509.

DÉPÔT LÉGAL : SEPTEMBRE 2012.